当代高校辅导员工作与专业化发展研究

李俊鹏◎著

中国原子能出版社

图书在版编目（CIP）数据

当代高校辅导员工作与专业化发展研究 / 李俊鹏著.
-- 北京 ： 中国原子能出版社， 2022.9
　ISBN 978-7-5221-2171-0

　Ⅰ．①当… Ⅱ．①李… Ⅲ．①高等学校－辅导员－工
作－研究 Ⅳ．① G645.1

中国版本图书馆 CIP 数据核字（2022）第 187603 号

当代高校辅导员工作与专业化发展研究

出版发行	中国原子能出版社（北京市海淀区阜成路 43 号　100048）
责任编辑	杨晓宇　王　蕾
责任印制	赵　明
印　　刷	北京天恒嘉业印刷有限公司
经　　销	全国新华书店
开　　本	787 mm×1092 mm　　　1/16
印　　张	13.25
字　　数	237 千字
版　　次	2022 年 9 月第 1 版　　2022 年 9 月第 1 次印刷
书　　号	ISBN 978-7-5221-2171-0　　定　价 72.00 元

作者简介

李俊鹏　男，1981年11月出生，广东省广州市人，毕业于兰州大学，硕士，现任广州商学院副教授，高级政工师。研究方向：思想政治教育专业。主持并完成广东省教育厅科研项目两项、广东省高等学校党的建设研究会两项、广东省高等学校思想政治教育研究会一项、广州市社会科学规划课题一项，发表论文二十余篇。

前　言

专业化是我国高校辅导员工作的必然选择，也是我国高等教育内涵式发展的必由之路。新时期，我国高度重视学生工作，师生精神风貌整体良好，为高校辅导员工作的专业化发展提供了前提和基础。日益复杂的国际国内形势、大学生群体新特征，在一定程度上制约了辅导员工作专业化发展进程。为此，要切实转变辅导员工作观念、着重加快辅导员队伍专业化建设、建立健全辅导员工作法律法规体系、情理相融地开展辅导员工作，有效提升辅导员工作专业化水平，增强学生工作的科学性、针对性、实效性。

全书共七章。第一章为绪论，主要包括高校辅导员概述、高校辅导员制度的历史沿革、高校辅导员工作的基本要求、高校辅导员工作的基本理念等内容；第二章为高校辅导员的角色与职责，主要阐述了高校辅导员的角色定位、高校辅导员的知识结构、高校辅导员的岗位职责等内容；第三章为高校辅导员工作机遇与挑战，主要阐述了高校辅导员工作的现状分析、高校辅导员工作面临的机遇、高校辅导员工作面临的挑战等内容；第四章为高校辅导员工作的主要内容，主要阐述了思想理论教育和价值引领、党团和班级建设、学风建设、学生日常事务管理、心理健康教育与咨询工作、网络思想政治教育、校园危机事件应对、职业规划与就业创业指导、理论和实践研究等内容；第五章为高校辅导员工作的主要方法，主要阐述了高校辅导员工作方法概述、高校辅导员工作方法的演变、高校辅导员工作方法的创新等内容；第六章为高校辅导员专业化发展的迫切性，主要阐述了高校辅导员专业化发展的现状、高校辅导员专业化发展的必要性、高校辅导员专业化发展的可行性等内容；第七章为高校辅导员专业化发展的路径探索，主要阐述了高校辅导员专业化发展的学科支撑、高校辅导员专业化发展的培训体系、高校辅导员专业化发展的基本路径、高校辅导员专业化发展的政策保障等内容。

为了确保研究内容的丰富性和多样性,在写作过程中参考了大量理论与研究文献,在此向涉及的专家学者们表示衷心的感谢。

　　最后,限于作者水平,加之时间仓促,本书难免存在一些不足,在此,恳请同行专家和读者朋友批评指正!

目 录

第一章 绪论

高校辅导员是学生成长成才道路上的引路人。围绕学生、关照学生、服务学生的工作态度，对于做好辅导员工作至关重要。新时代高校辅导员应与时俱进，树立新发展理念，做到思想和行动相统一，引导学生成为德才兼备的人。本章分为高校辅导员概述、高校辅导员制度的历史沿革、高校辅导员工作的基本要求、高校辅导员工作的基本理念四部分。主要包括高校辅导员的定义、高校辅导员的工作职责、高校辅导员队伍专业化建设的内涵、加强辅导员工作建设的重要性、新时代对高校辅导员工作的新要求等内容。

第一节 高校辅导员概述

一、高校辅导员的定义

高校辅导员是开展大学生思想政治教育的骨干力量，是学生日常思想政治教育和管理工作的组织者、实施者、指导者。辅导员应努力成为学生成长成才的人生导师和健康生活的知心朋友。辅导员专业化培养既是对辅导员队伍建设的要求，同时也是高校落实立德树人根本任务的重要保障。

为深入贯彻落实全国高校思想政治工作会议精神和中共中央国务院《关于加强和改进新形势下高校思想政治工作的意见》，进一步加强高等学校辅导员队伍的专业化、职业化建设，教育部颁布了43号令，制定了关于辅导员队伍建设的专门性和指导性文件，即《普通高等学校辅导员队伍建设规定》。

二、高校辅导员工作的内涵

高校辅导员工作主要是指高校辅导员对大学生进行思想政治教育时付出的以脑力为主的劳动。

（一）高校辅导员工作的主体

高校辅导员是我国高等学校教师类别中的一种，由于该职业的产生和发展与我国历史背景和社会制度紧密相关，因此其工作性质和工作内容具有鲜明的中国特色。用历史的眼光考察高校辅导员的职业发展，对高校辅导员工作成效研究有重要意义。

（二）高校辅导员工作的客体

高校辅导员工作的客体是大学生。大学生通常有广义和狭义两种概念，广义概念中，大学生是指所有经过高等教育或正在接受高等教育的人，而狭义概念中的大学生是指正在接受高等教育的人。在本书中，高校辅导员工作的客体是指在校大学生，也就是狭义的大学生概念。

（三）高校辅导员工作的标准

教育部于2014年3月27日印发的《职业能力标准》（以下简称《标准》）从职业概况、基本要求、职业能力标准三部分对高校辅导员的工作进行了规范与要求。

首先，《标准》从职业守则方面对辅导员提出了要求，高校辅导员应具有爱国守法的政治素质、敬业爱生的职业态度、育人为本的职业原则、终身学习的职业思想以及为人师表的职业操守。其次，《标准》首次从基础知识、专业知识和法律法规知识等方面对辅导员工作需掌握的职业知识范畴进行了划定，指出辅导员需学习和掌握包括马克思主义理论和政治学、教育学等在内的十余门基础知识，包括思想政治教育专业理论、马克思主义中国化相关理论和大学生思想政治教育工作实务相关知识在内的十八门职业知识，以及包括《中华人民共和国教育法》《中华人民共和国高等教育法》和《中华人民共和国教师法》等在内的十多项法律法规知识。

尽管在实践过程中，这些知识范畴并不能完全涵盖高校辅导员工作需要用到的知识，但可以说，《标准》对辅导员职业知识的界定，为建构高校辅导员工作的知识体系和推动辅导员队伍专业化发展提供了极强的现实引导。再者，《标准》中首次将辅导员职业能力划分为初、中、高三个等级，主要以工作年限划定标准，通过对相应等级辅导员进行工作内容、能力要求和理论知识掌握情况的列举，体现出对高校辅导员职业发展渐进性和阶段性的充分认识。《标准》的颁发，从高校管理的角度，有助于明确培养目标，根据不同职业能力等级分层次地进行辅导员的人才培养；从教育部门的角度，为引导和促进高校辅导员专业化、专家化发展和提升高校辅导员工作成效提供了制度的保障；从高校辅导员自身的角度，有助于加强高校辅导员自我职业角色的定位，便于其对照相应等级的能力标准进行更好的学习和提升，明确今后职业发展和人生发展的方向。

第二节　高校辅导员制度的历史沿革

新中国成立 70 多年来，高校辅导员制度在党和国家科学有序的政策指导下不断探索实践和发展完善，制度体系逐渐形成，且更趋向系统化和科学化。对高校辅导员制度化建设的历史考察，一是从横向梳理，二是纵向分析。以一系列高校辅导员相关政策文件为基础，从历史维度对高校辅导员制度化建设进行系统全面的考察；深入分析高校辅导员制度在不同时期所包含的具体内容、要求和规定，以及高校辅导员制度是如何随着时代的发展逐步更新和完善的。

根据重要历史时间节点、时代需求、育人理念及学生主体的变化等因素，我国高校辅导员制度化建设大致经历了孕育与形成、恢复与发展、专业化发展、职业化发展和内涵式发展等五个发展阶段。具体如表 1-2-1 所示。

表 1-2-1　我国高校辅导员制度化建设的历史阶段划分

阶段	时间	重要政策文件
孕育与形成	1949—1965 年	《关于全国工学院调整方案的报告》（1951 年） 《关于在高等学校有重点地试行政治工作制度的指示》（1952 年） 《清华大学建立"双肩挑"政治辅导员制度》（1953 年） 《教育部直属高等学校暂行工作条例（草案）》（1961 年） 《关于加强高等学校政治工作和建设政治工作机构试点问题的报告》（1964 年） 《关于政治辅导员工作条例》（1965 年）

当代高校辅导员工作与专业化发展研究

续表

阶段	时间	重要政策文件
恢复与发展	1966—1983 年	《全国普通高等学校暂行工作条例（征求意见稿）》（1978 年） 《关于加强高等学校学生思想政治工作的意见》（1980 年） 《高等学校学生思想政治工作暂行规定（征求意见稿）》（1981 年）
专业化发展	1984—2003 年	《关于在十二所院校设置思想政治教育专业的意见》（1984 年） 《关于加强高等学校思想政治工作队伍建设的意见》（1984 年） 《关于选配品学兼优的应届毕业生充实高等学校思想政治教育工作队伍的通知》（1986 年） 《关于加强高等学校思想政治工作的决定》（1986 年） 《关于在高等学校学生思想政治教育专职人员中聘任教师职务的实施意见》（1987 年） 《关于改进和加强高等学校思想政治工作的决定》（1987 年） 《关于思想政治教育专业培养硕士研究生的实施意见》（1987 年） 《关于新形势下加强和改进高等学校党的建设和思想政治工作的若干意见》（1993 年） 《中共中央关于进一步加强和改进学校德育工作的若干意见》（1994 年） 《中国普通高等学校德育大纲（试行）》（1995 年） 《中共中央关于加强和改进思想政治教育工作的若干意见》（1999 年） 《关于进一步加强高等学校学生思想政治工作队伍建设的若干意见》（2000 年）
职业化发展	2004—2012 年	《关于进一步加强和改进大学生思想政治教育的意见》（16 号文件）（2004 年） 《关于加强高等学校辅导员班主任队伍建设的意见》（2005 年） 《普通高校辅导员队伍建设规定》（24 号令）（2006 年） 《2006—2010 年普通高等学校辅导员培训计划》（2006 年）
内涵式发展	2012—至今	《普通高等学校辅导员培训计划（2013—2017 年）》（2013 年） 《关于在教育系统深入学习贯彻全国宣传思想工作会议精神的通知》（2013 年） 《关于加强高校辅导员基层实践锻炼的通知》（2013 年） 《高等学校辅导员职业能力标准（暂行）》（2014 年） 《关于进一步加强和改进新形势下高校宣传思想工作的意见》（2015 年） 《关于加强和改进高校宣传思想工作队伍建设的意见》（2015 年） 《关于加强和改进新形势下高校思想政治工作的意见》（2017 年） 《普通高等学校辅导员队伍建设规定》（43 号令）（2017 年） 《高校思想政治工作质量提升工程实施纲要》（2017 年） 《中国教育现代化 2035》（2019 年） 《关于深化新时代学校思想政治理论课改革创新的若干意见》（2019 年） 《新时代高等学校思想政治理论课教师队伍建设规定》（46 号令）（2020 年） 《教育部第八部门关于加快构建高校思想政治工作体系的意见》（2020 年）

一、高校辅导员制度孕育与形成阶段

中华人民共和国成立后，党的工作重心转移至经济建设，迫切需要培养又红又专的社会主义革命建设者和接班人，高校成为培养高素质人才的主阵地，党和国家高度重视高等学校的政治与思想教育，因此，在继承抗日军政大学"政治指导员"制度的基础上，实行了政治辅导员制度。从 1949 年到 1965 年这段时间是我国高校辅导员制度的孕育与形成阶段。

（一）设立高校政治辅导员处

中华人民共和国成立初期，百废待兴，恢复经济，人才为首，教育为本。1949 年 12 月 23 日，第一次全国教育工作会议在北京召开，会议明确了政治与思想教育是新中国教育的重点，同时，明确了这一时期"教育工作要为政治服务"的方针，这在当时复杂的政治形势下是十分正确和必要的。1950 年 10 月，为确保党的教育方针贯彻落实，加强学校的政治与思想教育工作，党中央发出重要指示，高等学校普遍建立党组织和共青团组织，确立了党在高校中的政治领导地位。1951 年 11 月，政务院批准了一项报告，要求政治辅导员主要负责政治学习思想改造工作。这是新中国成立以来，党中央首次提出在我国高校建立政治辅导员制度。1952 年 10 月，教育部颁布文件，提出在全国高等学校设立政治辅导处，设置专门指导政治理论学习的政治辅导员，随时了解和掌握教职工和学生的思想状况和政治动态。随后，全国各高校陆续设立政治辅导员处，辅导员逐渐走向思想政治工作的舞台，高校辅导员制度也开始成为高等教育制度中的一颗新星。

（二）建立"双肩挑"政治辅导员制度

随着政治辅导处的相继设立，高校形成了一支专门开展师生思想政治工作的政治辅导员队伍。为适应党和国家事业发展的迫切需要，大学生数量不断增多，思想政治工作的任务加重。1953 年 4 月，"双肩挑"政治辅导员制度被清华大学校长蒋南翔提出，要求选拔一批品学兼优、又红又专、组织能力较强的高年级学生担任政治辅导员，一肩挑自己的业务学习，一肩挑思想政治工作。这一制度是对高校政治辅导员制度的创新发展，产生了重要的示范引领作用，同时也培养出了一批为新中国建设做出贡献的青年才干。1958 年 9 月，根据教育工作文件的

要求，各高校进一步健全了各级党团组织，对党团专职干部和政治辅导员进行了增配。

（三）设置专职政治辅导员

1961 年 9 月，中共中央批准试行"高教六十条"，规定在一、二年级设政治辅导员或班主任，这是中共中央的正式文件中第一次提到要在高校设置专职政治辅导员，教育部直属高校积极响应，率先设置，其他部委高校和地方高校紧随其后，这是学生政治辅导员专职化的开端。

（四）设置高校政治部

1964 年 6 月，中共中央批准了高等教育部关于政治工作的报告，该报告建议在高教部和直属高校均设立政治部。其主要任务是负责全校师生领导的政治思想工作。拟确定北京大学和清华大学为试点学校，从上到下逐级建立政治工作机构。同时，报告提出要在两三年内按 1∶100 的比例配齐专职政工干部，干部来源从优秀毕业生中选留。时隔一年，1965 年 3 月，高教部要求政治部迅速建立，充实政工干部。同年 8 月，出台了相关条例，明确了当前时期政治辅导员应具有的地位、作用、职责等，这标志着高校政治辅导员制度已初步形成。

二、高校辅导员制度恢复与发展阶段

（一）恢复"双肩挑"政治辅导员制度

1977 年，统一高考制度得以恢复后，高校政治辅导员制度才开始逐步恢复，并进入快速发展阶段。1978 年 4 月，全国教育工作会议在北京召开，会上明确了新时期高校教育工作的方针政策。同年 10 月，教育部结合高校思想政治工作实际，起草修订了一项工作暂行条例，按照要求，政治辅导员不仅要做思想政治工作，而且也要做好学业任务，还要担任部分教学工作。这意味着"双肩挑"政治辅导员制度重新恢复，并在全国普遍实施，这一条例的颁布对高校辅导员制度的恢复起了重要作用。

（二）明确政治辅导员要求

党的十一届三中全会后，随着思想大解放，国外各种思潮相继涌入，青年学生的价值观念受到冲击，政治信仰出现迷茫，高校思想政治工作迎来新的挑战。同时，"双肩挑"政治辅导员在具体实践中出现"业务工作硬，思想政治工作软"的局面。1980 年 4 月，教育部与共青团中央印发《关于加强高等学校学生思想政治工作的意见》，明确了各校要建立一支相对稳定的、坚强的、有战斗力的政治工作队伍，并对高校政治辅导员的身份地位、聘用要求、晋升发展等做了详细规定。

三、高校辅导员制度专业化发展阶段

（一）专业化培养高校政治辅导员

为解决高校思想政治工作队伍存在的数量不足、队伍不稳、后继乏人、业务水平亟须提高等问题，教育部决定从根本上解决高校政治辅导员专业化问题，在条件相对成熟的高校设置思想政治教育专业，培养更加专业的思想政治教育工作者。1984 年 4 月，教育部批准了 12 所院校设立思想政治教育专业。到 1986 年，全国有 30 多所高校设立了思想政治教育专业，这些高校培养出的学生毕业后很多人都留在高校从事政治辅导员工作，成为思想政治教育工作的骨干力量。1987年，国教委印发专业培养实施意见，决定从 1988 年开始招收和培养硕士研究生。1999 年，思想政治教育专业正式设立硕士点。1996 年，马克思主义理论教育与思想政治教育学科博士点在中国人民大学设立。专业学科的建设成为培养思想政治教育工作专门人才的有效途径，实现人才培养向纵深发展。

（二）实施培训制度和聘任制度

在抓人才培养的同时，党中央针对高校政治辅导员队伍建设存在的问题，连续出台了相关文件。1984 年 11 月，中宣部、教育部联合印发新的队伍建设意见，对高校思想政治工作队伍提出了较高的要求，对队伍所具备的政治素质、理论水平、发展培养、待遇保障等方面做出具体规定，第一次提出了激励和退出机制，同时也首次提出"正规化"培训队伍的要求，强调制定长期的培训计划。历史表明，这一要求具有长期的指导价值。1986 年，国教委做出了相关决定，明确规定了正式辅导员的工作内容、要求、选拔、发展等。同年，国教委颁布了充实队伍的通知，进一步拓展了思想政治教育工作队伍的来源。1987 年，国教委在聘任工作的实施意见中首次要求，对政治辅导员实施实行教师聘任制。同年5月，中共中央颁发了相关规定，肯定了"双肩挑"做法的现实意义，规定将高校学生思想政治工作专职人员列入教师编制，实行职务聘任制。1989年，国教委对教师编制指标、评聘权限、待遇等问题做出说明，高校思想政治教育专职人员的职务聘任制度得到进一步保障和完善。

（三）优化辅导员队伍结构

1989年，随着国家工作重心的转移，高校思想政治工作被边缘化。经济建设和思想政治工作必须坚持"两手抓，两手都要硬"。随着我国改革开放进程不断推进，经济全球化、政治多极化、文化多样化使各种矛盾冲突此起彼伏，大学生的成长环境日益复杂化和多样化，思想政治教育工作难度不断增加，加强和改进大学生思想政治教育工作是新的历史时期极为重要和迫切的任务。1993年8月，中共中央颁布相关文件，强调要建立一支专兼结合、精干的政工队伍。1994年8月，《中共中央关于进一步加强和改进学校德育工作的若干意见》（以下简称《意见》），颁布实施，为贯彻落实这一《意见》精神，1995年11月，国教委颁布了德育工作大纲，重新规定了1∶120~150的专职政工人员与学生配比。可见，辅导员队伍逐渐转向"专职为主，兼职为辅，专兼结合"的模式，这为高校辅导员工作的规范化和职业化发展奠定了基础。1999年9月，思政工作相关意见再次提出，要优化政工队伍结构，选拔德才兼备的中青年干部充实队伍，要对表现突出者进行表彰和奖励，这为新时期高校辅导员制度创新指明了方向。

（四）丰富高校辅导员制度内容体系

2000年6月28日，中共中央全国思想政治工作会议召开后，教育部颁布了思政工作文件，文件明确了队伍建设的基本原则（德才兼备、专兼结合），划分了辅导员类别和工作周期（专职学生政治辅导员：4~5年；兼职学生政治辅导员：2~4年），再次规定了1∶120~150的专职政治辅导员配备比例，并对政治辅导员的培养、管理、考核等问题都进行了明确规定。同时，要求高校积极创造条件鼓励40岁以下专职政治辅导员在职攻读硕博士和进修相关课程，进一步促进辅导员队伍的专业化发展。

四、高校辅导员制度职业化发展阶段

21 世纪以来，随着全球化进程的不断加快，国际竞争日益激烈，人才培养需求成为高等教育的时代使命和战略任务。面对这些新形势和新任务，辅导员队伍建设尚不能适应，亟须推动高校辅导员制度的创新发展。

（一）加强高校辅导员队伍建设

2004 年，中共中央、国务院颁布实施了一项重要的思政工作文件，"16 号文件"，强调辅导员在高校思想政治教育中的重要作用，辅导员也被称为骨干力量，尤其要求要完善辅导员从选拔配备工作队伍到发展管理，实践考核的环节，建立人才培养基地等内容。这一文件成为高校思想政治教育工作的纲领性文件，"政治辅导员"也首次改称为"辅导员"，高校辅导员成为大学生成长路上极为重要的指导者和引路人，也由此产生了辅导员职业化的问题。为贯彻落实中央关于思想政治工作的文件精神，2005 年 1 月，教育部下发了一项队伍建设意见，明确了 1∶200 的专职辅导员配备原则，将政治强、业务精、纪律严、作风正作为选聘标准，鼓励辅导员向职业化、专家化方向发展，极大地拓宽了辅导员的发展空间，使辅导员队伍建设步入了科学化、规范化的发展轨道。

2006 年 7 月，教育部颁布了"24 号令"，该文件充分肯定了辅导员在高校思想政治教育工作中的重要地位和作用，对高校辅导员的角色定位（教师和干部双重身份）、工作要求与职责（五项要求和八大职责）、配备与选聘（按师生比不低于 1∶200 设置，专职为主、专兼结合；三条选聘标准）、培养与发展（专业技术职务和行政职称双线晋升）、管理与考核（学校和院系双重管理）都做出了明确的规定和详细的要求，成了高校辅导员队伍建设的关键性和纲领性文件，开辟了高校辅导员职业化、专业化发展的新路径。

（二）规范高校辅导员培训制度

为了进一步推进高校辅导员队伍建设，教育部专门制定了相关培训的政策文件，提出建立和完善培训体系，持证上岗是辅导员工作的最新要求，各高校要切实推进辅导员工作培训。2007 年，首批教育部高校辅导员培训和研修基地公布，一共 21 个，负责全国辅导员培训和研修任务，逐步构建国家级、省级、学校三级进修与培训体系。2008 年又实施了高校辅导员在职攻读思想政治教育专业博士学位计划。2011 年 4 月，为进一步加强高校辅导员工作培训，教育部出台基地和培训试行办法，要求各省市根据实际情况设立高校辅导员培训和研修基地。

五、高校辅导员制度内涵式发展阶段

党的十八大以来，党中央高度重视高校思想政治工作，高校辅导员作为高校思想政治教育和价值引领的骨干力量，在高校思想政治工作中具有重要的地位与作用。新时代、新目标、新任务，高校辅导员队伍建设因时而进、因事而化、因势而新。随着围绕高校思想政治工作的相关会议相继召开，一系列重要讲话精神和相关政策文件报告对新时代高校辅导员队伍建设提出了新的要求和标准，也指明了发展方向。

（一）强化职业发展能力

2013 年 5 月，中共教育部党组又印发了 2013—2017 年辅导员培训规划，该计划结合了 2006—2010 年培训规划的具体实施情况，对高校辅导员的培训内容、形式、任务和保障措施等作出规定，要求建立健全辅导员培训体系，开展实践教育，建设高校辅导员相关的网络培训平台等，辅导员培训的系统性和科学性在很大程度上得到保障。同时，增加了辅导员岗位培训证书制度，进一步提高辅导员培训的规范化水平，使辅导员培养更加专业化。2013 年 12 月，教育部办公厅下发相关通知，鼓励高校辅导员积极到艰苦地区挂职锻炼。2014 年 3 月，教育部制定新的辅导员职业能力标准，对高校辅导员的职业要求、职业知识和初级、中级、高级辅导员职业能力标准等作了规定，使高校辅导员制度内容进一步完善。

（二）做好宣传思想政治工作

2013 年 8 月，全国宣传思想工作会议召开后，教育部印发学习会议精神的通知，强调高校宣传队伍中要有高校辅导员，切实提升他们的宣传能力，这为高校辅导员赋予了新的角色定位。2015 年，中共中央连续下发相关文件意见，明确了高校辅导员要从党中央"四个全面"战略布局的战略高度出发，坚持德才兼备的全面发展。

（三）修订《普通高等学校辅导员队伍建设规定》

2017 年首次将辅导员纳入专业人才管理和培育视野，同年 9 月，"24 号令"修订后，通过"43 号令"颁布实行，这是新时代提高高校辅导员职业化、专业化和专家化的重要制度安排。《普通高等学校辅导员队伍建设规定》按照立德树人根本任务要求，明确了辅导员的工作要求，扩充了辅导员的主要工作职责，并进行了更为清晰的划分和解读。在配备与选聘问题上，明确了兼职辅导员的工作量以 1∶3 的比例核定。辅导员选聘的基本条件明确了辅导员应掌握的知识储备，这有助于辅导员基本素质的提升。同时对青年教师晋升也提出了担任至少一年的辅导员或班主任要求，这有利于更多的青年教师加入高校辅导员队伍当中。可见，《规定》的重新修订是新时代高校辅导员制度化不断完善和发展的重要成果。

（四）打造高素质专业化辅导员队伍

党的十九大以来，教育部和各高校按照党中央的部署和要求，以党的最新理论为指导，进一步推动高校思想政治工作，认真落实一系列政策文件，推进高校辅导员队伍建设。2017 年 12 月，教育部印发一项提高思政工作质量的相关文件，明确提出一系列思想政治工作队伍建设的全新举措，为打通育人"最后一公里"做出努力。2019 年 2 月，中共中央、国务院印发教育现代化相关文件，提出推进教育现代化，强调建设高素质专业化创新型教师队伍，这为辅导员队伍建设提供指南。2019 年 8 月，一项关于思想政治理论课教师的文件发布，首次提出要将高校辅导员纳入思想政治理论课教师队伍，为高校辅导员参与思政课教学提供根本遵循。2020 年 2 月，"46 号令"颁布施行，《新时代高等学校思想政治理论课教师队伍建设规定》对高校辅导员参与思政课教学工作做出制度安排，为辅导员专业化、专家化发展提供平台。2020 年 4 月，构建思政工作体系的文件发布，为辅导员队伍职业化、专业化建设和发展指明了方向，更提供了应有的保障。对高校专职辅导员队伍职业发展提供了向上向好的规定，使高校辅导员们受到激励。

上述政策文件的施行，是高校辅导员制度在时代背景下的有效探索和创新发展。同时，将高校辅导员制度化建设的历史演进以表格的形式具体呈现，更加清晰、直观，有利于进一步展开综合分析和路径探索。

第三节　高校辅导员工作的基本要求

一、加强辅导员工作建设的重要性

（一）大学生群体的需要

随着互联网应用的不断深入，教育行业也不断进行改革。如今的教学课堂中，学生的主体地位不断提升。在互联网时代，大学生受网络的影响，生活习惯和学习习惯等都发生明显的变化。与以往不同，当代大学生思维更加活跃、并对事物有更强的好奇心。面对具有新特征的大学生群体，很多思想传统的辅导员很难与这些新潮的学生建立友好师生关系、进行良好沟通。传统的辅导员希望大学生认真听他们的思想政治宣讲，但是当代大学生更加希望借助互联网主动寻找所需知识。所以，由于大学生群体的需要，高校辅导员的教育模式需进行改进。

（二）辅导员工作的需要

高校辅导员需要给大学生营造积极的学习氛围和畅所欲言的学习环境，这样不仅有助于师生间的交流与合作，而且有助于辅导员教学目标的实现，将思想教育和德育教育真正传达到学生的心中。在网络的帮助下，辅导员能更加及时地掌握大学生的思想，了解大学生的心理，有助于掌握大学生的舆情动向，可及时站在大学生的角度，对其因网络环境导致的心理问题进行开导，提出有效解决方案。

（三）教育方式改革的需要

互联网技术的普及和广泛应用，给传统的教育方式带来机遇，对教育改革提供较好的发展机会。以往的辅导员主要教学任务为思想政治教育，传统教育方式使得思想政治教育的实施受到限制。而网络平台的存在，能改变辅导员工作方式、丰富辅导员的教学内容，摆脱课堂时间和教室环境的限制，更多地倾听大学生的诉求，也能在网络上对当下的社会热点事件和大学生展开热烈的讨论，及时解答大学生的疑惑。在互联网时代下，教育方式也因此得到创新。

（四）从学生需求特点出发

目前，大学生随着电子设备和网络成长，爱玩手机、电脑，喜欢互联网是他们普遍的群体特点，这也是高校辅导员进行学生管理工作创新的关键突破口。因此，高校辅导员要根据这一特点进行学生管理工作的创新，一方面要加强对他们的思想政治教育，普及电子设备及网络发展给人们带来的利、弊，加以实际案例进行辅助教育，逐渐让大学生明白过度沉迷于网络和电子设备的危害，从思想方面降低他们对电子设备及网络的依赖性；另一方面，要在行动上加以监管，严格要求大学生不能在上课期间玩手机，严格管理夜间宿舍网络信号，避免耽误学生的正常休息；另外，高校辅导员还应注重自身的行为。因此，高校辅导员要重视对他们的鼓励及赏识教育，无论是在学习上，还是在生活中，都要满足他们渴望被认可的心理需求，帮助其树立自信心，改善沉迷互联网的习惯。

二、新时代对高校辅导员工作的新要求

（一）对大学生精神面貌的新要求

新时代大学生是高校辅导员的教育对象，高校辅导员的工作只有紧紧围绕大学生才有存在的价值，塑造新时代高校辅导员职业人格的目的在于更好地服务于新时代大学生的人格形塑，这是高校辅导员职业人格塑造的价值所在，前提在于清晰地了解新时代对大学生的新要求，只有这样，新时代高校辅导员的职业人格塑造才能更具针对性和价值性。其次，以新时代对大学生的新要求为基准，有针对性地塑造新时代高校辅导员的职业人格，使其真正扮演好"人格形塑者"的职业角色，在现实中成为大学生的表率与楷模。社会主义建设者和接班人既要有高尚道德，又要有真才实学。新时代对社会主义建设者和接班人必然会有新的更高要求，既包括政治思想、专业知识、创新意识、实践能力，也包括身体素质、艺术修养、人文气质、劳动技能。新时代的新要求是塑造大学生人格的重要依据。

1. 既要追求多元，又不能丧失坚定的理想信念

新时代大学生的追求呈现多元化态势，例如对于自由、公平、民主、时尚、娱乐、潮流等方面的追求，追求多元化是无可厚非的，是人类社会多样性的展现，但是多样化并非意味着主流的缺位，多样化恰恰是在主流基础上的多样化。历史告诉我们，不论什么年代，大学生都是最具有活力的力量，他们是时代前行的生力军、先遣队，新时代只有大学生主动、自觉认同时代主题与时代同呼吸，才能

更好地肩负起时代民族复兴的使命和重任。理想信念是行动的"发动机"和"指南针"，它既为行动提供了源源不断的动力，又是行动的方向指引。新时代，中国走向世界舞台中心，遭到了以美国为首的西方敌对势力国家的千般阻挠，之所以他们会有如此强烈的举动，其背后的原因就是意识形态之争，是中国特色社会主义制度和西方国家的资本主义社会制度之争，社会制度恰恰是理想信念的根基所在，有什么样的社会制度也就决定着有什么样的理想信念。习近平新时代中国特色社会主义道路，其根本是社会主义性质，与此相对应的理想信念就是共产主义远大理想和中国特色社会主义共同理想。没有理想信念，必然导致习近平新时代中国特色社会主义道路根基不稳，这直接牵涉到党之执政问题、国之生存问题，理想信念的问题来不得半点马虎，因为它是所有问题中的根本性问题。新时代大学生是中国特色社会主义事业建设发展的骨干力量，他们必须要有坚定的共产主义理想信念，这既是发展中国特色社会主义事业的要求，也是在国际竞争中凝聚中华力量的要求，只有理想信念坚定，才能心往一处想，劲往一处使，才能将强大的精神动力转化为物质力量。

2. 既要参与市场经济建设，又不能惟利无德

社会主义市场经济是推动我国国力发展的重要途径，新时代大学生也将通过参与市场经济活动来建设祖国，为祖国做贡献。但是，参与市场经济活动，要做一个道德高尚的人，不能被市场经济的自私自利、唯利是图、拜金奢靡等价值观所腐蚀。习近平同志早在浙江工作期间就曾提出："人而无德，行之不远。没有良好的道德品质和思想修养，即使有丰富的知识、高深的学问，也难成大器。"新时代，国与国的竞争主要在于科技的竞争，科技竞争的关键在于人才的竞争。站在新时代的历史方位上，我们从未感受到中华民族的伟大复兴离我们如此之近，但同时，中华民族的伟大复兴需要更多能够担当民族复兴大任的人才，衡量人才的第一标准是德而非才，只有德才兼备才能称之为人才。习近平总书记告诉我们，我们培养的是社会主义建设者和接班人，而不是反对派和掘墓人，其关键衡量标准就是德性。德包含了大德、公德和私德。大德就是报效祖国、热爱人民，公德就是社会公共层面的道德要求，私德是公民自身的品德。优秀品德就是要求公民要加强自身的德性修养，要做忠实的社会主义核心价值观践行者。新时代大学生是社会文明的代言人，他们要主动劳动、勤俭节约、心怀感恩、乐于助人、谦让

有礼、宽容自得、自律自强。优秀的品德是个人修养的展现，是社会文明的展现。新时代是社会文明高度发展的时代，大学生的素质只有与时代发展相一致才能促进社会的发展，他们是相辅相成的，否则就会成为阻碍社会发展的"绊脚石"。新时代大学生作为中国特色社会主义事业的建设者和接班人，必须加强自身的品德素养，使自己成为德才兼备之人。

3. 既要是专业人才，又不能知识视野狭隘

习近平总书记在全国高校思想政治工作会议上强调："我们对高等教育的需要比以往任何时候都更加迫切，对科学知识和卓越人才的渴求比以往任何时候都更加强烈"。新时代国与国之间的竞争日趋激烈，多极化成为世界格局发展的主流，要想在国际竞争中站稳脚跟，靠的就是人才资源的实力。时代发展靠科技，科技发展靠人才。人才一定是要有真才实学的，要有广博见识的。首先从知识层面来讲，知识积淀是人才专业性的基石，要想成为人才，首先要有过硬的专业技术知识和能力；其次，从见识层面来讲，新时代的国际交流日趋密切，中国对世界的积极影响越来越大，正在不断为人类做出更大的贡献。这就要求新时代大学生不仅要立足国内，更要放眼世界，不仅要有中国情怀，更要有世界眼光和国际视野。在《国家中长期教育改革和发展规划纲要》中就明确指出要培养大批具有国际视野、通晓国际规则、能够参与国际事务和国际竞争的国际化人才。当今世界是开放的世界，经济全球化、"一带一路"、人类命运共同体、中国担当、全球伙伴关系、共建共享的全球治理观等，都要求中国的时代新人必须要有国际视野和国际胸怀，要放眼全球，不断增长见识。

4. 既要积极享受生活，又不能贪图享乐

新时代的大学生大多是"00后"，他们出生在幸福的时代，大多数从小就生活在衣食无忧的环境中，他们是积极的生活者，他们热爱生活、善于在生活中实现自身价值，但积极的享受生活并非西方自由主义意义上的个人主义者，并非肆无忌惮的放纵，并非我行我素的执着，并非贪图享乐的痴迷，而是要有顽强拼搏的奋斗精神。习近平总书记曾告诉我们，社会主义是干出来的，新时代也是干出来的。我们的国家，我们的民族，从积贫积弱一步一步走到今天的发展繁荣，靠的就是中华民族自强不息的奋斗精神。顽强拼搏、艰苦奋斗、自强不息历来就是中华民族的传统美德。习近平总书记在党的十九大报告中指出："中华民族伟大复

兴，绝不是轻轻松松、敲锣打鼓就能实现的。全党必须准备付出更为艰巨、更为艰苦的努力"。一分耕耘一分收获，站在新时代的历史方位，想要实现中华民族伟大复兴并非易事。大学生作为社会主义事业的接班人必须要早早认识清楚局势和情况，做好心理准备，更要奋发向上增强本领，才能面对未来的各种困难和挑战，才能有能力肩负使命，只有他们充分发挥党的优良传统，发扬顽强拼搏、艰苦奋斗的精神，树立志存高远、积极向上的抱负，真正做到知行合一、自强不息，国家的未来才有前途，实现中华民族伟大复兴的中国梦才可期待。

5. 既要突出特长，又不能忽视全面综合素质

新时代大学生要发展好，需要有自己的特长，但是特长并非意味着对其他素质的抛弃，而是在全面综合素质发展的基础上展现自身特长。物竞天择是自古以来的规律，新时代的竞争更是愈演愈烈，面对日趋激烈的国际竞争，一个国家能否抢占先机、赢得主动，就将越来越取决于国家的个体单元，也就是广大的民众，青年大学生素质品格又是竞争的核心，提高大学生的综合素质，是民族发展的长远大计，是一个国家发展的战略布局。新时代的竞争是人才的竞争，人才的竞争实质上是素质的竞争。习近平总书记明确告诉我们，新时代的社会主义建设者和接班人是德智体美劳全面发展的，即要拥有高尚的品德、创新的思维、健康的体魄、良好的审美、劳动的习惯。创新是发展的动力，创新是推动科技进步的基石，唯有具备创新思维和创新能力的人才，才能推动国家的创新性发展。"身体是革命的本钱""健康是第一位的"，要实现伟大斗争、伟大工程就必须要有强健的体魄做支撑。同时，通过体育锻炼不仅可以健硕体魄，而且还可以磨炼意志，健全人格，形成正确的竞争观、协作观、集体观、价值观等。美是纯洁道德、丰富精神的重要源泉，缺乏美的生活是单调的、干涸的。美可以营造积极向上的正能量，使人对生活充满希望，充满正能量。新时代的大学生应是朝气蓬勃的，应有良好的审美情趣，应有一定的人文素养，应在新时代的生活中充满正能量，传播正能量。劳动是人类特有的本质活动，劳动也是最光荣的，人类的文明都是靠劳动创造的，伟大的新时代建设也需要靠劳动来创造。劳动可以培养优秀的品德、可以增加智慧、可以强健体魄、可以培养审美，新时代大学生要弘扬劳动精神，在劳动中磨炼意志，锻造坚忍不拔的意志品质和顽强拼搏的奋斗精神。

（二）对高校辅导员工作的新要求

2017年教育部修订出台了《普通高等学校辅导员队伍建设规定》（以下简称《规定》），其中关于工作要求的论述突出了对高校辅导员在职业守则、思想引领、价值引导和信念养成等方面的能力要求。这些能力的具备和发挥都与较高的政治素质分不开。

1.要求体现教育任务的政治导向

党的十九大开启了全面建设社会主义现代化国家的新征程，要铸就伟大事业、实现伟大梦想，离开科技和人才是办不到的。而高校正是人才培养、科学研究的主要承担者。人才的思想政治状况很大程度上取决于高校的思想政治教育工作。"加强和改进高校思想政治工作，事关办什么样的大学、怎样办大学的根本问题，事关党对高校的领导，事关中国特色社会主义事业能否后继有人，是一项重大的政治任务和战略工程。"

修订版《规定》中辅导员的工作要求充分体现了党和国家对高校思想政治教育工作的任务规定，也深刻体现了新时代对高校辅导员的政治要求。要完成时代赋予的人才培养责任与使命，不仅要明白"培养什么样的人、如何培养人、为谁培养人"的问题，而且还要牢固树立"四个意识"，坚定"四个自信"，引导学生看到我国取得巨大成就的同时还要看到我们面临的艰巨任务，帮助学生增强"四个自信"的同时还要明白理想需要脚踏实地、励志奋斗方能实现，教育学生珍惜韶华、求真力行的同时还要将理想融入中国梦，担负时代责任还能扛起历史担当，有鸿鹄志向还需坚定理想信念。

2.要求突出辅导员职业的政治特征

不断提高学生思想水平、政治觉悟、道德品质、文化素养，将学生培养成为"又红又专"、德才兼备、全面发展的中国特色社会主义合格建设者和可靠接班人的工作要求，不仅指明了高校思想政治教育的方向，而且也体现了高校辅导员工作的政治属性。辅导员是高校思想政治教育队伍的主体力量，在学生工作中，辅导员不仅要做党和国家政策的坚定执行者和拥护者，还要做积极的践行者和宣传者。可以说，"讲政治""有党性"就是对修订版《规定》中对辅导员工作要求论述的集中概括。要想提高学生的思想政治觉悟，首先辅导员要提高自身的政治水平，要想培养出合格的建设者和接班人，首先辅导员要坚定自己的政治立场。用自己的政治素养感染学生，用马克思主义的立场、观点和方法指导工作，理直气壮讲马克思主义理论与中国特色社会主义理论，将"四个自信"贯穿于日常思想政治教育工作和管理工作中，做到"为党育人、为国育才"。

3. 要求强调职业守则的政治内涵

爱国守法、敬业爱生是辅导员工作最基本的政治要求和职业要求，拥护党的领导、献身教育事业、热爱祖国、热爱学生工作。育人为本是辅导员工作的价值取向，坚持以将学生作为工作的中心和归宿。主动围绕学生、关照学生、服务学生，把握学生成长规律，促进学生的全面发展；终身学习，是成为一名优秀辅导员的重要条件。辅导员不仅要掌握思想政治教育的宽口径知识，而且还要掌握马克思主义的基本原理、立场、观点和方法。基于辅导员工作对象、工作环境的不断变化，要求辅导员树立终身学习的理念，不断学习、不断获取新的技能和知识、不断拓宽工作视野，不断完善知识构成、不断提高职业能力；为人师表是对辅导员的行为要求，辅导员的言行对学生有十分重要的示范作用，不仅是答疑解惑，更要做出表率，以自己高度的政治理想感染学生，做学生成长道路上的灯塔，照亮学生前行的路。辅导员的职业守则具有深厚的政治内涵，辅导员只有具备高度的思想认同和政治素养，才能兑现恪守职业规范，为培养社会主义合格建设者和可靠接班人而努力奋斗的职业誓言。

（三）对高校辅导员角色的新要求

面对新时代、新使命，辅导员肩负着培养勇担使命、引领未来、造福人类新时代大学生的职责使命，最为重要的任务就是对新时代大学生进行思想引领和价值塑造，要做好该工作首先要增强意识的自觉。

1. 增强勇于担当使命的自觉

历史的发展必然性要求新时代中国特色社会主义要担负起中华民族伟大复兴的职责使命。实现中华民族伟大复兴不是喊喊口号、轻轻松松就能实现，面对日趋复杂的国际国内局势，目标的达成必定是艰难的。习近平总书记在同各界优秀青年代表座谈时指出："中国梦是我们的，更是你们青年一代的。中华民族伟大复兴终将在广大青年的接力奋斗中变为现实。"青年大学生是青年群体中的佼佼者，他们接受了教育层次最高的高等教育，享受了中国最优秀的教育资源，无论是在理想信念、知识素养还是技术能力等方面都与其他的青年群体有非常明显的区别，他们将是建设祖国的栋梁之材，是新时代人才的重要力量构成，是实现中国梦的强大生力军，中国梦必将在青年大学生为核心力量的青年手中变为现实。新时代高校辅导员作为新时代大学生成长成才的"人生导师"和"知心朋友"，需要从实现中华民族伟大复兴的历史性高度来看待新时代大学生的培养，这是历史赋予新时代高校辅导员的职责使命。在国家和民族需要之际，高校辅导员要引领青年大学生责无旁贷地勇担历史重任，把自身的成长成才和中华民族的伟大复兴融为一体，为实现中国梦奉献自己的智慧和力量。

2. 增强坚定理想信念的自觉

教育绝不是超越政治的。邓小平同志曾明确指出："毫无疑问，学校应该永远把坚定正确的政治方向放在第一位。"高校辅导员制度自产生之初就深深烙上政治属性，他们的核心任务就是为党的政治稳定服务。进入新时代，随着中国日益走近世界中心，各方敌对势力对中国发展的围追堵截达到了史无前例的程度，意识形态领域的交锋愈发激烈。新时代大学生作为建设社会主义现代化强国的重要生力军，必须要确保他们坚决拥护党的领导，一旦他们的思想状况出了问题，脱离了党的管控，那么高校培养出来的大学生则很有可能成为党的路线、方针、政策的反对者甚至是中国特色社会主义事业的"掘墓人"，后果不堪设想。所以，必须要高度重视和正确认识新时代大学生的思想政治教育工作。辅导员作为高校思想政治工作队伍的重要组成部分，作为大学生政治上的把关者、引路人，要以更加鲜明的政治自觉，自觉主动地学习好、贯彻好、宣传好党的各项方针政策，要用学生乐于接受的方式方法把党的理论和方针政策讲深讲透讲明白，真正讲到学生的心坎上，引导广大青年大学生把自身的发展和党的需要、国家的需要、人民的需要紧密结合，有效提升新时代青年大学生的爱国情和兴国志。

3. 增强持久职业动力的自觉

职业动力系统包括职业价值观、职业理想、职业动机等，它决定了从业者从事职业行为的内在动力和方向，是其工作积极性的源泉。高校辅导员由于其职业内容的繁杂性、职业边界的模糊性、职业对象的复杂性、职业成效的滞后性等原因容易产生职业倦怠，特别是在市场经济的冲击和多元文化的浸润下，部分辅导员的职业动力逐渐下降，工作的事业心和进取心不足、获取成就的动机和欲望日渐下跌，功利、浮躁、追求个人利己思想就会日渐增多，转岗、离职的情况也呈普遍趋势。辅导员理应成为高校大学生的人生导师和大学生健康成长的知心朋友，但是一些辅导员却在工作中失衡而迷失了自我，丧失了初心，有的沦为处理日常事务的"机器"，有的在职业倦怠中疲于应付，有的在安于现状中渐渐沉沦，更有甚者在育人道路的反方向渐行渐远，以至于辅导员对大学生进行思想政治教育的实效性产生了一定的消解。新时代，党和国家对高校思想政治工作的重视程度又达到了新的高度，对于高校辅导员队伍的发展，在职称评定、职务晋升、学历提升等方面也给予了充足的保障，这就需要高校辅导员要有更加持久的职业动力，要对职业使命感有更为深刻的认知，对职业目标有更加明确的定位，对职业自豪感有更加丰富的体验，对职业情感有更为热情的积淀。

4. 增强主动终身学习的自觉

习近平总书记在纪念五四运动 100 周年大会上的讲话中讲道："当代青年思想活跃、思维敏捷、观念新颖、兴趣广泛，探索未知劲头足，接受新生事物快，主体意识、参与意识强……同时，青年人阅历不广，容易从自身角度、从理想状态的角度来认识和理解世界，难免给他们带来局限性。"高校辅导员理作为大学生成长成才的人生导师，要能够及时地为学生解疑释惑。但是当今正处于知识和信息大爆炸的时代，特别是互联网信息技术的飞速发展和新媒体工具的快速普及，让知识和信息的获取更加便捷，这无疑对辅导员的师者权威地位产生了冲击。高校辅导员要扮演好自身的职业角色，就要有更加主动的学习观念。既要主动地学习马克思主义理论、思想政治教育学、法律学、管理学、心理学等方面的专业知识，还要主动学习学生所关心的生活、娱乐、情感等方面的知识，以便能够更好地融入学生，更好地应对工作中随时出现的新问题、新难题。新时代的辅导员要有强烈的主动学习意识和终身学习意识，本着会育人、育好人的原则，主动掌握科学的学习方法，不断丰富和完善自身的知识结构，用所学知识及时为学生释惑，增强职业自信，不断适应职业发展的新需要和新要求。

5. 增强专业素质能力的自觉

高校辅导员工作是一项对从业者综合素质能力要求非常高的职业，既要求辅导员具有广博的知识结构，还要求辅导员在日常的思想政治工作中具备相应的谈心谈话能力、公文写作能力、组织协调能力、调查研究能力、教育引导能力、突发事件处置能力等素质能力。新时代，教育对象对高校辅导员的职业期待更高，学生的强期待与辅导员的弱表现矛盾愈发凸显。学生对于辅导员的认可，更多的是通过辅导员专业化的素质能力快速地帮助学生解决日常学习生活中的实际困难而逐步积淀。素质能力不强容易导致学生对辅导员的信任危机，进而诱发师生矛盾的产生和师生关系的冷淡。随着高校辅导员职业化、专业化、专家化建设的进一步发展，社会、高校、家庭和学生对高校辅导员的素质能力提出了更高的要求，高要求的核心点在于对职业的专业化能力，辅导员素质能力水平反映专业化程度，素质能力层次越高，专业化程度相应也就越高。新时代要求高校辅导员向专家化发展，要求其具备深厚、广博的理论水平和积累丰富、熟练老道的实践经验，要成为职业中某个领域的专家，并在对学生实际问题的解决中充分发挥专家的实际功效，最为关键的是要能够用专业的素质能力解决学生渴望解决的实际问题。

　　6. 增强健康身心素质的自觉

　　新时代给高校学生工作带来了诸多挑战，给高校辅导员的身心素质也带来了极大影响。一是要求高校辅导员要有更为健康的体魄。辅导员工作集脑力劳动和体力劳动于一体的，高强度、长时间、重压力的工作往往会导致辅导员的身体处于亚健康状态，致使辅导员无法将健康、阳光、自信的正能量有效传递给学生。二是要求高校辅导员要有高尚的情操。辅导员工作是绝对的"良心活"，需要更为强烈的责任感、奉献意识、吃苦耐劳精神、爱岗敬业精神，要求辅导员在工作中民主公平公正、自尊自爱自律、言行一致，以身作则。三是要求辅导员要有成熟的心理素质。新时代高校学生工作的复杂性和严要求高于以往，这对高校辅导员的心理来讲是更为严峻的挑战，特别是学生的心理健康问题、安全稳定问题时刻紧绷着高校辅导员的神经，脆弱的心理素质难以适应新时代高校学生工作的新要求。四是要求高校辅导员要有良好的性格特质。稳定良好的性格特质是高校辅导员成熟的重要表现。高校辅导员工作任务量大、压力大，时常导致脾气暴躁、情绪波动大，这难免会影响到学生的情感体验。新时代教育的根本任务是立德树人，这就意味着高校辅导员要将品德、道德、德行、美德放在首位，时刻注意自身的言行举止，要学会把控自己的脾气和情绪，将良好稳定成熟的性格特质及时展现给学生。

第四节　高校辅导员工作的基本理念

一、尊重为本的理念

尊重为本就是要充分尊重和肯定学生的主体性地位，尊重学生的发展特点和个性需求，充分信任学生的智慧和潜能，充分激发学生的能动性和创造性，建构和谐的现代师生关系。

（一）尊重学生成长需求

辅导员要坚持一切从学生成长成材需求出发去培养学生。而不是"管"学生，要从社交能力、谈吐、人际交往能力等方面为他们提供充分的锻炼机会。对教育活动的设计，应根据学生的专业特性和兴趣，可以由学生自主申报，"自下而上"共同推进，引导学生自主开展活动自愿参加，并在其中充分发挥学生的自主性、能动性，充分发挥学生的内在潜力达到理想的教育效果。

（二）尊重学生的自尊需求

学生有各种各样的需求，在这些需求当中，学生的内心自尊需求往往高于其他表面的、物质的需求。如果不能充分尊重学生的需求，采取简单的处理方式，就可能造成对学生尊严的伤害。所以，辅导员在工作实践中真正的关爱就应是润物无声的关怀，在一言一行中实现教育，在一点一滴中体现真爱。

（三）尊重学生的成长规律

大学生在大学阶段有其特有的成长规律，在不同的发展阶段会表现出不同的成长特点，辅导员在工作实际中必须尊重这些特点和规律，才能把教育落到实处，真正实现为学生成长成才服务的目的。

二、培养至上的理念

学校教育，育人为本，培养什么人，如何培养人，是大学教育的核心问题。教育的目的在本质上首先是培养人，是"育人"而非"制器"。开展大学生思想政治教育不是管理人、约束人、控制人，而是创造条件培养人，通过有效的培养人。辅导员必须认识到学生既要成人，又要成才，而成人是成才的基础。在教育实践中，辅导员应唤起和促进学生自我教育、自我发展完善的能力，着眼于夯实学生未来能够可持续发展的基础，并且为他们实现可持续发展提供方法论、认识论的支持。正如爱因斯坦所说，"学生离开学校以后，不是成为一个专家，而是成为一个和谐的人"。对学生的教育和培养最为关键的是要给学生一种向上的精神。一个人有了向上的精神，就能够信心百倍地去战胜困难，就能够朝气蓬勃地生活，就能够感悟生活的乐趣，这也是学生发展的深层次动力。

三、实效为先的理念

辅导员开展工作时，要首先为学生的利益着想，考虑学生的成长，成才，而不仅仅考虑工作的需求。学校的首要职责是培养人，辅导员在设计开展教育活动时，首先要考虑教育预期取得的实际效果，即学生在教育活动中是否会得到锻炼和提高，而不是考虑活动的形式、宣传效果等内容。不因形式而忘记实效，也不因目的而忽略实效。

第二章　高校辅导员的角色与职责

自开始建立学生政治辅导员制度以来，高校辅导员的角色定位、知识结构和岗位职责就随着社会的进步、时代的变革不断发生变化。在新形势下，科学定位高校辅导员的角色内涵，明确高校辅导员的知识结构和岗位职责，对于发挥好高校辅导员的积极作用，做好高校大学生的思想政治教育工作，建立一支专业化、职业化、专家化的辅导员队伍具有重要的作用。本章分为高校辅导员的角色定位、高校辅导员的知识结构、高校辅导员的岗位职责三部分，主要包括高校辅导员角色概述、高校辅导员角色定位内涵及演变等内容。

第一节　高校辅导员的角色定位

一、高校辅导员角色概述

通过对角色理论中一些专业词语以及高校辅导员角色的内涵进行充分的理解，能够对高校辅导员角色定位的研究思路更为清晰，使其更具系统性和合理性。

（一）角色相关概念的界定

1.角色

在戏剧的舞台上，根据戏剧规则进行行为表演的特定人选被称为"角色"，美国著名社会学家乔治·米德（G.H.Mead）将这一词引用到了社会学中，并结合社会学理论给予了合理的社会学角度解释：当社会人在扮演某一特定的社会角色时，产生了符合这一角色的行为举止，并使这些行为举止作为其专属的社会行为规范和行为模式；即使日后角色扮演的主角人物消失了，这一角色是仍然存在的，因为其行为举止已经对社会产生了一定的影响，且不可被替代。

在米德做出合理解释后，角色这一词被引入各个社会领域里。我国学者认为，社会地位是社会角色的象征，且能够凸显与其身份相匹配的权利和义务的规范和行为模式。

由此可见，"角色"一词在不同的环境下有不同的解释和定义。从以上学者对"角色"一词的解释来看，"角色"是由指定的环境所产生的一种必然的、特殊的社会个体或群体，拥有能够彰显其独特之处的地位。这一个体或群体角色在进行角色扮演的过程中会产生一系列的行为表现且对社会发展带来一定的影响，并且社会对这一个体有着专属的角色期待。

2. 角色定位

角色定位是指在特定的环境下，相对于其他互动角色，拥有专属于自己的且无法被替代的定位，这种定位往往与角色特征、角色行为和角色期望有着密不可分的关系。角色定位会受到社会环境和时间环境等因素的影响而发生变化。

通过对不同时期的社会背景下高校辅导员的发展与变化进行梳理，并依据不同阶段所产生的主要特征对辅导员角色定位的发展进行总结，可以为研究高校辅导员角色行为做好铺垫。

3. 角色行为

角色行为是在角色进行角色扮演时所产生的特定的行为，这种行为可能会有利于塑造人物良好的角色形象，也有可能会改变其所处环境，当然也会存在破坏其角色形象的可能。角色会在进行角色扮演的过程中因环境的变换而产生其相对应的角色行为，主要是受到主观意识的影响。

有学者认为只有在人们认同并确定承担特定的社会角色时，他们才能进行与这一角色相关的特定的角色行为，但如果角色遇到突发状况时，角色也会做出相应的变化反应。所以，只有指定角色在进行角色扮演时所产生的一系列相对应的具体行为过程，才能被人们称之为角色行为，且这些角色行为才会有与角色相对应的具体意义。

综上所述，角色行为主要指的是社会中的各类角色在指定的环境氛围内在进行角色扮演时所产生的特殊的行为过程。

4. 角色期望

角色期望研究的是个人角色的外部因素。在整个社会系统中，社会为处于每一地位的角色规定了相应的行为规范，角色扮演者可以享有相应的权利，同时也应该履行相应的义务，这就是社会对角色的期望，也称为角色期望；社会对处于同一地位的个体的角色期望是统一的，由于每个个体对角色期望的认知各有差异，所以个体所表现出的角色行为也具有主观性。但是对有些角色有明确的期望，对有些角色的期望比较模糊，也就是说社会对不同的角色的期望明确程度存在差异。

角色期望是一个人作为某一特定制度地位的占有者所面临的制度要求。这些期望存在于社会的特定规则中；存在于有助于确立宗旨和互动模式的隐性和显性传统和意识形态中；存在于有关该职位成员所持职位的信念中，以及与所研究的职位相关的各种职位的人。这些要求勾勒出一个人作为一个特定职位的占有者所能扮演的角色行为类型。一个人的角色行为是否符合其所处的地位和所具有的身份，在很大程度上是看他是否遵从了角色期望。

布鲁斯（Bruce）对角色的模型进行了分析，通过社会角色理论模型可以更好地理解角色期望，社会制度影响着整个社会系统对于角色的期望。角色扮演者有着个人对角色的理解并且会根据理解做出相应的行为，因此角色的扮演者影响着角色行为。角色的状态是指角色的受教育程度、角色的社会资源、角色的工作等一系列角色自身的资源，角色的状态会影响真实情景，如师生的社会阶层不同会影响老师与学生合作的紧密程度。角色期望、角色行为、真实情景三者相互独立又相互联系，只有三者达到一个平衡才能最大限度地发挥角色的作用。

总的来说，可以将角色期望定义为：人为了满足社会对于角色的期望而做出的一系列符合期望的行为。由此不难看出角色期望不仅仅只是角色本身的行为，更多的是角色是否能做出符合社会期望的行为，在自身行为和期望行为不断磨合的过程中就产生了"内化"和"顺应"，只有人能内化并顺应角色期望将其与自身认知达成一致时，才能说他真正扮演好了自己的社会角色。然而，角色期望的内化顺应会受到很多因素的影响，从角色自身来看，影响角色行为的主要因素就是清晰度，当人能清晰地知道自己角色的期望要求，清晰度就高，反之则低。只有明确自身角色的期望，其行为才能更加贴合角色期望。

结合前面对于角色期望概念的定义，"角色"是动态的，是随着时代发展而变化的。由于当下高校学生对于辅导员角色的期望，所以这里定义的辅导员角色是基于现代教育学思维中的辅导员角色。因此可以将辅导员角色定义为辅导员自身的角色行为以及社会对其角色的行为期望。

（二）高校辅导员角色的内涵

1.高校辅导员角色的概念

辅导，字面上的意思是帮助和指导。那么辅导员，是指对学生进行辅助性帮助和正确指导的校内工作人员。这里提到的高校辅导员则是指普通高等学校中全日制本科的专任辅导员。

通过对辅导员的调查及分析，可以认为高校辅导员是高校中必不可少且无可替代的师资力量。与其他教师不同，辅导员不对学生进行专业的知识传授，不为学生进行教学解析知识点，他们主要负责对学生进行思想政治方面的教育及日常校园生活的管理和规范。辅导员这一概念，看似非常简单，大家都认为自己对辅导员有所了解，但其实对辅导员的细节认知却十分模糊，主要是因为其日常行为和工作职责的繁杂，让人难以对辅导员有清晰明确的认识并给予其专属的定义。

辅导员在高校中要从事和学生相关的日常工作，包括生活、学习、心理辅导、评优评奖、就业创业指导等，有的辅导员还会承担部分教学工作。在高校中辅导员的工作性质还存在着专职和兼职之分，专职辅导员是指专门从事学生管理事务及思想政治引导工作的辅导员；而兼职辅导员多数是因为学院内人手不够，为了辅助专职辅导员工作的研究生或课时较少的在职教师。

在社会学角色理论中，社会上的每个人都扮演着属于各自的角色。而每个社会角色与其他社会角色所产生的联系形成了社会关系。社会角色的产生主要是为了满足社会的需要，而产生的角色也会随着社会的变化不断地丰富自己的角色形象。

结合前文分别对角色和高校辅导员的概念界定，可以得出结论：高校辅导员角色是指在高校从事辅导员工作时所呈现出的满足角色期待的行为模式。社会其他角色对高校辅导员角色有着专属的角色期待，且高校辅导员角色拥有着代表这一个体的身份与地位，行使其相应的权利和义务。

2.高校辅导员角色的本质内涵

中华人民共和国教育部于2017年9月颁布了第43号文件《普通高等学校辅

导员队伍建设规定》，在此文件中，清楚地指出，辅导员是高校的骨干，他们的主要角色行为是组织、实施、指导大学生的日常学习和生活，努力与学生成为知心朋友，同时也要成为其人生导师。由此可见，高校辅导员这一角色在高校乃至高等教育领域中扮演着无法替代的重要角色。

相比其他在校教职工人员，高校辅导员的工作职能有很多，最为核心的就是促进学生全面发展。在高校众多角色中拥有独特的身份和地位，还包含了来自社会各类角色对辅导员的角色期待。例如，社会群众、学校高层和在校学生对辅导员的角色期待和角色行为期待以及高校辅导员对自己的角色期待和所应有的角色行为的认知等。

从高校辅导员角色的发展历程来看，辅导员在高校中所扮演的主要角色就是高校的思想政治教育指导者。但随着社会需求的改变以及高等教育的迅猛发展，辅导员的工作范围在不断地外延、扩大，辅导员角色的内涵也变得更加丰富，从最初具有鲜明的政治性演化到现在同时具有政治性、教育性和服务性。

在中国整体的社会环境和高等教育大环境日益变得复杂多样化的宏观背景下，高校大学生的思想和个性也变得大不相同，这就导致传统的辅导员工作职责和方式已经无法使当代社会及大学生的需求得到满足。为了能充分发挥核心职能，高校辅导员应从最基本的思想政治引导者角色转换为能够适应当下大学生发展和教育、管理、服务相结合的多元化角色载体。

二、高校辅导员角色定位内涵及演变

（一）高校辅导员角色定位的内涵

辅导员的角色从以单一的思想政治教育为主的"政治辅导员"转变为以指导学生成长成才为目标的专任"辅导员"。其职责是把教育、管理、服务三者相结合，培养中国特色社会主义合格建设者和可靠接班人。可见，辅导员的角色具有鲜明的时代性，随着时代的进步和发展，赋予了辅导员角色更多的时代内涵。

高校辅导员的角色定位应从认知、情感和价值观三个方面进行，明确自己在高校中所处的位置。辅导员的角色是一种社会系统水平上的"特殊的行为模式"，这种行为模式与我国的高等教育结构相适应，包括个人在职业中所扮演的角色和外界对辅导员所期望的行为模式两个方面。辅导员的这种内在定位对外在的行为起着决定性的作用。

明确辅导员的角色定位，对辅导员学习、工作和生活起到促进作用，有利于辅导员在职责范围内全方位开展工作。反之，则会起到阻碍作用。因此，辅导员的成长首先要解决角色定位问题，这是辅导员角色示范真正得以实现的基础。

（二）高校辅导员角色定位的演变

1.高校辅导员角色定位的起源

1937年"中国人民抗日军事政治大学"成立，学校设有负责政治部的组织、宣传、训练和秘书四个科室，由相关部门抽调政治觉悟高，有相关经验的干部负责高校内学生和教师的思想政治工作，这既是我国最早的高校辅导员，同时也为新中国成立后的高校辅导员队伍的建设奠定了基础。这是我国高校辅导员角色定位的起源。

2.高校辅导员角色定位的探索

1952年，政务院批准全国工学院院长会议决议，设立政治辅导员制度，同年，教育部发出《关于在高等学校有重点地试行政治工作制度的指示》，提出：要有准备地设立高等学校的政治工作机构，名称为"政治辅导处"，此文件规定了"政治辅导处"的各项任务，即指导全体教职员工进行政治理论学习、协助教务处开展马克思主义理论教育、指导全校教职员工和学生的社会活动、掌握他们的思想动态、管理他们的政治材料、主持毕业生鉴定和工作分配等。

上述文件提出"政治辅导处"设主任1人，在校长领导下工作，必要时可以配备副主任1名，同时配备辅导员若干人，并指出辅导员主要任务为组织教职员工和学生的政治学习及社会活动、兼职从事政治理论课教育、并将他们逐步培养为政治课教员。此处的"政治辅导处"可看作是今天"学生工作部"的前身，此处所指的辅导员为基层思想政治工作者，类似于今天"学生工作部"的一线工作人员。

1953年，为了加强学生的思想政治教育工作，清华大学校长蒋南翔提出并建立了学生政治辅导员制度，即选拔思想政治觉悟高、业务学习能力强的高年级学生，"半脱产"地做同学的思想政治教育工作。这一举措被认为是我国高校辅导员工作制度的开端。清华大学首创的"双肩挑"制度，是高校对教育部指示的创新性实践，它既是一种思想政治教育的工作制度，也是一种人才培养的特殊模式，为后续全国范围设立兼职政治辅导员制度奠定了实践基础，推动了我国辅导员制度进一步发展。

这一阶段是我国高校辅导员角色定位的探索过程，是辅导员从兼职到专职，从指导员到辅导员的提高，使高校辅导员在共产主义、爱国主义及传统教育中起到领导模范作用，是高校辅导员工作角色定位不断完善的阶段。

3. 高校辅导员角色定位的波折

1960年至1966年对于辅导员角色发展是十分重要的阶段。由于当时的社会背景及发展，党中央进一步制定了新的教育方针。在毛泽东同志的带领下，高校将德、智、体全面发展列入学生发展规划之中，强调高校要培养出又红又专的优秀革命接班人，对大学生思想政治工作要提高重视。

1961年，在新的形势下，中共中央批准试行《教育部直属高等学校暂行工作条例（草案）》，在文件中第一次正式提出要在高等学校设置专职政治辅导员；1965年，教育部制定了我国第一个高校辅导员的正式工作条例——《关于政治辅导员工作条例》，该条例以法规的形式对政治辅导员的地位、作用和学生工作等一系列问题做出了明确规定和指示，标志着我国高校辅导员制度的形成和确立。

高校辅导员制度从提出到最终确定经历了13年之余，辅导员制度的设立是为了加强党对高校的领导，引导大学生坚定正确的政治方向。因此这一时期辅导员的称谓为"政治辅导员"，工作职责为"开展大学生的政治思想工作"，角色定位为"政治引路人"，角色期望为引导学生坚持正确的政治方向，辅导员承担的角色单一，可看作是辅导员角色的一元时期。追根溯源，辅导员根源于"政治"，引导学生坚定正确的政治方向是高校辅导员职业的初心，它将不因时代变化而变，是职业的固有内涵。

十年动乱时期，高校的各项制度都受到破坏，政治辅导员制度实际上也被取消，直到1978年十一届三中全会后，高校辅导员制度才慢慢得以恢复和进一步的发展。

在这近20年的时间里，政治辅导员这一角色经历了前所未有的曲折，但政治辅导员这一角色仍处于发展之中。国家要求高校设置专职政治辅导员的同时，也标志着国家开始对高校思想政治教育工作进行进一步的细化，高校辅导员也成为一个重要的社会角色。

从社会学的角度来看，任何一种社会角色实际上都是一种社会所期待的行为模式的表现，其行为模式是由一系列的权利和义务构成的。由此可见，正是因为国家对这一角色有需求，对这一社会角色有着一定的期望，才使得专职政治辅导员角色在高校这一特殊的社会环境中所产生。

另外，为了学生的思想政治教育能够顺利展开，高校在选聘条件上有了严格的规定，需有一定相关政治工作经验的人员才有资格担任政治辅导员。这不仅丰富了辅导员队伍，还拓展了辅导员的工作经验。

4.高校辅导员角色定位的发展

因为恢复了高考制度，我国的高等教育系统再一次进入了井然有序的状态，且为了使高校能够更好地进行人才培养，我国高等教育逐渐步入了加速转变的时期。

1980年，教育部与团中央共同提出了《关于加强高等学校学生思想政治工作的意见》，在人才培养目标、思想政治工作的原则和方式方法、政治辅导员队伍工作生活的保障等方面做出了相关规定，基本恢复了"文化大革命"前"双肩挑"的做法。

随着苏联解体、东欧剧变的相继发生，我国日渐认识到思想政治工作只能加强不能放松，作为大学生思想政治教育一线的辅导员队伍得到了党和国家的充分重视，这一时期国家颁布了多个文件，从制度的层面规定了辅导员配备比例、素质要求、岗位培训、职称评定等方面的问题。

自1984年起教育部决定在高校设立思想政治教育专业，正规地培养思想政治教育人才，从此辅导员工作有了思想政治教育的学科支撑，从学科建设的角度保证并有效促进了高校辅导员制度的完善和工作人员的发展。值得注意的是，这一时期，对辅导员的角色定位仍然是单一的"政治引路人"，称谓仍然是"政治辅导员"，角色期望仍然是引导学生坚持正确的政治方向。

临近21世纪，我国进入了一个信息化发展的时代，高校学生思想政治教育工作也迎来了新的挑战。随着社会环境的改变，大学生的管理问题、心理问题以及就业问题日益显现出来，时代的变迁自然引发了学生的变化，学生的需求发生了改变，这也就对辅导员的职业素养有了新的要求。为了更有效地解决问题，国家颁布了一系列政策支持高校工作。

为了使辅导员能够更正规、更有效的开展工作，国家于1990年下达了政策文件并开始对高校辅导员提供正规的培训工作。在随后5年中，辅导员队伍在不断扩大的同时，辅导员制度也逐渐变得更为职业化，国家也在此期间不断地强调辅导员的重要性以及其在高等教育领域的重要地位。

在1995年颁布的《中国普通高等学校德育大纲》中第一次单独使用了"辅导员"这一称呼，并重新提及了辅导员的身份、角色定位、工作内容以及与学生的人数配比比例。

从此辅导员队伍结构逐渐稳定。从原来的"双肩挑"模式逐渐转变成以专职为主、专职和兼职相结合的新模式。伴随着高等教育规模的扩大，国家对大学生思想政治教育工作有了新的要求的同时也越来越重视辅导员队伍的建设工作，制定了一系列制度和政策，对辅导员的人员选聘、教师培训、职位晋升以及薪资待遇等进行了详细的规划和安排，为辅导员队伍良好的发展打下了夯实的基础。

5.高校辅导员角色定位的创新

进入21世纪，伴随高校人数的不断扩招、高校环境的不断改变、教育及教学的改革以及网络发展和就业新形式等一系列翻天覆地的变化，使得辅导员的工作职责和角色扮演面临了旷古未有的挑战。辅导员的工作职责已不再是像以前单方面地对学生思想政治工作负责，辅导员的职位也不再是单一的思想政治教育工作者了。

2000年教育部强调，在高等教育工作中，加强和改进大学生的思想政治工作是一项重要而又紧迫的任务，各高校应意识到对学生开展思想政治教育工作的重要性以及加强思想政治工作队伍建设的紧迫性，作为开展大学生思想政治教育工作的重要组织者和执行者，教育部认为其应具有一定的理论素养且政治坚定，各高校应打造一支专兼结合且有着高素质的辅导员队伍。

2004年，中共中央、国务院颁布《关于进一步加强和改进大学生思想政治教育的意见》（中发〔2004〕16号文件），该文件成为这一时期大学生思想政治工作的纲领性文件，随后一系列配套政策相继出台，其中就包括《关于加强高等学校辅导员班主任队伍建设的意见》《普通高等学校辅导员队伍建设规定》，辅导员的工作内容由思想政治教育扩展为帮助学生树立良好的道德品质、维护校园安全稳定、帮助贫困生完成学业、开展就业指导和服务、指导学生班级建设、协调各方力量开展经常性思想政治教育活动、指导学生党支部和班委会建设等多个方面。

此时，辅导员的称谓由"政治辅导员"转变为"辅导员"，对辅导员的定义也有了比较稳定且统一的说法，即："辅导员是开展大学生思想政治教育的骨干力量，是高等学校学生日常思想政治教育和管理工作的组织者、实施者、指导者。辅导员应当努力成为学生成长成才的人生导师和健康生活的知心朋友"。对辅导员的角色定位也从"政治引路人"转变为"从事大学生日常思想政治教育和管理工作的管理者、教书育人的教育者，帮助学生健康成长的服务者"，角色期望为引导学生坚定正确的政治方向；树立正确的世界观、人生观、价值观；维护校园安全稳定，帮助学生解决学业、就业、心理健康、家庭困难等具体问题，既需解决学生的思想问题，又需解决学生的实际问题。

2006 年对辅导员角色来说，可谓是至关重要的一年，国家在大力发展高等教育事业的同时，也特别关注高校辅导员队伍的发展问题。在 2006 年 4 月，教育部专门针对高校辅导员队伍发展和建设工作召开了讨论会议，并于 7 月开展了高校辅导员培训，通过培训促进辅导员个体及队伍得到高质量的水平提升，并根据当时的社会背景对辅导员提出了新的要求。同年 9 月，国家颁布了专门围绕高校辅导员队伍发展的问题所制定的规定——《普通高等学校辅导员队伍规定》。在阐明了辅导员角色定位的同时，对辅导员的工作要求和工作职责、配备要求和选聘标准、培养规划和发展要求等问题进行了标准而又统一的规范，这份以辅导员为中心的纲领性文件的颁布为辅导员提供了坚实有效的保障。

2007 年，国家更是在各城市相继开展各类培训研修活动，目的就是让辅导员变得更为专业化，让辅导员队伍更为规范和强大。2012 年国家还为辅导员开展了职业技能等系列活动，为辅导员提供了能够展现自己实力的专业平台。

2013 年教育部针对当时高等教育所面临的实际情况对辅导员制订了新的 5 年培训计划（即《普通高等学校辅导员培训计划 2013—2017 年》），在 2014 年针对高校辅导员的职业能力制定职业能力标准。而最新出台的 2017 年第 43 号令（即《普通高等学校辅导员队伍建设规定》）更能体现当今辅导员的重要身份和社会地位。与之前的第 24 号令相比，辅导员在负责大学生思想政治教育工作的同时还负责对学生进行日常管理，对此，国家对辅导员角色重新进行了定位并为其赋予了组织者、实施者和指导者的身份，又另外赋予了辅导员两种新角色——"人生导师"和"知心朋友"。

结合实际情况分析，由于当代大学生多为独生子女且面临的各方面压力较大较多，辅导员应在日常校园生活中与学生成为朋友，对学生关心爱护，并能够巧妙地以朋友的身份在发现问题的第一时间与学生进行沟通和交流，及时地为学生进行心理压力疏导和心理问题开导，多为学生开展心理健康知识普及活动，以知心朋友的身份为学生营造良好的、适应大学生身心健康发展的环境。新令还对辅导员选配制度、工作职责、培训发展以及管理与考核方面做了更详细的划分。

由此可见，自21世纪开始，辅导员在高校中已是必不可少的重要角色，在高校中拥有"教师"和"干部"的双重角色身份。为了适应我国新世纪的高等教育和社会经济的发展，辅导员角色在不断的发展和变化。在原本的思想政治教育者和学生事务管理者的基础上，增加了学生辅导咨询服务者的新角色。辅导员的工作职责同时也发生了潜移默化的改变，从原本的单向教导式关系变成师生双向共同交流的平等关系。

三、高校辅导员的角色期望及行为分析

（一）高校辅导员的角色期望

1. 高校辅导员的角色期望分析

辅导员制度从建立之初至今，高校辅导员的角色期望经历了"政治引路人"的一元时期到"管理者、教育者、服务者"的多元时期再到新时代角色期望的进一步扩展时期，辅导员的角色期望不断丰富。

《高等学校辅导员职业能力标准（暂行）》和《高校辅导员队伍建设规定》两个文件分别对9个方面进行了工作职责的划分和工作边界的界定，基于此，可以将其对工作职责的描述转换为国家和社会对新时代高校辅导员的具体"角色期望"，9个角色的角色期望总结如下。

（1）思想理论教育和价值引领者

一是在宏观上教育学生：引导学生学习习近平新时代中国特色社会主义理

论，坚定"四个自信"，让学生自觉践行社会主义核心价值观，将自己的青春融入中华民族伟大复兴的中国梦中，把好学生思想的"总开关"；二是在微观上帮助学生：把握不同阶段、不同学生的思想状态和成长需求，有针对性地帮助他们处理好学习生活中的困惑和烦恼。

（2）党团和班级建设者

一是培养优秀学生骨干，协助辅导员开展班级管理和服务工作；二是开展学生入党积极分子培养教育工作；三是开展学生党员发展教育和管理服务工作；四是指导班级学生组织的建设。

（3）学风建设者

一是在专业学习上帮助学生，熟悉学生专业课程设置，采用多种方式帮助学生树立学习目标，激发学习兴趣，培养学习习惯，掌握正确的学习方法，帮助他们打下终身学习的坚实基础；二是在课外活动上指导学生，促进班级形成好学上进的学习氛围。

（4）学生日常事务管理者

主要是开展各年级、各类别的日常管理和服务工作。一是各类教育活动：如入学教育、毕业生教育、学生军事训练；二是"奖助贷勤补"的管理工作：组织评选奖学金、助学金、指导学生办理助学贷款、组织学生开展勤工俭学活动；三是为学生提供生活指导，保证学生顺利度过大学生活。

（5）心理健康教育与咨询工作者

一是配合学校开展大学新生心理问题的初步排查，并协助开展回访工作；二是组织有关心理健康教育内容的班级活动，培育学生理性平和、乐观向上的积极心态。

（6）网络思想政治教育者

一是掌握新媒体技术，坚持在线上开展大学生思想政治教育引导工作；二是构建网络思政的阵地，能够使用新媒体传播先进文化；三是培养学生新媒体素养，引导学生传播网络正能量，帮助学生成为合格网民；四是创新工作方式方法，通过新媒体加强与学生的沟通，利用网络的便捷性对学生开展思想政治教育和各类管理服务工作。

（7）校园危机事件应对者

一是组织开展班级各类安全教育；二是妥善处理校园突发危机事件，能够对危机事件进行初步处理，并熟知工作流程，及时按照工作规程上报；三是能在事前参与危机预案的制定、事后对危机事件进行分析总结研究。

（8）职业规划与就业创业指导者

一是为高校学生就业进行科学、系统的分析，使学生认识到自己的情况，及时获得职业方面的信息即用人单位的招聘要求，充分利用自身的专业优势与特长，再进行有针对性的指导或学习，如社会实践课程的学习、实习工作经验的累积，请有丰富经验的招聘经验的专家或人员传授求职技巧，积极参加学校组织的招聘与面试活动等；二是树立学生正确的就业观念，将小我融入大我，引导学生面向基层、西部和祖国最需要的地方就业。

（9）理论和实践研究者

一是夯实自身理论基础，坚持学习辅导员相关工作理论知识；二是提高科研能力，积极撰写论文，参加学术交流活动，申报辅导员工作相关课题。

2.高校辅导员角色期望的特点

（1）发展性

高校辅导员的角色期望并非一成不变，而是随着时代发展在不断丰富和完善。高校教育的目标在于培养社会发展、知识积累、文化传承、国家存续、制度运行所需要的人，培养德智体美劳全面发展的社会主义合格建设者和可靠接班人。

高校辅导员的角色期望有其"政治引路人"的固有内涵，但也会随着时代的变化和高等学校学生的实际需求的变化而有所扩展，当学校扩招，学生出现就业、心理健康、学业和家庭经济困难等问题，高校辅导员的角色期望就并非单一的引导学生坚定正确的政治方向，而发展为帮助学生树立正确的世界观、人生观、价值观，维护校园安全稳定，帮助学生解决学业、就业择业、心理健康、经济困难等具体问题。

在新时代背景下，国家社会生产力水平显著提高、国内主要矛盾发生变化、国家发展确定新的目标、习近平新时代中国特色社会主义思想形成，我国日益走进世界舞台中央。而当代青年是同新时代共同前进的一代，要实现中华民族伟大复兴的中国梦，需要青年人，尤其是接受高等教育的大学生将自己的前途命运与国家的前途命运紧密联系，在实现个人发展的同时为中华民族的伟大复兴做出自己的贡献。

当前，"00后"大学生成为高校大学生的主体。这些成长于互联网时代的青年人，在一定程度上难以甄别纷繁复杂、良莠不齐的网络信息，他们更容易受到当下多元文化的负面影响，因此帮助他们坚定正确的理想信念就显得尤为重要。

在这样的时代背景和学生情况的变化下，高校辅导员的角色期望便进一步发展成由思想理论教育和价值引领者、党团和班级建设者、学风建设者等九个角色组成的角色集，角色期望的内涵进一步丰富。

（2）多样性

新时代高校辅导员角色期望较以往相比，存在更为显著的多样性。要求他们既要帮助学生牢固树立正确的世界观、人生观和价值观，解决青年人思想总开关的问题，又要要求他们指导学生处理好在学习和生活中的思想认识、价值取向、择业交友等方面的具体问题。既要引导学生树立正确的学习目标，培养良好的学习兴趣，为他们终身的学习打下坚实基础，又要妥善处理学生在大学生活中的各种管理和服务工作。

在辅导员的角色集中，既涉及比较专业的心理健康教育领域、思想政治教育领域、理论与实践研究领域；也涉及事务性的日常管理工作，同时还会涉及顺应当下时代发展潮流的创新创业指导和网络思想政治教育等内容，辅导员的角色期望呈现出多样性。

在新时代高校辅导员的角色集中，面对较为专业的角色，需要辅导员有较为系统的专业知识；面对较为事务性的角色，需要辅导员付出较多的时间和精力；面对顺应时代发展而新生的角色，需要辅导员不断学习新的理论、政策、实例。因此，多样性的角色期望更加容易导致辅导员角色扮演不足，出现角色距离的困境。

（3）冲突性

高校辅导员的角色期望中有指导学生坚定四个自信、树立正确世界观、人生观、价值观的"人生导师"的部分；也有经常性开展谈心谈话，帮助学生健康成长的"知心朋友"的部分；有开展相关管理和服务工作、组织评选各类"奖助贷勤"、为学生提供生活指导的"事务性管理工作者"的部分；也有在工作中开展学术研究的"理论研究者"的部分。

特纳（Turner）认为，在社会中，个体倾向于将不同社会背景下的行为组合或者尽可能减少为统一角色，个体都倾向于扮演相互一致的角色。也就是说，个体更加倾向去扮演角色期望一致的角色，而在新时代高校辅导员的角色期望中，既期望他们成为学生无话不谈的朋友，也期望让他们成为学生人生路上的引路人；既期望他们成为处理学生各种琐碎的、日常的事务工作管理人员，也期望他们成为涉及学生思想政治教育、心理健康教育以及各类学生事务教育工作的研究者。

然而，从某种意义上来说，教师和朋友、事务工作者和理论研究者，这两对角色期望本身就存在着矛盾，也就是说，新时代高校辅导员的角色期望存在一定程度上的内在冲突性，这种角色期望的内在冲突，在辅导员进行角色领悟和角色实践的过程中，势必引起辅导员在认知自我角色、扮演自我角色时的冲突。

（二）高校辅导员主要角色行为分析

高校辅导员角色定位具有多重性：学生健康成长道路上的引路者、学生日常生活中的管理者以及为学生提供具有辅导性帮助的服务者。而对于辅导员所产生的角色行为主要是教育行为、管理行为和服务行为。首先是最为重要的教育行为，作为为国家培养高级专门人才的师资队伍中的一员，辅导员主要是利用课余时间对大学生进行思想政治教育，目的是培育大学生拥有良好的个人思想政治素养。其次，辅导员作为在大学中唯一负责学生日常生活的教师，对学生进行学业和日常生活规划管理。最后，辅导员作为频繁接触大学生的人，充分利用自身优势，为学生提供良好的服务，有利于学生的发展。

1.高校辅导员角色教育行为分析

纵观高校辅导员角色的变化和发展，在辅导员角色集中最为主要的且任务最为艰巨的就是大学生思想政治教育指导者，其工作内容依旧是对大学生进行思想政治教育，包括了对学生的思想和三观、道德伦理和政治觉悟方面的教育等。

高校开展思想政治教育工作的方式主要有两种：一种是结合高校任课教师现有形式，依据相关政治理论教材，教授学生政治理论知识，为学生正确培养三观做好基础；一种是由辅导员对学生开展思想政治教育，主要是对学生的道德实践活动进行指导、对学生日常行为进行规范等，从日常生活着手培育学生拥有良好的个人文化素养。这项工作是由"教师"和"辅导员"两种角色来执行。

相关任课教师会通过在课堂上对学生进行理论讲解及分析使学生理解并学到理论知识，为学生的思想政治理论教育打好基础。与专业任课教师相比，辅导员没有机会以正式的课堂形式为学生教授讲解思想政治理论知识，因此，辅导员自身需拥有深刻的政治觉悟和政治素养，且政治立场与原则应与党中央高度保持一致，拥有坚实的政治理论基础带领学生对马克思列宁主义、毛泽东思想、邓小平理论、"三个代表"重要思想、科学发展观以及习近平新时代特色社会主义思想等内容进行学习，充分利用学生社团等文体活动，使学生的课余时间变得更为丰富，为学生建造良好的思想政治学习氛围。

辅导员角色对学生开展的教育行为与教师角色的教育行为有所不同。辅导员对学生的教育没有专业、具体的教学大纲，教育的内容主要是围绕学生综合能力的提升，相对侧重对学生思想政治方面的教育。

相对于教师教授学生专业的知识，辅导员更注重培养学生的综合能力。同时，辅导员要及时与学生进行思想政治理论的交流，了解学生对政治理论的疑问，与学生进行认真的讨论及分析，理论结合实践，并融入日常生活中，通过日常生活去验证理论从而让理论更容易被理解，为学生答疑解惑，辅助学生提高政治素质和政治水平，及时为学生调整三观的发展方向，引导学生能够自觉地辨别是非，促进学生培养自我约束的能力，增强学生的服务意识和奉献精神，使他们成为合格的甚至优秀的社会主义接班人。教育的目的就是将学生培养成为被社会需要的人，而高等教育的目的是将学生培养成为专业的社会人才，这种专业不仅是指有丰富的专业理论知识和熟练的专业技能，同时也体现在高等教育毕业生专业的个人素养上。

结合前文所总结辅导员角色的角色期望，高校辅导员角色用其角色行为来满足角色期望，而高校辅导员角色的教育行为也更是彰显了其思想政治教育指导者的角色定位。

2. 高校辅导员角色管理行为分析

在高校中，辅导员是管理学生的主要力量，他们有着直接管理学生事务的权利。例如，迎新工作、班级组织建设、学生党建、学生活动组织、学生请假、学生综合素质测评及评优活动、评校级或国家级奖学金、学生勤工俭学活动、办理助学贷款、学生毕业就业等问题、查看学生寝室卫生及安全、传达学校重要通知等一系列非学术性学生事务及活动都由辅导员进行管理，辅导员还要负责规范学生日常行为，对学生社团及学生干部有管理职责，学生的日常活动和生活秩序都需要由辅导员进行组织和管理。

现如今，辅导员既像是高中时期的班主任，又像是学生宿舍里的宿管，只要是和学生有关的一切事务都要管理和负责，导致辅导员的工作内容有些零碎和混乱。例如，校学生处要求辅导员指导学生在校园网进行自主选择课程、期末组织学生进行课程评价、为学生发放成绩单和为毕业生发放毕业证；校财会部要求辅导员督促学生按时缴纳学费及学杂费等。

由于学校各部门无法直接与各院系或各年级的学生进行交流，所以只好委托辅导员与学生进行沟通，并帮助处理问题，从而协调好各部门与学生之间的工作。正是因为这些零碎而复杂的工作的需要，使辅导员的工作量增多、要处理的事情复杂且任务繁重，原本明确而又清晰的工作职责也因此变得多样化，事情安排重叠起来就会变得复杂化，导致辅导员有时自己都不清楚自己的工作职责。也正是如此，辅导员变成了学生们的"保姆"，要对学生们的校园生活尽职尽责，已经不再仅仅是进行学业指导，还要管理学生的"日常起居"，从人身安全到心理健康，总而言之，辅导员就是学生在校园生活中对学生负责的管理者和直接监护人。

3. 高校辅导员角色服务行为分析

由于国家的要求和社会的需要，辅导员的作用不再仅仅是学生思想政治教育和学生事务管理的工作，还需要为学生提供心理辅导、创业及就业指导等一些专业性较强的服务。

现阶段，我国越来越重视高校辅导员对大学生的心理辅导。辅导员应协助高校积极开展心理健康教育活动，主动调查和缓解学生的心理问题。学生也十分期望辅导员能够在自己最需要的时候给予自己心理辅导。

事实上，辅导员在为高校学生提供心理咨询的同时，也在与学生进行交流和相互了解。在学生被理解和老师帮助解决问题的同时，辅导员不仅增加了与学生互动的机会，还得到了学生的信任与喜爱，使得师生关系又向良好的发展方向迈进一步。

在毕业去向问题上，辅导员还会为学生提供专业而又合理的发展规划，无论是考研报考相关问题或就业创业指导服务，辅导员都会为学生提供适合个人的建议，并引导学生们树立正确的就业观念。帮助毕业生做好大学阶段的收尾工作，需要辅导员有专业的指导理论和技术，依照学生的综合素质，为学生提供适合自己的发展方向。

第二节　高校辅导员的知识结构

一、高校辅导员知识结构概述

（一）知识结构的概念界定

1. 知识

知识是对某个主题确信的认识，具有为特定目的而使用的潜力；意指通过经验或联想能够熟悉并了解某种科学、技艺的事实或状态，具备真实、被证实、被相信的特征。描述知识的用法是考察知识的一种常见做法。在这种意义上，知识是由不同意向讨论着的信息。

不同学者对"认识"有不同的理解，有的学者认为知识是用以制定决策的事实、模式、概念、意见、直觉等的集合体。也有的学者认为知识是经验的积累、事实的系统化、对事实的理解、一种理解的行为或状态、人的已知和未知。还有的学者认为，知识是结构化的经验、相关信息、价值、专家洞察力的融合，提供了评价和产生新的信息与经验的框架。

综上所述，知识主要是指系统化的事实、结构化的经验、由不同意向讨论着的信息、被理解的状态、抽象化的概念、专家独特的见解、直觉、文化脉络的集合体；是对对应学科知识体系的确信认识，这些认识拥有为解决相应的学科问题而使用的潜能，通过经验或联想可以熟悉并了解这些认识。

知识取自人类活动的真理、原则、思想、资讯等，涉及信仰或行动，具有"被证实的、真实的、被相信的"这三方面的特征，可用于评价和产生新的经验和信息。而在特定的学科知识体系中，由事实出发并进行了高度抽象的知识，称为"核心概念"，处于学科的中心地位，其余知识都可由核心概念出发，经过推演、联想得出。

2. 结构

结构是指系统或材料中相关元素的组织排列。结构按类别可分为等级结构、网络结构、晶格结构等。等级结构中的构成元素以一对多的形式从上至下有层次地排列；网络结构中的构成元素以多对多的形式排列；晶格结构中的临近元素互相连接。

3. 知识结构

结合上文可知，结构是系统内部各组成部分（要素）之间稳定的相互联系及其排列的组合方式，任何一种事物都有一定的结构，知识也不例外。知识是由诸多层次、诸多要素按照一定的结构组合而成的、一个有机统一的整体。

关于知识结构的概念，《新汉语大辞典》中对知识结构的解释为，"知识结构是知识的广度、深度在个体身上构成方式的组合状况，是知识体系在个体大脑中的内化反映"，这一定义中提出的知识广度、深度等概念对于更好的理解知识结构的内涵提供了重要帮助。

目前，国内外学者对于知识结构概念的理解与解释，大都是以上述两种观点为基础进行的延伸。可见，所谓知识结构，一般是指知识体系的结构，是一个人经过专门的学习或培训后所拥有的知识体系的过程情况与结合方式。合理的知识结构要从知识深度、广度等方面进行综合评价，既要有精深的专门知识，又有广博的知识面，具有胜任岗位所需要的最合理、最优化的知识体系。

（二）高校辅导员知识结构的内涵

高校辅导员的职业知识是指其通过学习、实践而获得的知识体系和文化素养。职业知识反映了高校辅导员所具备的理论深度和思想认知的情况，良好的知识储备和多元的职业知识既是辅导员做好高校学生思想政治教育工作的前提，又是辅导员个人职业发展的基础。具体来讲，高校辅导员职业知识结构主要包括以下几个方面。

1. 专业理论知识

专业理论知识是指高校辅导员要准确系统地掌握思想政治教育的相关基本理论和基本方法。立德树人，做大学生健康成长的指导者和引路人，这一角色定位决定了高校辅导员必须具备基本的思想政治教育理论知识，否则，难以成为一名优秀的思想政治教育者。因此，高校辅导员应当正确理解思想政治教育理论的内涵，准确地掌握专业相关的理论基础，还要学习马克思主义理论，掌握马克思主义中国化的理论成果，提高马克思主义理论素养。

此外，高校辅导员也应该了解学生所学专业的有关知识。辅导员只有具备了渊博的专业理论知识，才能正确运用教育与管理方法，才能在学生中树立形象与威望，与学生产生共鸣与价值认同，才能深受学生的尊敬和喜爱，进而以自己的言行教育和引导学生成才进步。

2. 科学文化等综合知识

社会学知识、心理学知识、法律常识、网络技术等综合知识不仅是高校辅导员自身修养和文化水平提升的前提，也是大学生成长成才的基石。

高校辅导员不仅要掌握大学生思想政治教育和管理的工作知识、技能与方法，还要具有广博的人文基础知识。只有这样，才能对现实问题进行敏锐的观察、透彻的分析，才能满足大学生多方面的发展需求，才能完成职业生涯规划、校园文化建设、危机事件应对以及日常事务管理。

二、高校辅导员知识结构的优化策略

（一）政府加强辅导员知识更新培训

加强培训培养是提升辅导员职业能力的有效手段。教育主管部门要为各高校辅导员培训培养提供宏观设计和整体规划。

1. 加强宏观设计规划

在遵照国家高校辅导员培训培养政策的基础上，结合本地区高校实际，设计制定高校辅导员培训培养计划，按照辅导员职业阶段分区块设计培训培养重点，比如辅导员入职适应期重点开展学科基础知识、实践技能、职业道德培训，辅导员能力成长期重点实施骨干培养和硕士、博士学位提升培养，辅导员职业倦怠期重点提供校际岗位交流、党政机关挂职锻炼以及社会实践体验，辅导员稳定维持期重点提供科研实践研究平台。

2. 制定分类指导方案

教育主管部门组织专家就不同层次类别、不同办学特色的高校给出相应的培训培养指导框架，形成科学合理的操作性强、针对性强的培训培养方案，由此来实现高校辅导员知识结构的优化与发展。

3. 组建专业的培训团队

打造高校辅导员培训专家团队，优选思想政治及有关学科领域专家，吸纳优秀辅导员、高校有关领导，组成既有理论功底、又有实践经验的专家团队，建设一支相对稳定、结构合理、理论水平高、业务能力强的辅导员培训队伍。

4. 构建"问题导向"式的科研机制

紧跟国家关于加强高校思想政治工作的要求，立足本地区的实际情况，以问题为导向，设计辅导员科研项目，设置专项科研基金，调动辅导员的科研积极性，破解大学生思想政治教育实践和理论的新问题，提升辅导员理论研究和实践能力。

5. 打造辅导员行业组织师范品牌

依托本地区已有的高校辅导员行业组织，加强行业组织建设，充分发挥辅导员培训和研修基地、辅导员名师工作室示范带头作用，健全科学规范的工作评估机制，建设高质量、有特色、水平高的辅导员科研行业组织。

6. 建设网络一体化培训平台

教育主管部门要整合不同高校的资源，充分利用互联网信息共享优势，建设辅导员网络培训平台，对线下培训进行有效补充和延伸，构建线上＋线下全方位一体化的网络培训模式，有效扩大辅导员培训范围，灵活开展辅导员培训活动，巩固和提高辅导员专业化培训的效果和水平。

（二）学校完善辅导员培训培养机制

高校作为辅导员职业生涯发展的主体环境，要优化完善辅导员培训培养的长效机制，为高校辅导员知识结构的优化提供平台保障。

1. 做到"三个坚持、三个结合"

坚持理论与实践相结合，将理论联系到辅导员工作实际中，创造实践机会，紧密围绕新时代"立德树人"的根本任务，把传授专业理论知识与解决实际问题结合起来。坚持模块与层次相结合，精准对标辅导员不同阶段的成长发展需求，尊重辅导员的个体差异，有针对性地开展不同层次、不同专业模块的培训培养活动。坚持长效与发展相结合，高校辅导员队伍素质的提升，是一个坚持长效和不断发展的过程。高校要建立长效、可持续发展的培训培养理念，将辅导员素质提升工作贯穿辅导员职业生涯发展的全过程。

2. 加大培训培养投入

高校应从人力、财力两方面加大投入，合理配置师资力量，组建一支以思想政治教育专家为主要组成部分的师资队伍和指导团队，充分发挥专家型师资队伍的主导作用。加大经费投入，积极拓宽辅导员培训培养经费筹集渠道，按照学校教师培训经费的标准，划拨辅导员学习交流、考察实习、海外研修等专项经费，将辅导员在职攻读学位纳入教师培训计划，享受有关鼓励政策，在齐抓共管的格局下保障辅导员专项经费到位。

3. 完善培训培养体系

以辅导员需求为导向，建立规范化的岗前培训、专题培训、骨干培训、科研培训等有针对性的课程体系。在培训形式方面，积极探索精准化培训新模式，按照辅导员职业生涯发展周期规律，采取丰富多样的培训形式，将理论学习、典型案例分析、交流考察、线上教育、团队科研等相结合，活化培训形式。

在交流实践方面，构建校外挂职和岗位交流体系，每年选拔一批优秀辅导员到中央、地方政府和国家重点单位挂职锻炼，定期组织辅导员赴兄弟高校交流学习，积极建设辅导员社会实践基地。

在推进理论研究平台搭建方面，结合辅导员的专业特点以及个人兴趣点，对辅导员的主攻类型与职业发展方向进行分析，确定辅导员职业发展方向，从而科学合理安排分工、有意识提升辅导员专业职业技能，为辅导员搭建大学生心理健康教育咨询、就业指导、资助服务、创新创业、班级建设、思想政治、科研实践等职业能力提升的平台。打造系统化研究平台，设立专项研究经费，整体规划课题指向，鼓励辅导员开展"组团式"研究，集中团队优势，提升辅导员创新研究水平，重点培育具有决策咨询价值和推广示范意义的理论实践成果，提升辅导员学术能力和科研水平，促进辅导员职业化转型。

（三）辅导员积极树立终身学习理念

《高校辅导员职业能力标准》中指出，辅导员应该严格遵循"终身学习"的原则，明确指出高校辅导员终身学习的现实意义。辅导员要想出色完成工作，"打铁先得自身硬"，只有学习才能更好地优化辅导员的知识结构。

1. 坚持加强马克思主义理论的学习

坚持马克思主义理论的学习，用马克思主义理论最新成果武装头脑。高校辅导员必须坚持用马克思主义这一无产阶级的世界观、方法论作指导，来做好大学生的思想政治教育。因此，辅导员自己必须对马克思主义理论往深里学，往心里走，真学真信，才能自觉运用马克思主义的立场、观点、方法来分析思想政治教育过程中的实际问题。

习近平新时代中国特色社会主义思想是马克思主义理论的最新成果，只有用新思想不断武装头脑，才能树立个人政治信仰的正确导向，才能做到坚决拥护党的领导，时刻与党中央的路线、方针、政策保持高度一致，才能具有较高的"政治判断力、政治领悟力和政治执行力"。

因此，提高政治理论素养，加强习近平新时代中国特色社会主义思想的学习，是对高校辅导员最基本的要求，也是辅导员要树立的学习理念。

2. 加强思政教育工作相关学科知识的学习

学习思想政治教育工作相关学科知识，做好"宽口径知识储备"。新时代赋予辅导员新的使命，对其职业素养提出了更高的要求，比如要具有较高的政治理论水平和职业道德，较强的业务工作能力和科学文化素养等等，这些都需要通过刻苦学习才能了解和掌握。要求辅导员在学习掌握思想政治教育的基本原理和基础知识、努力向专家水平靠拢的同时，也要成为"多面手"的通才。成为"多面手"的通才，需要不断学习教育学、心理学、管理学等与学生工作相关的知识，还要增强文、史、哲、法律知识储备，掌握计算机、网络等新科技。

辅导员只有不断加强学习，才能不断地提高自身的理论和业务水平；只有通过学习，才能不断地对自身的知识进行更新，增强工作能力，方可以用最正确、最科学有效的方式处理学生的问题以及自身工作中遇到的困难；只有坚持学习，自主学习，当发展机遇出现时才能及时抓住，从而展示出自身的才能，适应时代发展带给辅导员工作的新挑战。辅导员的学习应该以思想政治理论学科为主，以其他学科理论为辅。

第三节　高校辅导员的岗位职责

一、高校辅导员岗位职责的科学含义

对于辅导员的定义,《辞海》与《中国大百科全书(教育卷)》有所不同,一种定义为:"中国高等学校的基层政治工作干部。基本任务是在校、系组织的领导下,全面关心学生的成长,并协调系或班级内各方面的关系,共同做好学生的思想政治工作。"另一种定义为:"中国高等学校的基层政治工作干部,基本任务是对学生进行思想政治教育,做好学生的思想政治工作。"

综上所述,辅导员主要是指高校中对大学生开展思想政治教育、进行日常管理和成长指导的专职人员。因此,辅导员的岗位职责就是指高校中对学生开展思想政治教育、进行日常管理和成长指导的专职人员所应该具备的职责和责任。

二、高校辅导员岗位的基本职责

高校辅导员岗位的基本职责包括以下几方面。

(一)加强思想政治教育

作为开展大学生思想政治教育的主要负责人和大学生进入高校所接触的第一人,高校辅导员肩负着将正确的思想观念贯穿于教育的全过程的重要职责。高校辅导员的工作任务和要求是服务于学生的实际情况的,要始终追随学生的脚步,不是千篇一律的,这项工作是动态的,且目的性十分明显,正是通过这项工作,辅导员才能发挥对学生的思想道德的指引作用。

引导学生树立正确积极的理想信念,坚定爱国主义信念不动摇,使学生在生理心理两个层面都能够拥有健康的成长环境,在规范学生各项行为的同时,努力为学生成才和就业服务,使学生顺利完成学校向社会的过渡。具体来讲,高校辅导员的思想政治教育工作主要包括以下几方面。

1. 理想信念教育

高校的重要职责是为国家培养社会主义人才,是贯彻科教兴国战略的重要一环。全面建成小康社会,教育是重要基础,党的十八大以来,习近平总书记多次就青年大学生理想信念教育做出重要论述、提出明确要求。习近平总书记的一系列重要讲话深刻阐述了大学生理想信念教育的重大意义、丰富内涵和实践要求，他指出践行社会主义核心价值观是指引青年大学生健康成长、建功立业的科学行动指南，是激励青年为实现中华民族伟大复兴中国梦而奉献青春的强大思想武器。

如何帮助广大青年大学生树立崇高的理想信念，并使之成为大学生成长路上克服艰难险阻，奋发图强的动力，这个问题需要思想政治教育者们在不断总结前人的经验基础上，结合当前实践不断探索。理想信念作为国家的精神支柱，是每个人都应该具备的，辅导员正是通过一些教育方法和手段开展学生工作，引导学生坚定理想信念，找到属于自己的前进方向。

高等教育的一个重要目标就是要用理论武装学生，对大学生进行理想信念教育是顺应时代发展的必然要求，也是完成国家和人民对于教育者的殷切期望，这项任务是艰巨的，也是值得教育者们奋力完成的。只有明确高校开展理念信念的最终目标，加强对于这一内容的讲解宣传，创新多种理想信念教育途径，才能将高校学生培育成具有崇高理想和坚定理想信念，并将这些优良品质落实到行动，投身于社会主义建设的优秀人才。

2. 爱国主义教育

要成就伟大的事业就要有自强不息的精神。2015 年 12 月 30 日，习近平总书记在主持中共中央政治局就中华民族爱国主义精神的历史形成和发展进行第二十九次集体学习时强调，要大力弘扬伟大爱国主义精神，必须把爱国主义教育作为永恒主题，贯穿国民教育和精神文明建设全过程。

在大数据时代，各种信息鱼龙混杂，其中不乏一些反社会主义、宣扬资本主义的内容在网络平台快速传播。要想在思想上抵御外来糟粕，爱国主义教育势在必行，高校爱国主义教育是让学生了解和热爱祖国，了解祖国的优秀文化，传承中华民族团结统一、爱好和平、勤劳勇敢、自强不息的民族精神，并在新时代结合实践赋予其新的内涵。

当代大学生要坚定爱国主义这一理想信念绝不动摇，认真学习各类科学文化知识，同时也要积极参与建设社会主义国家，将汲取的知识应用于社会主义实践，推动伟大复兴中国梦的实现，坚决维护国家利益，同祖国同荣辱、共患难，这样才是合格的社会主义接班人。

爱国主义教育是高校思想政治教育中的重要环节之一，是一个囊括多方面内容的系统工程。辅导员要积极在大学生群体中开展爱国主义教育，以助于实现思想政治教育目标。

3.道德行为规范教育

大学作为进行高等教育的固定场所，培养的是社会主义建设所需要的人才，大学生是应该具有较高的道德素质和思想情操、举止文明、积极向上的年轻人代表，构建和谐校园要求学生们自觉遵守道德行为规范。

加强对大学生的行为规范教育，事实上，在当下的大学校园里，部分学生的所作所为缺乏文明修养，违反道德规范，因而辅导员对学生的道德行为规范教育要落到实处，并利用数据获取多种教育资源，营造良好的舆论氛围，用先进的文化教育学生，使学生能够形成系统性的行为规范意识，规范自身的行为，发挥好表率作用，当然，这些规范不是一时半刻可以形成的，学生良好的道德规范重在坚持，要让学生将学到的理论转化为实践，努力把学生教育成恪守传统美德的文明大学生。

（二）加强学习辅导

好的校风和学风，能够为学生学习成长营造好氛围、创造好生态。这里所论述的学风，是指学生的学习目的、学习态度和学习行为等因素合成的风格。高校辅导员是高校学风建设的直接责任人，要全天候、全过程、全方位、全身心地关注学生的学习进步。辅导员要落实党的教育方针，贯彻教育部建设高水平本科教育和提升人才培养质量的要求，下大力气抓好学风建设，引导学生树立正确的学习观。

一是注重使命指引，明确学习目的。青年大学生担负着实现中国梦的历史重任，必须通过学习走向成功，学习改变命运、学习创造未来。辅导员应帮助学生从思想源头上查找学风问题，破除学生学习的功利性倾向，使其把个人学习成果与祖国的命运紧密相连。

二是加强生涯导航，明晰学习目标。通过生涯规划指导、专业前景分析、专业介绍大会、新老生交流会、读书学习经验分享会、考研咨询会、职业生涯交流会等方式，帮助学生形成正确的自我认知，使其制定科学合理、行之有效的学习目标，找原因、查差距、补短板、强弱项。

三是突出本领建设，增强学习动力。按照"回归常识、回归本分、回归初心、回归梦想"这"四个回归"的要求，搭建好学习平台，让学生回归到刻苦读书上来，引导学生求真学问、练真本领。

四是坚持言传身教，教会学习方法。辅导员要以身作则，树立终身学习的理念，潜心科研，崇尚学术，带头学习，学有方法，这样学生也会耳濡目染，潜移默化提升学习能力。

（三）加强日常管理

辅导员是大学生日常学习生活的管理者。其管理的根本就是以人为本、立德树人，在管理教育中真正实现培育学生成长成才的根本目标。

第一，建立基本的学生管理框架，制度是一切事情顺利开展的前提，只有有了基本的制度，事情才能按部就班地进行，对于大学生而言，更应有基本的制度加以约束。

第二，注重班干部的培养，由于辅导员自身工作的复杂及繁琐性，决定了班干部的培养至关重要，班干部在帮助老师处理事情的同时也锻炼了自身的能力。

第三，正确处理与学生之间的关系，辅导员既是老师更是朋友，但两者之间必须有清晰的界限，才能更好地管理及服务学生。

第四，为人师表，公平公正。不可否认，有的高校在评优、评奖、入党等工作中存在某种"小水花"，但学校的大环境整体趋于稳定，作为辅导员必须把控好自身心中的天平，做事民主公开才能赢得老师、家长以及同学们的尊重。

第五，善于放权，把控决策。对于学生的培养必须激发他们自身的创造性，给予他们足够的创造空间，同时对他们给予必要的建议、思想引领，保证其基本的方向不会改变。

（四）加强行为教导

辅导员是教育者，对学生的行为负教导之责。辅导员要切实担负起对大学生进行教育引导的责任，对大学生中出现的不良行为要及时发现并给予批评教育，决不能姑息、纵容，对于严重违反校纪校规、甚至违反法律法规的行为，要及时上报，让其对自己的行为后果负责。在平时的工作中，要加强对大学生行为的正面引导和教育，使其能够严于律己，做举止文明、勤奋好学的有志青年。

（五）加强就业指导

大学校园是一个小社会，高校教育一个重要目标就是帮助学生顺利找到工作融入社会，但是随着高等教育的快速普及，大学毕业生越来越多，与之相对应的就业形势也越来越严峻，找到一份满意的工作对于学生而言显得更加困难，部分学生因为就业不理想还会产生焦虑等心理问题。因此就业指导工作也是辅导员的一项重点工作，它是一项系统性的工作，学生的就业技能和就业能力都需要提升，就业指导工作不是到了毕业季才开展，在平时的学生工作中就要做好相关能力的培养。

教育学生树立正确的择业观，要有良好的心态提高就业能力，也就是要提高自己的在求职时的竞争力，平时各类等级考试，资格证书都要积极报名参加，提高自身的就业能力；就业信息也要及时传递给学生，让每个学生都能找到合适的工作，既是关乎学生们的切身利益，是学生成长成才的一大步，也是高校向社会输送人才，使社会和谐稳定的一项重要举措。

（六）加强心理辅导

在当前大学校园里的学生群体中，学生反馈压力大的趋势逐渐增高。例如，学生的学业问题、就业困难、与室友同学的人际关系紧张、恋爱问题等都会使学生压力变大，心理负担加重，最终导致心理健康出现问题。根据多项报告显示，近几年我国高校学生患抑郁症、精神分裂症等心理疾病的人数呈增长趋势，因此大学生的心理问题也会受到更多关注。

从辅导员的层面来看，对学生开展思想政治教育工作的内容主要是集体式普及相关心理知识和心理咨询渠道，对于存在负面情绪或症状较轻的学生通常是通过面谈的形式进行心理疏导。

一方面，辅导员平时开展各项工作的过程也是辅导员了解学生实际情况的过程，要设立重点关注对象名单，对于特殊群体的学生要采取定期谈话的方式，对学生的各项动态做到心中有数。

另一方面，在平时管理学生的过程中，不仅要做好思想教育，对于如何处理危机事件、增强抗压能力等问题都需要传授给学生。对于学校心理健康部门开展的一些活动和学习相关心理资料都要落到实处，不仅仅只是转发给学生，要通过班干部的配合将学习内容落实和吸收。

辅导员的心理辅导工作要更加专业化，这是辅导员队伍建设专业化的必然趋势，高校辅导员通过加强学习提高自身心理教育专业化的水平，才能更好地对学生开展心理健康教育工作，探索更多途径来处理学生心理健康问题，将学生塑造成一个不仅身体健康，同时在心理上也积极向上的人。

第三章　高校辅导员工作机遇与挑战

随着经济社会和科学技术的发展，人类社会逐步迈入信息化时代，这不仅对人类社会的生活产生了深远影响，同时也给高校辅导员的工作带来了新的挑战与机遇。新时期高校辅导员在面临种种挑战之时，既要准确把握大数据时代辅导员的工作发展需求，又要善于把握机遇，厘清时代背景之下所存在的实际问题，并提出针对性的对策与措施，才能实现辅导员工作有效性，才能适应现代化教育方式的变革。本章分为高校辅导员工作的现状分析、高校辅导员工作面临的机遇、高校辅导员工作面临的挑战三部分，主要包括高校辅导员工作的初步成效、高校辅导员工作中存在的问题等内容。

第一节　高校辅导员工作的现状分析

一、高校辅导员工作的初步成效

从现实情况来看，高校辅导员工作取得了一些成效，主要有以下几点。

（一）促进了大学生的健康成长

高校辅导员是大学生在校期间接触最多，交流最多的老师，他们通过课堂内外的思想教育和丰富多彩的党团、文化、体育、科技等活动指导学生，促进了大学生思想政治素质的提高。当前大学生主体思想积极、向上，拥护党的方针政策，充分肯定改革开放的巨大成就，真诚盼望国家的繁荣和稳定。大部分大学生在校学习积极上进，拼搏自强，能正确地对待竞争，个人成长成才愿望强烈。

辅导员是思想政治工作的教育者，是大学生日常学习生活的管理者，是大学生人生成长的导师，还是大学生情感上的朋友。每年一批又一批的合格大学生顺利毕业走上工作岗位，是大学生自我努力奋斗的结果，是教师谆谆教诲的结果，是学校行政人员热情服务的结果，更是辅导员辛勤劳动、积极引导的结果。

（二）促进了学校学生工作的顺利开展

辅导员作为高校教师队伍的重要组成部分，处在大学生教育、管理、服务的第一线，是学校和大学生正常联系的关键一环。学校的许多政策、规章制度、活动安排基本都需要通过辅导员去传达落实，从新生一入校开始，辅导员就投入到大学生的思想教育工作中，按照学校的统一部署开展入学教育、知校爱校教育、安全教育、习惯养成教育等。大学生日常的学习生活管理，学生重大事件的处理，突发事件的协调，学校安全稳定的维护，也都处处可以看到辅导员的身影。

在开展政治思想教育的同时，辅导员积极培养锻炼学生的能力，吸收优秀的大学生加入党组织，抓好大学生骨干队伍建设，通过学生干部做好相关工作的上传下达。另外，对大学生与学校之间的沟通，辅导员进行积极的反馈和回答，保证了学校和学生之间的信息流畅，为两者之间统一了思想，交流了情感，使大学生能够紧跟学校步伐，为学校的改革和发展贡献自己的力量。

（三）促进了辅导员队伍的发展

各高校结合辅导员工作的研究和实践，积极探索辅导员工作的有效模式，不断地积累工作经验，实践新的工作方法，提高辅导员工作的积极性和工作水平。如清华大学长期坚持一套"双肩挑"辅导员工作制度，即一个肩膀挑专业业务，一个肩膀挑思想政治教育工作；复旦大学等高校采用比普通硕士学制多一年、免试攻读研究生的办法留任辅导员，这样他们就能一边攻读硕士学位，一边从事辅导员工作；还有山东大学提倡的"专业化、职业化"辅导员队伍建设等等。这些有益的尝试都为辅导员的队伍建设积累了经验，调动了辅导员的工作热情。

在各高校的积极参与下，国家也制定了辅导员的相关管理制度，使辅导员的队伍建设日趋完善，越来越受到党和国家的重视。同时各高校积极开展辅导员的业务和能力培训，鼓励辅导员进行心理学、教育学、管理学、社会学的深入学习，举办辅导员的技能比赛、优秀辅导员评选等活动，促进了辅导员之间的沟通交流，一支政治素质过硬、专兼结合的辅导员队伍正在初步形成。

二、高校辅导员工作中存在的问题

（一）辅导员科学化认识的问题

1. 辅导员工作的职业认同不高

目前各高校都从自身的发展出发，进行了高校的定位，有的定位为教学型的大学，有的定位为研究型的大学，有的定位为综合性的大学。从定位上肯定了教学、科研对于学校的重要性，但对于思想政治教育工作的重视不足。

从衡量的角度来说，教学工作可以从完成的课时、教学成果等进行量化，科研工作可以从申报的课题数量、发表的论文数量及质量等方面进行衡量，但思想政治教育工作很难进行量化，在短期内难以形成量化的结果。这就造成了对辅导员工作的认可度不高，对辅导员的科学化产生错误的认识，没有认识到辅导员的工作有其科学的体系，认为辅导员的工作谁都能做，辅导员很多时候就是"办事员""打杂员"的角色。其实事务性工作只是辅导员工作的一部分，而且事务性的工作也有其自身的规律，只有运用适当的方式方法，才能取得最好的效果，使大学生真正受益。

2. 辅导员工作的氛围不强

唐代诗人韩愈曾言："师者，传道授业解惑者也。"对学生进行思想教育，传经送道应该是教师的首要责任，但实际中可以发现很多高校把思想政治教育工作当作辅导员自己的事，特别是部分专任教师只为学生授课，完成答疑解惑，不管学生思想的发展和培养，一有问题立即联系辅导员，这种认识是十分错误的。大学生的成长培养特别是政治思想的成熟，需要整个社会、高校老师的帮助和指导，如果仅仅依靠思想政治辅导员这一目标很难实现。2004 年中央 16 号文件《关于进一步加强和改进大学生思想政治教育的意见》指出："广大教职员工都负有对大学生进行思想政治教育的重要责任。要制定完善有关规定和政策，明确职责任务和考核，形成教书育人、管理育人、服务育人的良好氛围和工作格局。"

3. 辅导员队伍建设的政策落实不够

2006 年教育部《普通高等学校辅导员队伍建设规定》中指出："高等学校总体上要按师生比不低于 1 : 200 的比例设置本、专科生一线专职辅导员岗位。辅导员的配备应专职为主、专兼结合，每个院（系）的每个年级应当设专职辅导员。

每个班级都要配备一名兼职班主任。"现实情况却是许多高校的辅导员所带学生的实际数量少则 300~400 人,多则 500~600 人甚至更多,人数的增加增大了辅导员的工作强度,使其经常在各种杂事中疲于奔命,难有工作的深入和研究。

以上对高校辅导员工作科学化的认识水平不足,影响了辅导员工作科学化的发展,使得高校辅导员工作的科学化缺乏相应的支持。

(二)辅导员队伍建设中的问题

1.专业化程度不高

当前部分高校辅导员队伍建设面临专业化程度不高的难题,高校加大能力建设工具的使用,促进辅导员队伍专业能力的提升,体现在鼓励辅导员承担教学、引导辅导员开展理论研究、选拔辅导员参加交流研修等方面,但仍有几个方面的规定与建设略显不足,需要借助能力建设工具进一步完善与加强。

首先,辅导员队伍的专业化建设缺乏专业教师的指导,在参与调查的高校中仅有两所高校明确提出学院应为辅导员落实学术导师带领团队制度,如长安大学提到建立辅导员导师工作队伍,遴选资深辅导员做普通辅导员的工作榜样,通过"传、帮、带"的方式加强辅导员的培养。导师培育的方式可以更具针对性地对辅导员开展工作与理论指导。因此该方面的建设有待完善。

其次,在参与调查的高校中,只有一小部分高校提出成立辅导员工作室,为其工作交流搭建平台,且在这些高校中,仅有寥寥数所大学明确提出设立辅导员工作室建设专项经费,但缺乏明确、详细的经费支持计划。譬如西安电子科技大学在辅导员队伍建设实施意见中规定设立辅导员队伍建设专项经费,用于建设辅导员工作室。通过搭建平台的方式,促进辅导员开展工作交流与研究,为辅导员队伍整体水平的提升提供保障。由此看来,一些高校在辅导员队伍建设的政策设计层面对辅导员发展平台的建设与支持仍待加强。

再次,尽管有一些高校在辅导员队伍建设政策文件中提出实施辅导员在职攻读思政博士学位专项计划,积极创造条件为辅导员提供发展机会,但其未对计划的开展提出明确详细的规定。切合实际的目标设定更有利于激发辅导员自主发展的动力,而事实证明,名额的确是限制辅导员进一步提升学历水平的主要桎梏。因此,该方面的计划亟须改善。

最后，在培训计划上，大多高校是根据教育部43号令进行计划的制定，关于培训计划的规定多为培训时长的安排，如确保每名专职辅导员每年至少参加16个学时的校级培训，每5年至少参加1次省级及以上级别的培训。总体来看，政策对于辅导员培训计划的规定覆盖面不够广泛，培训内容、培训师资、培训考核标准等均没有涉及，缺乏完善的高校辅导员培养方案。此外，仅有一小部分高校提出设立辅导员队伍专项培训经费，说明辅导员培训缺乏强有力的经费保障。以上方面的不足均会影响辅导员专业水平的提升，因此须进一步完善。

综上所述，当前辅导员队伍建设在发展保障方面的政策仍需完善，高校应继续加大能力建设工具的使用，为辅导员专业化建设与发展提供支持与保障。

2. 角色背负过重

当前社会，由于多种原因，人们对大学生群体越来越关注，大学生的很多行为和言论被放大化。

辅导员负责大学生的思想、教育、管理、安全等方方面面的工作，背负了很高的社会期望。有一句话描述辅导员的角色："上面千条线，下面一根针"，作为学校政策的落实者，辅导员一方面要坚决、认真、细致地完成学校各部门布置的工作；另一方面对思想活跃、个性意识突出的大学生，要给予充分尊重的同时，加强约束，保证大学生不出意外。对学生家长而言，觉得学生交给了学校，辅导员就要像父母一样对他们悉心照料，做到尽善尽美，让家长放心。

对大学生出现的问题和冲突，辅导员有时还要扮演"警察""调解员"等的角色。辅导员的多重角色被赋予了很高的期望，为达到相应的目标，其背负的压力也越来越大，长此以往，最终会身心疲惫。

3. 配备不够合理

高校辅导员的工作有很高的思想政治素质和业务能力要求，并非谁都能胜任。自2000年来，各高等学校不断扩招生源，高校的人数迅速增加，为适应这种变化招聘了大量的辅导员。实际情况是，当前各高校辅导员队伍的专业结构除了部分有"相关的学科专业背景"之外，有不少辅导员原来学习的专业和辅导员工作基本没有什么联系。在学历结构上，与专任教师队伍相比有明显差距，在工作能力上，有很多是从上岗后才开始接触和了解辅导员工作，缺乏相应的职业准备。以上这些情况与高校辅导员工作的科学化的要求明显不符。

4.考核不够健全

高校辅导员工作的内容和特点，决定了辅导员的考核不同于学校其他岗位教师的考核，与专任教师和一般的行政管理人员不同。如辅导员与专任教师之间，既有相同点，都是为了学生的健康成长，都是教育者的角色；又有不同点，教师有固定的教材，平时主要对大学生进行专业知识的教育，辅导员则没有具体的教材，关注的是大学生的思想政治教育，还要兼顾大学生的学习生活的方方面面。由于高校辅导员所做的大量细致的工作不能或短期内不能以数据的形式反映出来，因而各高校虽然对辅导员的考核进行了许多有益的尝试，如自我评价、集体评价与学生评价相结合的方法，但仍有许多难点、疑点不能解决，具体来讲，表现在以下几方面。

（1）考核计划制定缺乏明确性与科学性

一套行之有效的绩效评价体系必须在考核双方之间达成共识，即对评价的重要性应有共同的目标，才能使评价真正发挥作用。目前一些高校所实施的辅导员评估工作在一部分辅导员看来存在考核目的不明确的问题，他们认为，虽然考核之后有奖励机制，但目前的管理理念更偏向于学校的需求，对学校的帮助高于对辅导员自身的帮助。

根据《高等教育法》有关法律法规的要求，我国教师的绩效考核模式其中就有以基于德、能、勤、绩这四个方面的绩效评价模型。这类模式也是高校对辅导员评价中最常用的一种模式。这四个方面的每个指标分为优、良、中、差四个等级。基于评价模型和实际工作特点，将工作绩效作为最终的重要指标。

部分高校辅导员绩效管理体系的设计重心放在辅导员的绩效工作完成情况上，基于绩效指标考核的模式和指标过于单一，不能完全反映辅导员的全面能力。另外，还有一些高校的绩效考核结果最主要的作用就是与辅导员津贴挂钩，考核并未将重视度放在辅导员的自我提升和后续的职业发展这一内容上。

（2）考核的实施重结果轻过程

在大多数辅导员看来，考核不应当只关注结果，而忽略了过程。他们认为他们学生工作成绩应该是每天积累的，而不是月底的一次考核能看出来的。如果仅关注局部，就会导致出现管理问题。有些辅导员不主动关注自己的班级情况、学生思想动态、行为习惯却能通过评价来决定出优良等级，这会削弱辅导员的积极性，产生负面情绪。

此外，一些辅导员希望学院在进行辅导员的考核评价时，将多维度的评价内容告知辅导员，特别是其他辅导员和所带学生的意见，因为辅导员们认为这样他们能得到比起领导们的评价更加客观的意见。

另外，学生是辅导员的工作对象，学生对于辅导员的工作态度是最先可以感知到的。所以在这一过程中，学生的评价也是至关重要的一个参考依据。

（3）考核指标与标准不够全面统一

部分高校辅导员认为考核的指标不够全面，根本无法反映出辅导员的班级管理、日常事务处理等工作状况，考核结果更是说服力不足。

第一，过分强调量化指标，忽视指标质量。一般而言，可以将评价体系视为可量化指标，领导对于最终的结果和排名相对重视，学生工作也围绕这一指标有序开展，长此以往，一些辅导员在工作中会机械地围绕考核开展工作，为了指标而去工作，为了考核而去工作，而不是发自内心地为学生服务。

第二，评分标准不明确。有些考核内容虽然表面上看着有明确指标，但是实际上并没有。例如，跟班听课，但又没有听课次数或时长的标准，全靠各二级学院自行定制标准，这就会导致结果的不公平。考核中部分指标权重偏高，存在不合理性。例如，发表论文，占考核分值高且没有上限。

第三，制定指标过程中当事人的参与度低。考核的目标是能够尽可能的明确辅导员在考核期间的工作要求和任务，在目标确定以前，必须让辅导员参与到指标的制定中。而在一些高校辅导员的绩效考核中，辅导员并未积极地参与到这一指标的制定过程，缺乏必要的认同感和参与感，这也是当前在调查过程中发现的至关重要的一项问题。

（4）考核结果反馈不及时且未充分运用

在一些高校中，虽然考核结果中所有人各项明细指标得分都有公布，但是全年只有极少数的优秀指标给辅导员，对于这一结果，并没有针对每个人或某一个人的具体情况做分析。

绩效反馈是绩效考核中一个重要而关键的环节，不仅仅让辅导员自身明确这一结果，更重要的内容是了解自身工作开展过程中存在的漏洞，以及未达到考核要求的真正原因所在，从而明确工作职责，找到后续的目标，从根本上提高自身的专业能力和素质，长此以往，对于在后续的学生教育和管理工作中提高自己的教育理念和服务水平具有重要意义。但是，现阶段，很多高校并未充分的利用这一考核结果，尤其是在辅导员这一群体后续的晋升、培训学习等方面没有得到体现。

考核的目的除了根据考核结果指定不同级别的报酬外，还要找出后续纠正工作中的不足之处。据调查，在一些高校中，有很多辅导员都希望可以得到及时的考核反馈，有一半的辅导员收到过考核结果反馈的数据，但调查者表示此反馈也是在考核结果被上报到学校人事部之后，才反馈出来。后期学校也没有指出自身工作的不足之处，而在实际工作当中也未得到有效改进。

综上所述，通过相关访谈和调查，总结出一些高校辅导员绩效管理上的不足以及自身对工作考核的期望和需求。目前，部分高校辅导员的绩效管理体系缺乏必要的完善性和针对性，不能够满足其实际需求，也难以更好地促进后续工作绩效的提升，在高校当前发展的关键时期迫切需要按照绩效管理的指导思想，制定一套适合高校长远发展并统一在高校长期战略规划中的绩效管理体系。

5. 监督机制不完善

我国高校辅导员队伍建设是一项长期、系统的工程，而在推动发展过程中一些高校系统建设工具的使用不足，如监督机制不完善，必然影响队伍建设效果。监督机制是防止辅导员队伍建设政策落实不到位的有效途径，辅导员队伍建设政策执行需要多元主体的共同监督。

高校辅导员队伍建设涉及选拔、考核、发展、管理等多个环节，任何一个环节缺乏监督都会影响政策落实的成效与质量。通过分析发现，大多数高校没有在辅导员队伍建设政策上提出对辅导员选拔、考核、评估等环节的明确监督，仅有一小部分高校在政策中提到要加强对考核环节的监督。

政策文件缺乏对监督机制的设计，可能会导致政策执行偏差，影响政策的执行效力。虽然个别学校提到对辅导员考核工作进行监督，但由于监督人员组成的临时性、非专业性以及受身份限制等痼疾影响往往使得监督流于形式。

政策执行监督是对政策执行过程进行的监督，需要由专业人员组成，通过专业性的监督组织及时发现问题，督促问题的解决。成熟完善的监督机制对于政策文件的有效执行至关重要，通过组织监督可以形成落实文件的强大压力环境，督促政策执行的惰性因素转化为积极因素。总之，由于缺少监督制度的保障，一些高等学校辅导队伍建设政策的执行成效有待考量。

此外，政策缺乏对学校职能部门及二级学院政策执行情况的监督。政策中明确规定辅导员实行学校和二级学院双重管理。党委学生工作部是学校管理辅导员队伍的职能部门，负责全校辅导员队伍建设工作。学院是直接领导和管理辅导员的部门，具体由分管学生工作的副书记负责本学院辅导员的管理、考核等工作。

以上两个主体对于辅导员政策的落实情况直接影响着辅导员队伍的建设与发展，而经过统计发现，部分高校辅导员队伍建设政策文件缺乏对政策执行部门进行监督的规定，这在一定程度上会影响政策的执行效果。

（三）辅导员工作方式方法的问题

1. 缺乏平等的沟通

传统的教育方式往往是利用各种途径对学生进行政治思想的灌输，教育者处在居高临下的地位，受教育者往往只能被动的聆听，缺少相应的互动。同时教育者严肃而缺乏亲和力的形象，往往引起大学生的反感。在新形势下，大学生更加独立自主，信息的传播方式多样，传播范围广泛，速度快，在各种信息的包围中，大学生选择自己认为有用的信息进行吸收理解。大学生是一个有独立思考能力和选择能力的个体，传统的思想政治教育方法有一些已经不被大学生所认可，只有认识到这些变化，才能占据思想政治教育的高点，同时在具体的教育过程中要动之以情，晓之以理，才能为大学生所接受和认可。

2. 信息化建设不够

高校学生工作的信息化建设，关键在于其主体——辅导员信息化的意识和能力的高低。在大学生的管理工作中有很多细致、烦琐的工作，如果仅仅依靠简单的人力去完成，既耗时耗力，效率还不高。这就需要辅导员提高运用现代信息技术特别是互联网技术的能力，如建立思想政治教育主题网站对大学生进行积极有效的引导，在教育的过程中实时更新内容，开展生动活泼的教育活动。高校辅导员不能仅仅满足于会运用office系列的办公软件，而应该从工作的实际出发，探索学生信息资料库的建设、学生综合评价体系的建设等，并不断反馈更新，在实践的过程中注意发挥大学生的聪明才智，做好相应的互动，吸引广大大学生进行积极参与。

3. 工作的艺术不高

一直以来，思想政治教育通常以学生政治思想产生的问题为前提，以最终解决问题为目标。在目前这种学生数量大、社会背景纷繁复杂的情况下，往往会造成思想政治教育的滞后，从而影响思想政治教育的成果。同时部分辅导员在工作中不能与时俱进，缺乏创新，对现实情况的发展缺乏了解和判断，容易造成教育内容和教育方式方法的单一。如果只是一味地说教、因循守旧，不注意工作艺术的使用和总结，就不能紧跟时代形势，大学生思想政治教育的目标很难达成。

（四）辅导员职业发展的问题

1. 辅导员转岗现象普遍

辅导员的工作既要积极引导学生树立正确的世界观、人生观、价值观，又要与时俱进，紧密结合形势的变化处理大学生中出现的新问题，另外，还要对大学生的各级组织进行辅导和帮助，因而辅导员工作需要长期的积淀，不断总结经验、丰富自身的知识体系。但现实情况是，一些辅导员在上岗后，由于对自身所从事的工作缺少长远的规划，造成辅导员在岗时间短，人员更替频繁。另外，部分辅导员缺乏对职业生涯的规划和自我的正确定位，对职业的前途认识不足，在开展工作中只能摸着石头过河，影响了工作的成效。由于缺少具体、有力的保障政策，如辅导员的工资待遇偏低、没有建立合理的评级办法和职称评审体系等，使辅导员的岗位在很多人眼中成为"跳板"或"权宜职业"。许多人在从事辅导员工作一段时间后转入行政岗位、专任教师或其他岗位，造成辅导员的人员流失现象严重。

辅导员的队伍不断有新人的加入，形成加入—培养—流失—加入的情况，不断培养又不断流失，陷入了一种恶性的循环。这种情况造成辅导员的工作积极性不高，工作的能动性和创造力受到了很大的影响，同时造成学生工作的连续性、传承性不强，不利于学生工作系统的建立和完善，不利于工作经验的积累，影响了大学生思想政治教育工作的长期发展。

2. 辅导员话语权不强

在工作实践中，部分高校辅导员的爱岗敬业精神不足，缺乏工作的动力，不能安心地做好本职工作，相当一定数量的辅导员方向感不强，缺乏目标，工作的热情降低，对如何通过工作实现自身的价值认识不足，这就造成了辅导员在教师队伍中的话语权不强。加上高校辅导的日常性工作繁重、琐碎，如果陷入其中，更多的是扮演"保姆""办事员"的角色，工作的成就感不强，也不利于产出大学生思想政治教育的科研成果。

高校现有的教师评价办法中，课时量、发表论文数量、申报课题数量等指标，辅导员均处在明显劣势的位置。由于没有单独的科学评价体系，辅导员在和专任教师在聘任职称、定级中都不占优势，往往处在非常尴尬的位置，加上部分辅导员与教师交流较少，造成很多老师对辅导员的工作认同感不强，认为辅导员的工作只是附属性的工作，造成辅导员在学校的地位不高，自身岗位的话语权不够。这一情况直接影响了辅导员的个人发展和工作的积极性。

3. 职业晋升渠道不畅通

关于高校辅导员发展路线的问题，各高校均按照教育部 43 号令提出落实专职辅导员职务职级"双线"晋升要求，鼓励和支持辅导员参与专业技术职务（职称）以及管理岗位职级评聘，以加快辅导员队伍专业化、职业化的建设进程。但在实施细则中，一些高校缺乏详细的职务职级指标体系，在辅导员晋升比例上缺乏充足的名额以促进辅导员实现个人发展。

首先，在专业技术职务发展方面，尽管辅导员可按专任教师职称结构评聘助教、讲师、副教授、教授等专业技术职务，但从晋升空间来看，评聘中存在一定难度与比例限制。例如，将科研作为专业技术职称评聘的重要指标，影响着辅导员的职业晋升与发展机会，职业晋升空间存在"天花板"。

由于其工作特性，辅导员的课题研究受限，论文发表难度大，在科研考核方面缺乏优势，按照专职教师的职称评定标准对辅导员职称进行评定增加了专职辅导员职称晋升的困难。在现实中很多资深优秀的辅导员受评聘条件的限制无法实现职称晋升，导致其职业信心不足、产生职业倦怠，不利于辅导员自身的发展以及队伍的稳定，因而思想政治教育专业技术职务评聘通道需要进一步畅通。

其次，在调查中发现有二十多所高校对辅导员管理岗位职级晋升进行了规定，同样，由于评聘中存在一定的比例与岗位限制，多数辅导员无法突破职业发展的天花板。仅有十所高校明确规定将辅导员作为后备干部培养。如中国传媒大学规定将辅导员队伍作为后备干部培养和选拔的重要对象，为了推动工作的又好又快发展，除向校内管理岗位选派外，还向地方组织部门大力推荐。各高校在政策设计上需要在此方面进一步完善，以畅通辅导员发展渠道。

此外，尽管有高校提出适度向辅导员的岗位评聘与发展工作倾斜，在落实这些工作时关照一线辅导员在学生工作的表现、业绩和实践，但多数高校对辅导员的行政职务晋升缺乏明确的规定，辅导员队伍的上升通道不够顺畅。辅导员发展仍局限于晋升困境，其晋升难度影响着辅导员对职业的满意度，进而影响工作的热情与积极性，不利于辅导员队伍的职业化发展。

辅导员职业发展空间作为发展机制要素的重要组成部分，对于促进辅导员队伍的建设与稳定发展有着重要影响，专业技术职称评聘、管理岗位职级晋升等发展性政策需要借助能力建设工具进一步完善。

三、高校辅导员工作存在问题的原因

（一）社会因素

1.思想政治教育的氛围不强

现代化是指由传统向现代转变的过程，社会转型则是从传统农业社会向现代工业社会过渡的整个时期。在现代化发展与社会转型的关键时期，社会主义市场经济不断发展，对外开放不断扩大，世界多极化和经济全球化的进程加快，我们逐渐步入了一个文化多元、信息多变的时代，多元化思潮在高校蔓延，这对我国社会和高校的稳定都带来极大的挑战。

一方面，经济全球化导致就业形势严峻，大学生就业压力增大，对高校辅导员工作的开展产生了极大的阻碍。另一方面，伴随着经济全球化的进程，意识形态多元化使部分大学生的政治信仰动摇和价值观念迷失，西方错误思潮的输入在一定程度上影响了大学生的思想行为，这就给高校思想政治教育工作带来了新的问题和挑战。

思想的多样性和多元化反映在学生处理国家、集体和个人利益的关系上常常表现出对社会事件和国家政治表现出"事不关己"的态度。在择业就业、恋爱交往、荣誉评比等方面都表现出较强的功利心倾向，这些问题都对高校辅导员思想理论教育和价值引领提出了更高的要求和挑战。

此外，对大学生而言，更多的是"学而优则仕"，入学后，学生家长关注更多的是大学生的学习和就业，对于大学生的思想状况和政治素养关注度不够。这就造成辅导员在开展思想政治教育工作时，学生内心有抵触的情绪，如果工作不到位，更会造成学生的反感。

2. 辅导员工作岗位的认同不高

为了能够顺应时代发展需要，适应高等教育发展的要求，人才培养是衡量高校办学质量的重要标准，高校为满足评估指标要求会更加重视即时性的显性化成果，比如教学、科研等工作，财力上也会向此倾斜。

由于辅导员的工作性质较为特殊，工作难以量化，思想政治教育成果偏隐性，育人实效不会立刻显现，也没有较为完备的衡量标准。同时，不理解不认可辅导员工作的情况依然存在，导致很多高校在辅导员工作条件、发展平台、待遇保障等方面没有给予太多的重视。

受整个大环境的影响，辅导员自身也开始重视成果可量化的工作，而对于最重要的思想政治教育工作相对投入不足。同时，在日常管理中，辅导员与学生之间、辅导员与行政管理部门之间不可避免地出现角色错位、角色缺位等冲突，这些都与制度的价值实现相冲突，不利于辅导员作用的体现和工作的创新，造成了辅导员的职业认同感低。

3. 辅导员工作的研究支持不够

任何一个职业的发展都离不开科学的研究和不断的实践，这就要求辅导员具备科学研究的意识和能力。同时科研的水平和成果需要环境的支持，特别是政策的扶持和团队的建设。现实情况是高校辅导员开展科研的政策有待完善，辅导员的研究缺乏相应的资金支持，辅导员的学习交流很多是靠"老辅导员"的传、帮、带，缺乏专业上的交流和良好的学术氛围，因而影响了思想政治教育工作的实质进展。

（二）高校因素

1. 选拔机制操作性不强

在高校辅导员的选拔上，尽管当前各高校的选拔标准和要求不断丰富，但在具体的操作中仍存在着许多不足，如选拔的标准不够细化和科学，只能笼统地从德、能、勤、绩几个方面对高校辅导员进行评价，没有衡量的尺度和标准，因此，可操作性就不高，也很难据此选择合适的辅导员人选。

另外，伴随着高校的扩招，学生人数的增加，辅导员的数量需要相应的增加，否则思想政治教育很难覆盖到每一个学生，容易造成工作的不到位。同时，只有辅导员的数目达到了一定的数量，才能形成良好的交流环境和比学赶帮超的良好氛围，有助于辅导员队伍整体素质的提高。

2. 培训机制体系化不够

高校辅导员素质的提升，一方面需要辅导员自身积极自主的学习，另一方面需要参加各级的培训和交流。现实情况是，辅导员在入职之初，一般有比较集中的、形式多样的培训和培养，在入职后的培训则缺乏统一性和体系化，造成了任职前与任职后培训的脱节，大多数辅导员只能结合自身的兴趣爱好进行学习，但由于缺乏统一的规划，成果并不够显著。同时辅导员的培训内容大都以经验性或理论性的培训为主，造成辅导员的视野不够开阔，在实际的规划中应该适当增加实践性质培训的比重。

3. 晋升机制独立性不够

按照现实的政策，高校的辅导员在职称评定中既可参入教师行列，又可以参入行政人员行列，实际情况是在两个行列的评定中，辅导员都不占优势。在教师行列的职称评定中，辅导员由于岗位内容和岗位标准所限，无论是发表文章的数量质量还是申报课题的数量质量，在和专任教师的评比中都处于明显的劣势。在行政人员行列的职称评定中，辅导员由于资历浅、年纪轻、话语权不强，在统一划定指标、晋级数量有限的情况下，也很难崭露头角。受实际情况所限，造成辅导员前进的动力不足，影响了辅导员队伍的长期发展。

4. 绩效管理机制不健全

（1）对绩效管理的定位和认识存在偏差

辅导员对工作考核的认同和满意度会直接影响辅导员的工作状态。从认知因素来看，部分高校对绩效管理的认识还存在一定偏差。学校的高、中级管理层对辅导员工作没有深入了解，他们把绩效考核仅当成是学校人事部门或学院考核辅导员的工具，不能将其理解成是学校战略管理的目的，从而更不可能把绩效考核与学校的整体的战略目标密切联系在一起。而且，各岗位和部门的业绩目标、战略方向也不明确。

因此，绩效考核的设计不仅要从理论角度出发强调规范性，也要考虑到考核主体的接受程度。具体来讲，对绩效管理的认识偏差主要表现在以下几方面。

第一，对绩效管理的重要性缺乏认识。由于长期不科学的绩效考核，很多任期久的辅导员与刚入职的辅导员管理班级的成效有所不同，但学校管理者和人事部门都无法通过考核有效区别，比如说无法界定谁的学生思想道德水平更高等这类考核指标。长久之后，辅导员队伍就会出现管理松懈、执行力不够、责任感减退等严重影响辅导员团队工作积极性的问题，这也降低了学生受教育的质量，学生素质就会下降。

第二，对绩效管理概念理解不准确。据调查，一些高校的部分辅导员特别是任期较久的辅导员对学校当前的绩效考核存在严重的排斥心理，缺乏学校领导的支持，考核主管部门很难推进整体绩效考核。

第三，对绩效管理目的的认识不够正确，出现应付考核的现象。辅导员的首要职责是对学生进行思想政治教育，但在实际工作中，辅导员扮演着管理者、教育者和后勤服务者等多种角色，只要是涉及学生的问题，基本上都属于辅导员工作范畴以内。事务性工作过于繁杂也会让辅导员感觉到力不从心。

学生事务、教务管理等相关部门对辅导员在高校发展和学生稳定中的重要性没有充分的认识。学校对教学科研非常重视，但忽视了对学生的教育和管理，削弱了学生的学习积极性。与从事教学科研的教师和管理者相比，辅导员队伍建设还不是很完善。辅导员除了要完成本职工作外，还要完成上级布置的日常工作，给辅导员增加了工作压力。

在一些高校辅导员绩效考核的现实情况中，学校高级管理层对辅导员的绩效考核所涉及的实质内容并不关心，只是注重结果，而考核结果却不能客观地反映出大部分辅导员真实情况。相关部门只关注学生各方面的显性数据。他们没有严格遵循既定的考核标准，关注辅导员的工作流程。同时，虽然绩效考核结果作为对辅导员奖惩的依据，但很少有主管领导根据绩效考核结果与辅导员沟通。

（2）绩效管理的理念未与教育对象的变化相适应

随着高校招生规模的进一步扩大，辅导员管理的学生数量也在增加，学生数量的增加使得辅导员管理工作面临新的问题。特别是现在"00后"的生力军均在校学习，而这群生力军成长于科技技术猛增、网络通信发达的时代，他们的"三观"会受冲击，价值取向会受到影响，他们个性十足却缺乏同理心，加之在一些高校，为了使每年招生生源充足，也不会考虑专业建设和生源质量问题，导致这些学校的辅导员带班量都超过 1∶200 的师生比，无形之间给辅导员工作带来的巨大压力和挑战，学校应当充分考虑这个问题。

部分高校的绩效管理不与学校长久、整体的发展规划结合，而依旧参考"德、能、勤、绩"四个方面作为辅导员考核的内容来设计相应指标。因此，辅导员往往忽视学生工作的实际，而只选择去展示辅导员本身工作中可量化的、显而易见的内容。同时，考核指标很少涉及辅导员自身的成长等因素。现有的绩效管理体系不适应学校教育对象的变化，考核指标和考核结果与辅导员的劳动付出和回报不能成正比，难以发挥辅导员工作的积极性。

（3）对绩效管理重视程度不够

对于部分高校而言，在现行的辅导员绩效考核量中，可量化指标占比相对较低，而这些指标基本决定了辅导员绩效考核的结果。然而，辅导员工作的日常发展和工作结果既没有纳入过程考核，也没有反映在考核结果中。所以，部分辅导员对考核细则存在一些疑虑。

辅导员工作就是一份"良心活"，学生不是产品，能很快判断生产出来是否符合标准，辅导员的工作更多时候是做学生的思想工作，需要投入情感来培育学生，是学校安全稳定的重要指标，不可简单用考核指标来衡量。否则，辅导员很容易忙于追求需要考核的工作，强调结果而忽视过程。如对学生的成人成才教育有所忽略，甚至减少投入成本。因此，管理者要重视对辅导员的考核，相关部门应提出一些规定和岗位规范，使考核合理，保证考核结果客观公正。做到这些，才能让辅导员更有激情，更加稳定，同时也能保证学生工作在学校的有序推进。

（4）学校文化环境不利于辅导员绩效考核结果应用

由于制度的影响和社会环境的制约，我国当前的政治文化环境会对高校辅导员绩效考核体系产生很大的影响。在一些高校中，部分辅导员十分看重如何与上级领导处理好关系，如何升职调薪，忽略了对工作水平和自身素养的提升。

另外，学校领导的集中管理意识，导致相关评估部门用主观假设和领导偏好代替客观评估标准，这种主观假设和偏好成为辅导员综合评价的重要影响因素。

（三）自身因素

1. 思想政治水平有限

高校辅导员必须具有较高的马克思主义理论水平，实际情况是部分辅导员对马克思主义理论的理解掌握程度以及实际运用水平都不高，加上平时对党的方针政策等理论学习不够，这就影响了思想政治教育的成果。辅导员也要具备具有坚定的政治立场和共产主义的信念，有少数辅导员政治观念淡漠，缺乏政治的敏感性，不能深入细致了解和判断当前面临的国际、国内形势，分析处理政治问题的能力不够，从而应有的政治辨别能力不强，不能很好地教育和引导学生。

2. 职业素养培养不够

近年来，特别是国家实施改革开放以来，我们所面临的国内国外形势以及肩负的历史使命有了很大的变化，经济全球化和世界一体化的发展，市场经济的开拓，人们的价值观受到内外环境的影响，个体价值观的差异性越来越显著，这些变化自然也会影响到辅导员的队伍建设。

在处理个人利益和集体利益的时候，辅导员也面临着艰难的选择。当遇到这种选择的时候，一些辅导员不能把学生的利益、学校、社会的发展放在首位，而是首先考虑自身的利益，没有恪守职业的素养和要求。由于辅导员平时与大学生接触交流的机会很多，辅导员对职业的态度和选择必定会或明显或潜移默化地影响到学生的发展和选择。

3. 学识能力积累欠缺

要做好辅导员的工作，既要有扎实的理论基础，进行专业的研究和探索，还要能跟随时代的脚步，不断地充实和更新知识架构，树立终身学习的目标。在能力上，要有健康的心理素质，能为大学生答疑解惑；要有多才多艺的技能，对学生进行方方面面的引导；要有很强的领导能力和工作的艺术，使大学生能身心受益。现实形势下，部分辅导员由于知识能力的水平所限，处理问题往往以经验论，习惯于照抄照搬，不能从全局的角度细致分析问题的来龙去脉，不善于运用疏导、民主的方式，方法简单生硬，解决实际问题的能力较差。

4. 创新意识能力不足

高校是培养人才的阵地，随着素质教育的深入和高校改革的推进，高校的思想政治教育工作面临着新的挑战和机遇。社会在发展进步，大学生的特点在变化，只有积极开展工作的创新才能把握思想政治教育的主动，占领思想政治教育的高地。

现阶段，我国高校辅导员自身面临的主要问题就是对相关教育教学理论的学习不够系统全面，同时高文凭高学历的专业人才比较缺乏。从工作内容上看，高校辅导员既要从事教学工作，也要从事学生各项事务的教导管理工作，内容丰富，难免有些顾此失彼；从环境方面看，辅导员从事的教育事业的高等院校，也存在体制机制不全面的现象，这样就使得高校辅导员队伍出现工作压力以及整体人文素质的不足，导致高校辅导员教育工作创新性较低，不能与时俱进，进而出现以下两种常见现象。

一是教育工作深度和广度不足，在当前高校管理工作中，一些高校辅导员将一些工作分配给负责组织学生的工作人员，他们带领或协调学生工作，而忽略了对学生个体的关注。这种模式会导致管理者在相应的活动当中只能对学生干部群体的思想动态以及学习情况进行掌握，使得这些管理者将更多的精力放置到学生干部身上，而忽略了全体学生的共同发展。

二是处于新时代的网络环境中，如何做好大学生思想政治教育工作。是探索新的教育方法，抑或沿袭固有思维模式，都是高校辅导员需要认真思考的问题。当下学生的思想主要受到互联网的影响，而某些辅导员缺乏互联网思维导致在当下教育中的工作方法陈旧呆板，效果不明显。高校辅导员应改变传统的工作模式，更好地运用互联网思维来完成学生管理工作。

5. 职业倦怠问题严重

（1）工作缺乏激情

一些高校辅导员的工作涉及面广、内容繁杂，长期繁重的工作任务和较低的自我认同感，再加上工作内容相对固化，职业发展空间不足，失去了工作的积极主动性，自我价值获得感逐渐消失。辅导员的工作很不容易出成绩，有些人就认为带好带坏一个样，考评不出来，因此工作热情随着工作时间的增长而不断降低，工作缺乏激情，有明显的职业倦怠感。

（2）责任感枯竭

在一些高校的辅导员工作中，由于有些辅导员已经从事了多年辅导员工作，工作内容、工作职责、工作方法都已经非常熟悉，每年的工作都存在极高的相似性，属于重复性劳动，没有任何提高，这种负面情绪的干扰，会对工作对象产生消极或冷漠的态度，也不再有足够的耐心为学生排忧解难，责任感逐渐枯竭。

（3）归属感差

辅导员作为学生管理的一线工作人员，也是和学生接触最多的老师，负责学生在校期间的方方面面。但是，辅导员这个岗位却经常被社会、家长误认为是孩子在校期间的保姆，对于辅导员的基本职能认识有偏差，有些家长对辅导员工作不理解、不配合、不支持，甚至提出一些不合理的要求。

特别是在学生出现了严重的学习问题、人身安全问题的时候，一些家长的第一反应就是问责辅导员，形成学校和家庭的对立局面。同时，学院层面也将辅导员作为学生管理的第一责任人，出现问题也是第一时间找辅导员。这就使辅导员经常遇到左右为难的情况，学校不能提供足够的支持，职业归属感较差。

6. 职业理念不坚定

恩格斯（Friedrich Engels）曾经提出"每一个行业，都各有各的道德"。职业理念是一种职业价值取向，表现为对职业的定位、认同、情感及意志。只有当辅导员认同自身所从事的职业，并对职业有较高的忠诚度和职业情感时，才能自觉融入这一职业中，并将其作为终生追求的事业。从职业理念的角度出发，对部分辅导员职业情感不稳定的因素进行分析，可以得出以下结论。

（1）职业选择动机不端正

辅导员要具有崇高的职业理想和坚定的职业信念，这是做好辅导员工作的关键。职业选择是职业生涯发展的第一步，为个人职业发展指明了方向，因此职业选择动机对职业生涯发展有着重要作用。仅有一小部分的辅导员是因为热爱本职工作，选择从事辅导员职业，而大多数辅导员是因辅导员入职门槛较低或想要留校而选择入职的，另外，还有一部分辅导员是因为工作稳定而选择入职的。职业选择动机的不同，对辅导员职业发展的内在动力也有着不同的影响。

辅导员职业选择动机更多的是就业需求，而非对辅导员岗位的热爱，因此存在职业情感不深的"先天"不足，导致辅导员很难主动形成职业目标和职业发展的清晰思路，容易受物质、精神等因素影响。通过对职业选择动机和辅导员行政、专业技术职级进行交叉分析，可以看出，因为热爱辅导员事业而选择辅导员职业的，职业生涯发展后劲更足、发展情况也更好。

（2）对辅导员职业缺乏深层次思考

大多数辅导员在日常工作中仍然深陷事务性工作，这些工作占用了辅导员的大部分时间，因此辅导员投入到自我认知、科研实践、学生思想政治引领以及学生成长成才方面的时间有限，导致辅导员价值无法体现，在学生中间威信不够、权威性不足，辅导员自身对职业认可度不高。

（3）对辅导员职业忠诚度较低

在任何行业，职业忠诚度都是非常关键的因素。辅导员职业角色定位不清晰、工作负担重、个人价值体现不充分等问题，都对辅导员职业忠诚度有着负面影响，而职业忠诚度又直接对辅导员在组织环境中的稳定性产生影响。如果职业忠诚度高，辅导员将利用主观能动性，克服职业发展过程中的困难，朝着职业发展目标稳步前进。而如果职业忠诚度低，则影响辅导员从事该职业的自我效能，在工作中产生负面情绪，缺乏归属感，不把辅导员作为长期职业思考，没有职业目标，缺乏职业生涯发展观念。

以上三方面是导致辅导员职业情感不稳定的主要原因，不稳定的职业情感如果进一步发展，辅导员自身就会产生消极的职业行为，主要体现在辅导员过分重视自身利益得失，仅把工作看成是一种谋生手段，缺乏职业责任感，工作态度敷衍，缺少积极的工作态度和创新意识。这种消极的职业情感，使得高校辅导员缺少对自身职业生涯发展的内在动力，进而影响自身的职业发展。

7. 自我教育有缺失

在辅导员自我教育方面，有些高校辅导员自我教育意识不强，自我教育动力不足，自我教育和学习的时间有限，相关认知和理论知识不扎实。部分辅导员职业能力素质无法胜任多重角色的需要，时间管理能力不强，工作效率不高，无法平衡好教师和管理干部双重身份的关系，对辅导员多重工作职责认识不清。

（1）缺乏必要的专业技能和实践经验

辅导员职业归根结底做的是人的工作，这就要求辅导员要有相应的专业技能和丰富的人生阅历。但是超过 70% 的辅导员是毕业后直接从事辅导员职业，所学专业呈现多元化分布，思政类占比最大，管理类次之，此外，心理类和高教类所占比例也是相对较高的，这些人大多缺少辅导员职业相关学科的知识背景。

（2）缺乏工作实践和历练

辅导员队伍大多来自刚刚毕业的优秀大学生，有超过70%的辅导员是毕业后直接从事辅导员工作，参与社会实践不多，还缺乏相应的历练和实践经验，突发事件应急处理、学生思想教育、关爱学生心理等工作都需要丰富的工作经验，刚刚离开校门的大学毕业生直接转换为教师、管理者、人生导师、知心朋友的角色还比较困难。

（3）职业生涯规划能力不足

辅导员缺乏系统、专业的职业规划理论知识，理论指导实践的能力较弱，有极少数辅导员认为没有必要制定职业规划，超过半数的辅导员认为有必要制定规划，但很难按规划执行，还有一部分辅导员认为很有必要、职业生涯规划可以直接影响一个人的职业发展。

由此可见，大多数辅导员认同职业发展规划，但是真正制定并落实辅导员职业规划的比例却不高。这说明辅导员缺乏对该职业的透彻分析，对职业未来发展定位缺乏足够的了解，缺乏职业规划的内在动力，对职业规划的主动思考不够。

第二节　高校辅导员工作面临的机遇

一、经济全球化的发展

经济全球化概念的提出源于世界经合组织前首席经济学家奥斯特雷（S.Ostry）的理论，主要是指生产要素在全球范围内的广泛流动，实现资源最佳配置的过程。近年来，经济全球化的趋势发展，对价值多元化的发展起到了推动作用，同时伴随着我国改革的不断深入，大量的新技术不断涌入我国，促进了国家的经济发展。

随着经济全球化的发展，大学生需要培养具有国际化的视野。邓小平同志曾经提出：教育要面向现代化，面向世界，面向未来。其中的面向世界，指的就是要培养适应国际化的人才。经济的全球化和世界的一体化，使各国的政治、经济、文化更加融合。

作为国家未来的接班人，大学生首先必须适应历史潮流，开拓自己的国际视野，树立国际意识，培养开放包容的心态；其次在大学期间，要积极学习外语，了解世界历史和各国的文化，尊重外国人的风俗信仰，向他们学习先进的政治、经济、文化经验，取其精华，去其糟粕；还有要具有坚定的政治立场，在国际视野下，要时刻保持清醒的头脑，坚决抵制各种西化、分化思想的侵扰，坚定不移地跟党走。

二、知识经济时代的到来

知识经济通俗地说就是"以知识为基础的经济"，它是以现代的科学技术为核心，建立在信息和技术的生产、存储、使用和消费上的经济。在知识经济时代，知识与经济既相互制约，又共同发展。知识经济拥有更高的生产效率，具体的工作需要的劳动力更少，因而对人的素质和能力提出了更高的要求。

在知识经济时代，知识成为最重要的生产要素，谁拥有了知识，谁就可以获得财富。大力发展知识经济有利于提高人口的素质，促进社会的发展。知识经济的时代要求大学生具备综合的能力素质，这些能力不仅包括优秀的学习能力，还包括适应能力、交际能力、创新能力等。学习能力重在学会学习，能够把专业知识学得扎实，同时要总结方法，使自己面对新的内容能够很快上手，取得成绩；适应能力既包括心理方面的适应，又包括生活方面的适应，面对新的环境能够自立自强，面对新的竞争能够努力拼搏，面对新的压力能够合理地释放；在生活中大学生要以诚待人，培养真正的友情，努力提升沟通能力，提高自身的修养和人格魅力；创新是一个民族进步的灵魂，在学习、继承和发扬前人经验的基础上，大学生要积极思考，努力实践，使自己成为具备创新意识和创新能力的人才。

三、大学生竞争意识不断加强

社会的进步，经济的发展，大学生是受益者，同时也对大学生的能力素质提出了更高的要求。从入学时学生干部的竞选到毕业后就业岗位的选择，竞争二字贯穿于每个学生大学生活的始终。为了在竞争中保持优势，大学生必须更加积极上进，既要努力学习科学文化知识，又要锻炼综合能力素质，同时要在竞争中注重团队意识的培养，使个体在团队中崭露头角的同时获得更好的发展。

竞争必然存在着优胜劣汰，高校要加强对大学生竞争意识的教育，使大学生对竞争中存在的风险有正确的认识，既要通过努力获得竞争的胜利，又要有面对竞争失败的良好心态。同时要教育大学生进行准确的自我定位，在竞争中进行自我分析和探索，知己知彼，扬长避短，使自己在竞争中得到锻炼和提高，获得竞争的主动权。

四、互联网技术的发展

随着全球化的深入发展，以互联网大数据为代表的信息技术日新月异，互联网囊括了丰富多样的信息资源，它以极快的速度融入人们的生活之中。截至2020年6月，据中国互联网信息中心在北京发布的第46次中国互联网网络发展状况统计报告显示，中国网民人数已经累计高达9.40亿，较2020年3月网民人数增长3625万人，互联网普及率达67.0%，较2020年3月提升2.5个百分点，这充分表现出我国互联网产业巨大的发展活力。

网络的大数据作为一种新的网络工具，目前深受当代大学生的欢迎和喜爱，大学生可以在网络平台的大数据中便捷快速地获取自己需要的各种信息资源。

在大数据时代，高校辅导员可以通过对学生网上冲浪的浏览记录进行分析总结，从这些数据中看出学生的动态发展趋势，合理的利用数据可以为辅导员开展工作带来便利，这就要求高校应创造性地推进大学生的教育管理工作。

第三节 高校辅导员工作面临的挑战

一、外部环境挑战

随着网络信息时代的快速发展，网络终端技术的不断成熟，青年学生网络普及率不断增高，随之带来信息传播速率的极大提升，给高校辅导员思想政治教育工作带来机遇的同时也带来了巨大的挑战。

互联网上庞杂的社会信息结构对正处于青少年阶段学生的三观而言具有极大的社会侵蚀性、迷惑性，某些西方的敌对势力、国际组织甚至借助于互联网对我国的青少年大学生进行了不良渗透。

这样的时代背景为高校辅导员工作中的新媒体建设工作提供了新的发展思路，融合新兴的科学技术和手段，以先进的互联网技术作为信息媒介工具和平台，创新思想教育工作方法和形式，紧抓当代青少年大学生心中最为关注的思想教育热点问题和社会现象，有目的地进行思想和政治教育，提高教育效果和质量。

此外，新的技术和时代特点也对辅导员的思想政治知识储备和其思维习惯、表达方式等能力培养提出了新的挑战。思想教育工作要求辅导员习惯运用先进的科学技术和手段来扩充自身思想政治知识的储备，改变传统的思维习惯。

二、自身发展挑战

目前从事辅导员的人很少，而这主要和辅导员的就业前景和职业晋升有着极大的关系。当前我国高校辅导员不论是在自身职业发展中还是职业晋升中都面临着极大的挑战和困境，国家应当要提供政策扶持。各地高校普遍地实行了双线发展职业晋升模式，高校辅导员可以按照等级评专职教师的职称，也可以按照教育行政部门管理人员职称评定的标准评行政职务。这种双线发展职业晋升模式的发展初衷在理论上是好的，但在实际高校所实行的职业晋升过程中，受到多种因素的影响，辅导员的职业发展和培训都充满了坎坷。

第一，辅导员的自身职业晋升在认知和培养上出现了困境。虽然辅导员是一种专门的职业，既不是专职的教师也不是教育行政部门的管理人员，而双线晋升的方式以及职业晋升的渠道却已经使部分辅导员对自身的职业晋升认知水平产生了困惑。

第二，学习的紧迫和日常的烦琐。高校辅导员的工作内容十分复杂烦琐，包括了多个方面。例如，教师日常事务和管理，学生的日常学习和生活管理等，除此外还有对学生的思想教育。高校辅导员既要引导学生关注自身的安全、生活、学习、心理等内容还要帮助学生完成一定数量的教学科研的任务和指标。多种原因的任务交织在一起。同时，由于学校辅导员负责日常管理工作对接的部门和内容多，出错的概率较教师和行政部门的管理人员而言更大，这就使得很多辅导员对自己的工作产生了疲倦感。

第三，辅导员工作考核和评价不科学，使得辅导员产生心理不平衡。高校辅导员的工作复杂烦琐，这无形中也让评价工作变得复杂。在对辅导员工作进行评价时如果采用对教师的评价显然是不合理的，因为辅导员工作较教师要更加麻烦，采用教师评价对辅导员不公平。尤其是高校普遍对辅导员采取一刀切的工作评价做法，即完全忽视辅导员工作的不同特点，采取相同的工作管理手段和相同的措施。这种不科学的考核和评价方法会严重打消辅导员的工作积极性，让辅导员对自己的职业产生困惑，进而出现大量离职现象。

第四章　高校辅导员工作的主要内容

　　随着时代的发展，社会对于辅导员工作的要求不断提高，辅导员的工作内容也不断丰富。本章分为思想理论教育和价值引领、党团和班级建设、学风建设、学生日常事务管理、心理健康教育与咨询工作、网络思想政治教育、校园危机事件应对、职业规划与就业创业指导、理论和实践研究九部分。主要包括辅导员党团衔接工作的必要性、班级建设中辅导员的角色定位、新形势下高校学风建设的作用、辅导员在学风建设中的角色与行动等内容。

第一节　思想理论教育和价值引领

一、思想理论教育和价值引领的意义

（一）坚持社会主义办学方向的根本要求

　　无产阶级政党的思想政治教育活动无疑具有鲜明的无产阶级党性，在我国是为无产阶级、广大人民群众和中国特色社会主义事业服务的。坚持社会主义办学方向是新时代贯彻党的教育方针的根本要求，必须重视强化高校思想政治理论课对大学生的价值引领。有以下两点要求。

　　第一，新时代教育坚持社会主义办学方向，就要坚持以人民为中心的价值取向，坚持为无产阶级和广大人民群众服务。在新时代，中国共产党的思想政治教育工作牢牢坚持以人民为中心的政治立场，在高校思想政治理论课中则体现为在授课中全面贯彻以人民为中心的发展思想，提高大学生的思想认识水平，使其今后在服务人民的过程中实现个人价值。思想政治教育的这一阶级性和人民性原则，决定了辅导员必须强化高校思想政治理论课的价值引领功能，教育引导学生牢固

树立以人民为中心的价值取向。

第二，新时代教育坚持社会主义办学方向，就要重视加强对学生的思想建设。我国的根本制度是以马克思主义为指导的社会主义制度，高校作为社会主义意识形态建设的前沿阵地，特别是思想政治理论课作为在马克思主义指导下逐步发展起来的课程，其学科建设和人才培养与社会主义意识形态建设紧密相关。这决定了思想政治理论课作为高校思想政治工作的主渠道，必须坚持把马克思主义理论作为核心内容，增强大学生对马克思主义理论思想的价值认同。

（二）为大学生提供正确价值引领的客观要求

社会存在决定社会意识。从当前国内国际社会的发展状况来看，当今世界和当代中国都处在百年未有的深刻变革中，这种社会客观存在反映到人们的主观思想观念中，必然会产生形态多样、纷繁复杂的思想观点和价值观念。某种思想观点如果能够持续产生较大的社会影响力，就会在一定时期一定范围内成为相对稳定的思想价值观念，由此形成整个社会中多元多样的社会思潮。复杂多变的社会思潮是人类社会不断演进过程中的正常存在，但是在多元并存的社会思潮中，必然有一种占据主导地位、符合统治阶级意志的社会思潮，即主流意识形态，所以各种思潮在社会中的存在状态是"主流意识形态一元主导、各种社会思潮多元并存"。当前，我们必须在坚持马克思主义指导地位的同时，时刻警惕西方资本主义国家各种非马克思主义与反马克思主义的错误思想观点、话语和声音对我国社会主义主流价值观的冲击，坚持"建设具有强大凝聚力和引领力的社会主义意识形态"。

大学生是新时代青年群体的重要组成部分，是民族复兴历史任务的直接参与者和建设者，他们的价值取向决定了我国未来社会的价值取向。由于高中毕业后直接进入大学校园，社会经验和人生阅历有所欠缺，一部分大学生在面对一些社会敏感话题时，处理问题的能力稍显不足，甚至有时会受到一些偏激观点的影响，站在与人民对立的立场上做出错误的价值判断。在此形势下，必须在大学生成长的关键时期对其加以正确引导，用正确的思想价值体系引领他们的成长成才和全面发展。这对作为思想政治工作主渠道的思想政治理论课提出了明确要求，必须着力解决大学生价值认识模糊的问题，引导学生在批判中明辨是非，使其辨明社会假恶丑，弘扬真善美。

（三）坚持高校思想政治理论课价值性的内在要求

思想政治理论课的价值性表现为其中包含着具有价值的内容，并且课程在坚持马克思主义价值立场的基础上，通过这些价值内容能够对学生进行思想价值塑造，实现对学生价值观的引导。

第一，从现阶段凝聚社会价值共识的角度来看，思想政治理论课程教学是各级各类学校坚持和弘扬社会主义核心价值体系和核心价值观的关键环节。例如，高校本科四门主干课程的主要内容与社会主义核心价值体系的四个核心要义高度契合，社会主义核心价值观在其中也有鲜明体现。在青年学生群体中凝聚价值共识、确立价值自信、形成价值自觉，必须强化课程的价值引领作用。

第二，在高校范围内，思想政治理论课虽然作为一种学科知识课程而存在，但是它不同于一般的学科专业课程。从一般学科专业课程与思想政治理论课的区别上来看，思想政治理论课的主要目的是发展大学生的思想观念和品德认识。学生在课堂内外对马克思主义理论的学习，不单单是一种获取马克思主义学科具体知识的过程，也是一种自觉改造自己的主观世界，促使个人的思想品德认识、情感、意志、信念、行为综合发展的复杂过程。

从以上两个方面来讲，思想政治理论课是极具价值性的课程，坚持对大学生进行价值引领，是课程本身肩负的使命所在。

二、辅导员思想理论教育和价值引领工作的路径

（一）从教育要求上看

一是要加强理论学习，做到由地上天。辅导员由于日常事务性工作纷繁复杂，往往存在忽视政治学习的问题。习近平总书记指出，"要以透彻的学理分析回应学生，以彻底的思想理论说服学生，用真理的强大力量引导学生"。透彻、彻底、强大三个形容词语气之重，对思政工作者提出了更高的要求，理论学习不仅要学，还要学深、学精、学透。

二是要创新教育方式，做到由天入地。"一种信仰追求、理想信念或者道德规范能否在大学生心中生长并发展起来，不是思想政治工作者单方面或者单次教育活动所决定的，必须分步协调多种因素激发大学生内心的选择和确证"。当前

一些辅导员的理论教育存在形式单一、内容死板等问题，导致教育效果大打折扣。要想让思想政治教育真正取得实效，必须在提升自身理论水平的基础上，不断创新教育的方式方法，让高深的理论知识由天入地，变得更加接地气、更加易于被学生所接受，才能真正实现思想理论教育入脑、入心。

（二）从教育理念上看

一是要发挥学生主体性作用，做到由你及我。当前的思想理论教育和价值引领活动效果欠佳，很大一部分原因在于不少教育活动更多的是一个由我及你的单向传输过程，恰恰忽略了对学生本身诉求的关注。习近平总书记强调，"要加大对学生认知规律和接受特点的研究，发挥学生主体性作用"。辅导员要在思想理论教育时多关注学生的诉求，从学生中来，到学生中去，真正做到围绕学生、关照学生、服务学生，多谋学生之利，多解学生之忧。

二是要发挥辅导员主导性作用，做到由我及你。辅导员要将教育真正融入学生内心，一要做到让学生"亲其师，信其道"，通过自己的言传身教，在广大学生树立威信，让学生发自内心的信服；二要注意多使用生活化的语言和学生交流，不摆架子，不撑面子，多解释胜于下命令，让学生打心底接受正能量，从而坚定自己的理想信念。

（三）从教育方式上看

在此虚指的是思想引领，实指的是行为引导。从当前大学生思想政治教育的实践过程来看，思想引领和行为引导往往存在一定的脱节。这样的脱节不仅仅在教育实践活动中造成了三全育人的合力不能形成，更重要的是从内反映出思想引领和行为引导的有效性还有待进一步加强。因此，辅导员在思想理论教育和价值引领的过程中一定要注意将学生的思想引领和行为引导结合起来，在日常行为引导中不但教会学生做什么和怎么做，更要教会他们为什么做和为谁做。

（四）从教育内容上看

意识形态教育是辅导员开展思想理论教育和价值引领的重点，如何在错综复杂的意识形态领域掌握主导权和话语权，文化的力量不容小视。加强中华文化教育，这就要求辅导员能够站在国际视野的高度，从中外文化对比当中引导广大学生正确认识中国与世界、认识新时代赋予青年的责任。文化自信是一个国家、一个民族发展中最深沉和最持久的力量。因此，只有教育引导学生首先热爱自己的文化，才能让广大青年学生牢牢树立四个自信，自觉承担社会主义建设者和接班人的责任。

第二节　党团和班级建设

一、辅导员党团衔接工作的必要性

（一）贯彻落实立德树人根本任务

习近平总书记在主持召开教育文化卫生体育领域专家代表座谈会时强调："要坚持社会主义办学方向，把立德树人作为教育的根本任务""全面加强各级各类学校思想政治工作"。这一重要论述指明了我国教育的根本任务和基本要求。而高校是青年学子成长成才的主阵地、主渠道，教师是落实立德树人根本任务的主力量、主依靠。高校辅导员更是教师中与学生走的最近、关系最密切的重要角色，直接承担着为党培养人才，为国家培育人才的工作，高校辅导员思想政治教育工作的质量，直接影响着立德树人这一根本任务的落实。而辅导员党团衔接工作，是为党、为国家培养接班人和储备力量的重要阶段，故辅导员做好党团衔接工作是贯彻落实立德树人根本任务的首要环节和基础之一。

（二）强化党建引领育人工作体系

根据《中共教育部党组关于高校党组织"对标争先"建设计划的实施意见》（教党〔2018〕25号）的文件下发，分别在2018年和2019年制定了第一批和第二批新时代高校党建"双创"的试点高校，在对标开展新时代高校党建示范创建和质量创优工作（简称新时代高校党建"双创"工作）任务指南中，明确指出了对标创建和创优的工作目标。在这一背景下，高校不仅仅要做好党建工作，更要以党建工作为引领，培养德智体美劳全面发展的合格的社会主义建设者和可靠的接班人。在对标新时代高校党建"双创"工作试点高校的任务清单中，明确提出配齐配强高校思想政治工作队伍，加强高校思想政治工作专门力量建设的要求，这也进一步证明了思想政治教育中辅导员队伍和能力的重要性。

（三）促进辅导员专业化队伍建设

在 2014 年教育部印发的《高等学校辅导员职业能力标准（暂行）》和 2017 年教育部印发的《普通高等学校辅导员队伍建设规定》两个文件中，非常清晰地规范和界定了辅导员的职业能力和工作内容，而党团和班级建设就是辅导员工作的重要职责之一，在发展党员的培养过程中，做好对学生党员的教育培养及发展是辅导员在思想政治教育工作中的重要内容。高校辅导员能否做好党团衔接工作，非常考验辅导员的思想政治觉悟和理论知识，对辅导员的综合素质要求是非常高的。另外，在党团衔接工作中，高校辅导员承担着把好首要关卡的角色，辅导员能否做好党团衔接工作直接更是影响着后续发展党员的质量，关系党和国家的前途。因此，高校辅导员的队伍建设非常重要，需要不断优化，学历学位、职称职务需要不断提高，专业知识和技能需要不断提升，完成新时代对思想政治工作者的新要求，促进辅导员队伍向专业化的道路前进。

（四）利于培养优秀的新时代青年

习近平总书记在纪念五四运动 100 周年大会上寄语广大青年：新时代中国青年要树立远大理想、热爱伟大祖国、担当时代责任、勇于砥砺前行、练就过硬本领、锤炼品德修为。习近平总书记对广大青年提出了殷切的希望，这也是新时代青年奋发向上的具体目标。在高校，吸收青年学子入党，积极向党组织靠拢，培养优秀党员，是贯彻落实习近平总书记重要讲话精神的实际工作。青年学子在高校通过递交申请入党书、与组织谈心谈话、专题政策学习、入党培养、发展对象的培养等发展党员的每一个程序和步骤，都可做到有所收获，有所提升。尤其是对正处于大好年华的青年学子来说，这是积极向党组织靠拢、磨炼自身意志、提升政治素养、锤炼道德品质、勇于亲身实践的大好机会，也是作为大学生德智体美劳全面发展的机会。因此，做好党团衔接工作有利于新时代青年的发展和培养。

二、班级建设中辅导员的角色定位

在班级建设中，辅导员既要带领学生制定学习目标、统筹协调资源要素，又要指导学生发挥主观能动性与创造力，教育学生持续改善心智模式，还要负责班级建设过程及成果的考核评价，持续激励学生完成自我超越，可见，辅导员在班级建设中扮演着领导者、组织者、教育者、指导者及评价者等多重角色。

（一）领导者

辅导员是班级建设的领导者、导航者，通过对班级愿景的规划确立共同奋斗目标，增强学生对班级成长与建设的主观认同，使学生内心中升腾起一股深受感召的力量，并为之共同努力和奋斗。为了推动班级建设，一方面，辅导员可依循高校人才培养目标及院系中心任务，结合学生个人愿景规划学习型班级的共同愿景，使班级愿景成为学生"发自内心的意愿"并愿意主动付出、持续投入，共建蕴含无穷活力与创造力的学习型班级；另一方面，辅导员要依循校情、学情的变化持续调整愿景目标，并将班级愿景细化、分解成不同阶段的子目标，在量化模式的支持下确保子目标逐一实现，使学生明确自身在团队学习与个体学习中的角色，拥有时间、机会等自主管理权，在此过程中，辅导员要统领全局，做到统筹协调、科学决策、知人善任，加强学习型班级的管理。除此以外，辅导员要依循社会经济及区域发展形势不断修正愿景目标，使班级愿景更贴近社会、贴近市场、贴近时代，使学生在明确个体奋斗目标的同时能够兼顾社会目标，在追求"小我"的过程中成就"大我"。

（二）组织者

班级不仅是学习专业知识的班级，更是培育综合型人才的班级，因此，其最显著的特点之一是组织兴趣小组，激发学习兴趣，培育团队合作意识，而这离不开辅导员的支持。辅导员是班级建设的组织者，需要从整体性、关联性、有序性、互动性等多方面系统思考，优化资源要素配置，探索班级制度、文化等的高效建设思路。对此，一方面，辅导员要积极修炼系统的思考能力，密切关注持续发展变化的国情、社情、校情、学情，全面整合社会、高校、家庭和学生群体等多方力量，深度挖掘校内校外、线上线下、课内课外等多元资源要素，集理论、思维、观念、方法于一体，以系统论视角营造良好的学习氛围；另一方面，辅导员要注重班级文化建设，系统思考物质文化、制度文化与观念文化的互动关系与发展轨迹，通过完善多媒体、图书教具、活动器材等物质设施优化班级环境，激发学生热爱学习、热爱班集体的情感共鸣，通过完善的规则制度规范学生的言行举止，培养学生的慎独意识，通过丰富的文体活动、实践活动培育学生的人文精神、责任意识，促进学生养成科学的人生观、价值观。

（三）指挥者

引领全班学生一起学习、共同进步是班级的终极目标，而这一目标的实现离不开辅导员、教师、班级成员及各类规章制度的支持。其中，辅导员发挥着指挥者、引领人的角色，在班级建设中举足轻重，要以广博的知识与过硬的业务能力指导班级日常教育管理、心理辅导、专业教育工作，引领团队学习，激发学生个体及班级整体的创造力。

一方面，为了应对学生日趋复杂多变的思想，辅导员要全面把握高校人才培养目标，既要充分发挥专业"比较优势"，勤于学习，持续拓展专业知识面，积累管理学、心理学等学科知识，又要加强与学生的交流互动，通过专题、案例活动与之深度探讨人生价值与生命意义，激发学生学习、创新与钻研精神。

另一方面，辅导员要设置问题，鼓励学生自我反思或小组间讨论此阶段学习生活动向，反思学生及生活问题，提出补救方法，提高学生自我反思能力，还要举办主题辩论赛、专题沙龙、学术科技竞赛、专题讲座等丰富多彩的班级活动，鼓励学生主动探索鲜活的人生课题，通过思想火花的碰撞实现思辨能力的提升，通过团队学习培养大局观与合作精神、积累丰富的知识与经验。

（四）教育者

辅导员还是班级建设的教育者，通过身先示范、言传身教，改善传统心智模式，引领班级成员共同学习、共同进步。

一方面，为了做好学生成长成才的引路人，辅导员要以身作则，勤于学习，依靠自身的示范与威望使学生主动接受教育，逐步习得自我教育、自我学习、自我管理的能力，同时要关爱每位学生，以自身广博的学识、独特的人格魅力感染学生，密切关注学生学习、生活动态，给出科学的建议。

另一方面，辅导员要创造性地设计班级集体目标，因材施教，耐心引导班级成员改善心智模式，或通过列举学生周边实例使之能够分辨不良思想的危害，继而自觉改进与克服问题；或通过引导学生反省自身优缺点，审视自我隐形心智模式，继而改进；或通过对比探讨方式使学生洞悉自我心智特点，并时时注意改善；或利用心理咨询、心理健康教育等方式帮助学生明确自我心智模式，以更好地寻求改善途径。

（五）评价者

自我超越是班级的精神内涵，个体或群体要实现自我超越，除了要有明确的目标指引、强烈的学习意愿以外，还需要充分发挥评价的激励与导向作用。辅导员就是学习型班级建设的评价者，为了激励和促进学生及班级完成自我超越，辅导员需要充分发挥评价的导向、激励、反馈等功效，通过综合测验、过程评价等，全面把握班级建设的成效与不足，以此为依据反向调整班级愿景目标、建设思路、学习重点、教育方式等，以推动学习型班级的健康发展与持续进步。

具体而言，综合测评内容既要涵盖班级的专业成绩，还要覆盖思想道德、人文科技、能力素养、身心素质等综合素质，结合班级成员特征及愿景目标的实现情况，明确各评价指标的权重，通过加权平均取得综合分，作为衡量班级建设成效的量化依据。辅导员要每学期进行一次综合测评，方便掌握成员个体及班级的总体发展情况，并将测评得分作为每学期奖学金的评选依据，以此调动学生自主学习、团队学习的热情，促进班级资格证考取率、社会实践活动参与率的提升，以培育富有创造性、德智体美劳全面发展的人才。

三、辅导员党团和班级建设的路径

（一）辅导员党团建设的路径

1.提升学生思想政治素质

在进行大学生党团组织建设过程中，不仅要注重理论的输入，同时要适当结合实践活动，加强他们的思想政治教育，提升其思想和道德修养。辅导员要鼓励学生干部和党员同志结合自己的学科、专业和特长通过志愿服务、暑期实习、社会调查等公益活动，净化心灵，陶冶情操。只有道德品质好、思想素质高、有能力的学生干部和党员同志才能带动整个集体，才能给整个组织注入活水，才能让党团组织充满活力和富有战斗力。

2. 完善党团组织监督评价机制

在信息时代，传统的沟通交流、获取信息的方式已经被微信、微博、QQ 等所代替，而我们的党团组织建设要主动占领网络新阵地，建立服务于学生的信息化平台，利用这些平台传播主流思想，辅导员不仅要引导正确的舆论导向，而且还要完善监督评价机制，设立公开透明的信息交流共享区，及时反馈学生的问题，并且主动接受全体师生的评价和监督，致力于构建一个阳光透明民主的党团组织。

（二）辅导员班级建设的路径

1. 班级制度应因材施制

每个班的专业不一样，学生不一样，每位学生的个性也不一样。因此，辅导员在制定班级制度时，还应以学生的思想状况、成长规律、专业特色等为基础，制定出科学有效而又适用于该班级学生的班级制度。只有这样，同学们才能更明确应从哪些方面来要求自己，从而将条条框框的制度内化为自我约束、自我教育的良好行为习惯。

2. 明确分工，各司其职

辅导员在明确各个班干部人选之后，一定要明确每位班干部的职能分工，强化他们的责任意识，让每位班干部都明白自己的分内工作，同时也要强调合作意识，只有各司其职，才能提高工作成效；只有相互合作，才能使各项工作进行得有条不紊。

3. 公平考核，注重激励

辅导员要想最大限度地激发和调动班干部的积极性，还需要对他们进行公平考核和构建激励机制。通过评优评先、及时有效的反馈以及各种内外部的激励措施，能够使班干部的自我价值得到最大实现，从而使得班级建设更具有效能。

第三节　学风建设

一、高校学风建设的作用

（一）加强学风建设是营造优良育人环境的重要基础

学风是一种精神力量，会在潜移默化中对学生产生深刻影响，感染学生身心，使其奋发向上，不断进取。所以，加强高校学风建设不仅有利于学生健康成长，而且也是培养优秀人才的重要基础。另外，环境是学生激发学习动力的重要空间，关乎每个学生的生长和发展，所谓"蓬生麻中，不扶而直。白沙在涅，与之俱黑""出淤泥而不染，濯清涟而不妖"所形容的就是此道理。可见，为学生打造一个优质的学习环境，对促进新形势下的高校学风建设至关重要。

（二）加强学风建设是促进学生全面发展的必然要求

教育是实现学生综合发展的最快捷径，而教育质量的保证需要学校必须具备优良的学风。学风是学生学习状态、道德品质和个人整体素养的重要表现，与学生的学习成长和未来发展都有直接联系。高校只有构建优良的学习风气，才能让学生充分利用在校时间，发挥个人潜能，逐渐积累能力以及知识，提升自身综合素养。由此，良好的学风建设为培养学生成为优秀人才奠定了坚实基础。

（三）加强学风建设是提高学生就业竞争力的基本保障

现阶段高校毕业生的就业形势异常严峻，大部分工作岗位都需通过强烈的竞争才能获得。以前学生因为缺乏专业基础知识、没有制定明确的学习目标、业务素养不高等原因，导致学生无法找到满意的工作。所以，树立远大的理想和明确的学习目标对学生未来的努力方向极其重要，而良好的学习风气有助于调动学生学习的主动积极性和自觉能动性。由此说明，具备优良学风的高校，可以提高毕业生的就业率和就业质量，高校应强化学风建设，提高学生学习热情，以此才能有效促进学生就业竞争能力，为学生顺利就业提供保障。

二、辅导员在学风建设中的角色与行动

（一）引导者

习近平总书记指出："做人是做学问、干事业的前提。"抓好知识教育，首先要以价值教育和道德教育为前提，树立正确的价值导向是学风建设的核心。"师者，人之模范也。"辅导员对学生有着不容忽视的影响，应是以德立身、泽己及人的模范。肩负历史赋予的重任，辅导员必须具备过硬素质，争做"四有"好教师，投身育人事业，努力做好学生学业发展的引导者，用思政教育为构建优良学风奠定扎实基础。教育的核心目标是培养人，辅导员在学风建设中必须强化大学生思想政治教育，全面激发学生深层学习的动力，引导学生对优良学风的重要价值产生认同。

为此，辅导员应坚持三个基本原则。一是要坚持"价值参与"的原则。辅导员日常会通过多种方式与学生接触交流，那么在与学生谈心谈话、对学生进行日常教育管理的过程中，应将正确的价值观念渗透其中，加强正面引导，给予积极影响，使学生深刻认识到学习的重要价值和意义。二是要坚持系统性原则。辅导员应着眼于大学生的持久性、连续性发展，遵循学生成长规律，积极开展系统化理论学习，利用多样化的形式将思想政治教育贯穿于学生的四年学习生涯之中，引导学生自强不息，报效祖国，以正确的治学之道和足够的治学本领做有时代担当的新青年。三是要坚持实践性原则。理论知识践于行，辅导员应积极为学生提供和创造机会，鼓励学生走出课堂，知行合一，增强学思践悟的能力，引导学生在参与社会实践的过程中学真知、悟真谛，厚植家国情怀，立志在广阔天地大有作为。

（二）规范者

制度的生命力在于执行，执行务求严格，这样才有实效，学风制度亦是如此，实现学风教育的制度规范，关键在于严格执行学风建设制度。辅导员要做好学风教育的规范者，就必须严格落实学风教育中的显性规范，为培育优良学风保驾护航。

1. 严格教育

辅导员应利用大一新生入学教育的契机，将《学生手册》讲深讲透，使学生

熟知包括学风建设制度在内的大学规章制度以及违反后的严重后果，明确"可为"与"不可为"，且在以后的主题班会上通过约束性、强制性、威慑性的表达范式不断强调，使学生深刻树立规则意识和底线思维，严格遵守校规校纪、考风考纪并将其内化为一种自觉意识。

2. 严格管理

辅导员可以采用一些传统但不失为有效的方法加强管理，如通过不定期课堂点名、教学巡查等途径严抓学生旷课、迟到早退等消极怠学现象，通过走访宿舍严查沉迷小说、游戏等不能自拔的学生；严格按照公平、公正、公开的方式做好评奖评优工作，通过学业警示、联系家长等途径严格督促挂科学生进步，从正反两方面加强学风建设。

3. 严格处理

抓学风，采取有力措施，对于学生作弊、违纪等不良现象，辅导员要严格执行《学生手册》规定，上报学院和学校对其严肃处理，绝不姑息，达到以考风检验学风、以学风促进考风的最佳效果。

（三）组织者

所谓"立德树人有道，春风化雨无声"。严字当头的显性规范具有明确规定、强制约束的特点，而蕴含隐性涵养的校园文化活动则是学风建设的重要载体，具有无形渗透、熏陶感染的特点。在高校学风建设中，既要展现阳刚的力量，又要内蕴柔美的情感，显性规范和隐性涵养二者相互促进才是学风教育有效推进之道。在新形势下，作为与大学生最贴近、接触最多的教师，辅导员要以活动为载体促进学风建设，做好学风建设活动的组织者。辅导员应积极组织学生参加各类蕴含隐性教育的学风建设活动，营造积极、拼搏、向上的学习氛围。

1. 组织开展具有学术性的活动

通过举办多场学术报告会和学术讲座等学术型的活动，营造浓厚的学术氛围，使学生增强多读"有字之书"的紧迫感，培养学生乐学爱学的治学精神，促进学生形成崇高的学习品质。

2. 组织开展具有实践性的活动

通过在工作中为学生搭建义务支教、暑期社会实践、志愿者服务等一系列实践平台，激发学生学习兴趣和学习潜能，使学生感悟思维方式和探求精神，促进学生读好"无字之书"，开启高校学风建设的深层次发展之路。

3. 组织开展具有创新性的活动

充分利用相关学生社团组织，定期开展创新创业类活动和各类科技技能训练，培养学生踏实严谨的优秀品质及创新思维，同时组织学生开展各种学习竞赛、科技竞赛，以赛促学，引导学生不断体悟学习给大学生活带来的无限充实感与获得感，以此有效培育优良学风。

（四）借力者

学风建设是需要多方合力参与的系统工程，辅导员应努力承担起学风建设中借力者的角色，积极统筹社会资源，牵头构建完整的学风建设团队。教师、学生、家长、校友等都是学风建设中的得力帮手，辅导员要善于借助校内和校外多方力量，形成学风建设合力。

1. 借助教师的力量

专业课教师是学风的直接感受者，辅导员可以邀请专业课教师参与协同育人，请专业课教师及时反馈学生的考勤情况及课堂表现等，并定期为学生提供高数等挂科率较高科目的答疑辅导；班主任导师是辅导员在学生学风建设上的必要补充，辅导员应与班主任导师加强交流沟通，商讨教育对策，重点关注和帮扶学习困难的学生；退休老教师如有意愿，可邀请其参与督促跟进挂科学生的日常学习，使学生逐渐回归到勤奋学习的轨道。

2. 借助学生的力量

一方面，辅导员可以借助学生党员和入党积极分子的力量，做好宿区学风的监控工作。学生党员和入党积极分子成绩优异、作风正派，是学风建设的"传感器"，这一群体在学习上积极发挥模范带头作用的同时，还可以起到对不良学风进行监督与管理的作用。诚然，宿区是学风建设、学生道德素质和行为习惯养成教育的重要课堂，因此组建由学生党员和入党积极分子构成的宿区巡查小组对宿区进行不定期巡查，有助于及时预防、发现、制止宿舍打游戏等不良之风。

另一方面，优秀朋辈在学校的学风建设上具有一定的作用，辅导员可以积极动用他们的力量，发挥优秀朋辈的直接指导作用和榜样带动作用。通过优秀朋辈线上事迹宣传和线下学习经验交流会的形式，使学生从内心深处认识到学习的重要性，在榜样的指导和带动下树立良好的学习观念和行为习惯，掌握有效的学习方法、自我管理及自我提高方法，从而取得理想的成绩。

3. 借助家长的力量

学生家长是高校学风建设中至关重要的力量，辅导员应积极建立良好的家校关系。尤其对于步入大学彻底放松学习和存在不良学习现象的学生，如收到学业警示通知书等在学习方面存在严重问题的学生，辅导员应及时准确地向这些学生家长告知其子女在校具体学习情况，帮助分析问题原因，与家长共同商讨应对办法，充分发挥家长对其子女的引导和监督作用。通过加强家校协同，共促后进学生学业进步。

4. 借助校友的力量

校友是高校学风建设中可以依靠的力量，将校友与高校的学风建设相结合，将职业发展规划贯穿学风建设始终，进一步推动高校学风建设内涵式发展。邀请各行各业优秀校友做职业发展的交流和分享，帮助在校学生对职业发展和未来的职业选择有更加清晰的认识，并以此做出学业规划并付诸行动，为毕业后找到理想的工作做好充足准备。

第四节　学生日常事务管理

一、辅导员在学生日常事务管理中的角色

（一）善做学生思想引领的"党代表"

政治引领是我国辅导员岗位设立的初衷，也是我国高校辅导员的根本任务。不管在什么情况下，面对什么新的挑战，做好学生的思想引领，成为学生中的"党代表"对全体高校辅导员来说都至关重要。

做好学生群体当中的"党代表"。首先，要引导学生树立正确且坚定的理想信念。习近平总书记指出，对于青年学生"树立正确的理想、坚定的信念十分紧要"。辅导员必须要坚定自己的理想信念，以高标准、严要求以身作则做表率。凝聚、号召广大青年学生听党话、跟党走，在坚定的理想信念中实现自己人生价

值。其次，要注意引导青年学生的价值取向。青年学生向来是有思想，引领社会风气的关键群体。而对处于大学阶段的青年学生来说，三观尚未完全形成，需要高校的"党代表"帮助他们扣好人生的"第一颗扣子"，要加强社会主义核心价值观教育，内化于心，成为践行者。最后，要加强政治理论学习。"党代表"不是空口说，是要有深厚的政治理论基础，不断学习先进的理论知识，认真学习习近平新时代中国特色社会主义思想，只有自己弄懂、弄通才能在引导学生时不心虚，不发慌。

（二）做好学生的"服务者"

从新生报到以后，学生与辅导员之间就建立起一种隐性契约关系。辅导员要在学生在校学习的四年中，履行自己的责任，落实好自己身为"服务者"的角色。特别是在自己直接负责的班级，辅导员或是兼任班主任，要在衣、食、住、行等方面做好服务，帮助新生快速从高中生阶段过渡到大学阶段，为后续地学习提供保障；也要在学习、社交、社团、活动等方面提供平台，促使学生能够在完成本职学习任务的同时，发现自己的兴趣所在，针对自己的缺点不足进行有针对性的训练进而提升自己，增强自己的综合素质，在学业有成的基础上，实现立体式、全方位、多层次地发展；更要在学生即将毕业的时候"扶上马"护上一程，针对毕业季可能出现的心理焦虑，对未来的迷茫，对社会的恐惧，进行分门别类的疏导。高校辅导员的"服务者"角色，贯穿学生大学生活四年，所涉及的方面也是多种多样，虽然看起来微不足道，但对于每一个学生来说都是至关重要的，所以不能有丝毫懈怠，听之任之，要时刻强化主体责任意识，认认真真履行好自己与学生们的"隐性契约"。

（三）愿做学生的"知心者"

高校辅导员的首要任务是要做好学生的思想引领，本质是做好学生的思想政治工作。思想政治工作也是一个做人的工作，需要与学生心与心的交流，做好学生的"知心者"。

辅导员一对多的人员配比，决定了辅导员与每个学生进行深入交流的过程是一个道阻且长的过程。而大学生们从进学校开始就会产生各种各样的问题，不论是新生还是老生，他们的问题既有共性也有个性，有的问题之所以会成为学生的问题就是辅导员没有做好"知心者"所导致的结果。学生的问题越多，辅导员在倾听学生问题时就越是要有耐心，认真倾听学生问题，强化自我修养。辅导员群体主动接近学生群体，做好学生成长道路上的"灯塔"，学生既要成长成才，又要心理健康。做好学生信赖且亲密的好友，要主动地对学生谈心谈话，了解学生们的基本情况，家庭构成、经济状况、学业水平、预期落差、睡眠状况等，与学生进行交流，耐心的倾听是做好"知心者"的途径，经常性地开展这种面对面的交流并将之常态化更可以体现辅导员对学生们的关注，让学生感受到关心，可以增进师生关系、深化感情的重要方法。

（四）力做学生组织改革的"开拓者"

辅导员不仅要在思想上引领学生，日常中"服务"学生，生活上贴近学生，更要在管理上下苦功夫，开拓创新，做好学生组织改革的相关工作，做好组织改革的指导者。最近，中华全国学生联合会第二十七次代表大会成功召开，在这场大会上，中华全国学生联合会提出了要继续对学联学生会进行深化改革。学生会作为高校青年学子自我管理、自我教育、自我服务的群体，是团结服务同学的组织者和保障学生权利的发声者，也是高校日常事务管理老师的好助手。而在这场会议上，对学生会组织规模提出了"精简"的要求，对学生会的主席团成员和各个部门的干事人员配比提供了一个指导性的意见；并且对学生会的构成、学生会人员的选拔、选拔的程序、选拔的要求、建立述评制度定期考核、不走过场等方面进行了明文规定。学生会的改革无论对于学生还是对于老师来说都是至关重要的，人员的精简，对学生的综合素质要求就会相应地提高，日常事务的数量不会变少那么每个人身上压力就会增多，但是也更能在锻炼中成长；对于老师来说，如何就现有的学生会成员，发挥他们的综合优势集中力量办大事，就更显得尤为关键。在这场改革中，阵痛是不可避免的，但是不能因为痛就回到以往，要顺应时代发展的趋势，力做学生组织改革的"开拓者"。

二、辅导员开展学生日常事务管理的路径

（一）强化理论学习

高校辅导员老师大多都不是思想政治专业出身，从零开始做学生思想政治工

作，对政治理论的学习不够深入，在遇到一些新挑战时就会无所适从，无法担负起引领学生的重任。所以，在疫情防控常态化这个新形势下更要加强学习。

辅导员群体作为高校育人的"党代表"，政治理论学习对每位辅导员老师来说都是至关重要。要时刻保持乐于学习、主动学习的自觉性，把政治理论学习和提高思想觉悟贯穿于辅导员职业生涯的全过程。特别是，要深入学习习近平新时代中国特色社会主义思想，对中国共产党的党史、新中国史、改革开放史、社会主义发展史要做到认知准确，时刻牢记，激发自身学习提升自我的内生动力；要坚定理想信念，将坚定的理想信念与科学先进的理论相结合，以中国梦为实践的落脚点，正确认识辅导员所担负的时代责任和历史使命；同时，要敢于实践，用脚丈量中国的大地，在实践中引领青年学生的成长。在实践中强化对政治理论的认识，充分发挥共产党员的先锋性，深度参与到党性教育活动当中，把自己掌握的政治理论成果运用到具体活动当中，激发工作热情和工作力量。在实践中与其他思政工作者相互交流，在交流的过程中实现提升自身政治素养水平的目的。

（二）开展校园法制教育

一是，辅导员要提高法治意识。由于绝大多数高校招聘辅导员都是不限专业的，因此，辅导员队伍的专业背景比较多样，法学专业占比较少，大多数辅导员都是招聘的应届毕业研究生，学生事务管理法治化意识薄弱，经验欠缺，特别是在处理校园危机事件时往往需要较高的法治化水平。各高校要对辅导员定期进行与学生日常事务相关法律知识的培训，经常举办法制讲座。特别是加强新进辅导员的法治化水平培训，邀请有经验的优秀辅导员分享学生日常事务管理法治化的经典案例和经验。

二是，辅导员自身要加强法治教育学习，转变传统工作方式方法，在处理学生事务管理过程中牢固树立法治化意识，要去经验化，减少主观主义干预，养成严格遵守法律及依法管理的自觉性。

三是，辅导员要本着以学生为中心的工作理念，始终围绕学生、关照学生、服务学生。以学生为本位的管理理念要求辅导员在行使管理职权的同时，必须强化对学生的服务意识，强调管理和服务并重；同时，高校辅导员要树立学生权利至上的管理理念，高校辅导员要充分尊重学生的基本权利。

四是，给大学生开展普法教育，这是高校职责所系，构建覆盖第一课堂、第二课堂全方位的法治教育体系，辅导员要加强学生对学校章程、相关管理制度等校纪校规的宣讲。高校可以在新生入学教育中着重加强对校纪校规及各项规章制度的学习，提高法治意识。另外，各院系可以通过"晚讲评"制度、班会、主题团日、法治宣教月、举办法律大讲堂、普法知识竞赛等活动提升学生法治意识，充分利用学校新媒体平台如微信公众号、微博、QQ空间、官方抖音号发布普法推文和宣传视频。

（三）强化辅导员专业技能训练

辅导员在高校日常事务管理中往往身兼数职，是学生心理疏导的知心者，学生综合能力提升的操练者，学生就业的指导者，日常事务的管理者，多样的角色对辅导员个人的专业技能提出了高要求。

辅导员的专业技能是辅导员多样工作开展的前提和保障，根据《高等学校辅导员职业能力标准（暂行）》的文件要求，对辅导员所需要掌握的技能和培养的能力提出了相应要求，也对辅导的职业等级和相应等级培训的期限作了相应的规定。国家、省级的教育主管部门都十分关注辅导员群体，提出了相应发展和培训的制度安排，而作为直接管理辅导员的高校来说，首先要提供专业技能的平台，建立和完善相应的培训体系；其次，要确保辅导员心无旁骛地进行培训学习，提供后方保障，实现脱产学习以保证学习的效果和时长；最后，要不断地更新相应的培训教材，不能以一个培训体系完成好几代的周期培训，要与时俱进，实现对优势资源的吸纳，组织全国优秀高校进行资源共享，实现数据资源不断更新以适应新的挑战。

（四）健全高校学生日常事务管理规章制度

要实现高校治理能力现代化，唯有健全制度机制，运用法治化的手段，才能确保组织平稳运行，工作才是可持续的。一是从国家层面做好顶层设计。全面系统梳理现行的各项关于学生事务管理的法律、法规，深入各高校调研，结合新时代大学生的成长规律和特点，遵循教育管理规律，与时俱进修订完善现行规章制度，不断细化程序性规定，完善高校学生事务管理法治化机制，确保高校学生事务管理有法可依。2022年，共青团十八届六中全会审议通过了《中国共产主义青年团纪律处分条例（试行）》，填补了对大学生青年团员违纪处理"无法可依"的空白，高校辅导员要学深悟透国家部委出台的相关规章制度，充分"靠制度管人管事""按规矩立身处世"。二是在高校层面，各个高校要依据最新修订的上位法及时修订现有的学校规章制度，在制定相关规定时，要以学生为本，深入师生群体开展调研，畅通意见反馈渠道，倾听广大师生意见，切实让师生全员参与学校治理，使高校相关学生事务管理规章制度更有针对性和科学性。职能部门还要细化管理制度使规章制度具有可操作性，尤其要重视完善学生法律救济和援助机制，构建完整的学生申诉制度、学生听证制度、教育仲裁制度，探索设立大学生维权援助组织，多措并举扩展大学生权利救济渠道，充分发挥权利救济的作用。三是在院系层面需要更加细化学校出台的规章制度，针对不同院系不同专业学生特点制定各项管理细则，如学生综合测评细则、先进班集体评选细则、学院查寝细则等。四是各班级和各个寝室可根据各自班级实际情况，经班级民主讨论报学院审批制定各自班规和寝室条规。通过规章制度约束管理学生，开展班级文化建设，增强班级凝聚力。

（五）设立辅导员群体的心理咨询机构

高校辅导员作为学生密切交往的老师，与任课老师相比跟学生交往更加密切和亲近，学生也乐于向辅导员老师倾诉自己的快乐和忧愁。而辅导员群体的心理健康却鲜有人关注，疫情防控所带来的辅导员心理层面的新挑战，更需要认真对待。

首先，要设立专属于辅导员群体的心理咨询机构。这些专业人员要对辅导员这个群体的特点、工作环境、工作强度等有深刻的认识，能对有需求的辅导员提供专业化、科学性的指导意见；第二，这支心理咨询师队伍要主动贴近辅导员。辅导员群体也是做学生心理疏导的专业人士，所以对待辅导员不能用普通的方法，更需要主动靠近辅导员，要在交往的过程中主动发现问题进行疏导；第三，要提供一种安全舒服的校园心理咨询环境。辅导员也是一个普通人，同样也会有心理方面的困扰，要在学校营造一种舒适的心理咨询环境，除了辅导员的努力也需要专业心理咨询队伍的帮助，为辅导员们提供相应的支持和理论保障，让辅导员能够在倾诉自身心理问题的同时，没有担忧和顾虑，从而更好地起到示范引领的作用。

第五节　心理健康教育与咨询工作

一、高校心理健康教育与咨询工作的定位

心理育人的提出标志着高校心理健康教育工作进入了一个新阶段，它既是心理健康教育与咨询工作发展到新时代的必然结果，也是长期与思政工作融合发展的必然体现。

（一）厘清高校心理育人的实质内涵

长久以来，高校学生心理方面的教育工作统称为心理健康教育，其主要目标在于培育学生积极的心理品质、提高学生的心理健康水平。而心理育人的实质在"育人"，心理健康教育虽然蕴含了育人因素，但根本目标比"育人"要狭窄许多。"心理育人是通过心理健康教育来实现育人的目的"，它服务于"育人"这个大目标：服务于学生的价值引领，服务于人的全面发展，服务于培养社会主义建设者和接班人。因此，心理育人其实本质在"育人"，心理是育人的方法与内容，"育人"是初衷，更是目的。高校中的心理健康教育要在方方面面树立"育人"的意识，站在"育人"的高度来开展工作。

（二）明晰高校心理育人的价值旨归

党的十八大以来，习近平总书记围绕"培养什么人、怎样培养人、为谁培养人"这一根本性问题做出了系列论述，并在 2019 年召开的学校思想政治理论课教师座谈会上进一步强调"必须培养一代又一代拥护中国共产党领导和社会主义制度、立志为中国特色社会主义事业奋斗终生的有用人才"。这些论述明确了"立德树人"是高校办学的宗旨。立德是树人的关键，一切工作都要以"立德树人"为前提。高校中的心理健康教育工作同样如此，要在育心的基础上明确立德的重要性，育心要与育德相统一，其价值旨归由"育心"提升到了"育人"，心理健康教育要为培育时代新人做贡献。

二、辅导员开展心理健康教育与咨询工作的优势

（一）信息掌握及时的优势

学生们从新生报到到毕业离校，这期间接触最多的老师就是辅导员。而对于辅导员来说，工作对象就是学生。因此，深入寝室、课堂与学生全方位、全天候、立体式的接触，了解学生日常生活、学习状况、思想动态、班级管理是辅导员工作的日常内容，也是一种与专业教师乃至其他行政工作人员相比不可替代的职业资源优势，对大学生的学习情况、情感状况、适应环境能力、人际关系和谐程度等心理动态能够比较迅速及时地掌握，从而有效解决问题，尤其是生活相关的心理问题。

（二）沟通便捷有效的优势

从辅导员事务上而言，辅导员的工作是一项服务性的工作，一切以关心关爱学生成长，全面促进学生成才为宗旨，围绕学生的利益和需求展开，自然能够走近学生。其次，随着辅导员的年轻化，有些年轻的辅导员与学生有着相似经历，有共同话题，价值观、生活模式与大学生接近，因此，极易形成亦师亦友的亲密和谐关系，学生们愿意将自己的内心想法、情感体验和思想向辅导员诉说，征求建议和意见。

（三）教育潜移默化的优势

辅导员工作具有非常明显的教育功能。辅导员是教育工作的主要实施者之一，除对学生日常学习、生活进行管理和提供服务之外，辅导员工作的重点是对学生进行思想政治教育、德育等相关教育，依据他们身心特点和思想特点，根据他们实际学习生活等具体情况展开，具有规律性与日常化的特征。其次，辅导员的教育还体现在辅导员自身的"言教"和"身教"上，尤其是在与学生接触交流中所传递的榜样激励性的直观示范，能自发引导学生去效仿，启发学生去思考，有效控制和调整自己的行为，教育贯穿于辅导员工作的始终。

三、辅导员开展心理健康教育与咨询工作的现状

（一）未真正重视心理健康教育

目前，不少高校辅导员对大学生心理健康教育与咨询工作的重要性还未真正认识和关注。许多高校辅导员认为大学心理健康教育与咨询工作是由思政教师实施，辅导员的主要职责只是对学生进行管理工作，受这些观念的影响，使不少高校辅导员没有充分地参与到大学生心理健康教育与咨询工作中，使得大学生心理健康教育与咨询工作缺少有力的支撑和保证。同时，由于不少学校辅导员并没有充分认识到心理健康教育的价值和重要性，也没有意识到心理健康对促进学生身心健康发展、培养学生综合素养的重要意义和价值，因而对学生心理健康教学的研究也不全面，缺少强有力的理论基础与保障，长此以往，直接影响了高校心理健康教师的教学成效。

（二）心理健康教育方式落后

在当前，不少高校辅导员都采用说教式的心理教学方式进行心理健康教育，这种方式往往枯燥乏味，容易引起学生的反感，它不但不能达到学生满意的心理教育效果，甚至可能形成负面影响而不利于学生良好心理素质的养成。另外，不少高校辅导员在心理教学过程中方法单一，无法引起学生对心理教育的兴趣，使心理素质教育无法达到理想的效果，从而影响了学生心理素养的培养，最终不利学校教学的良好发展。

四、辅导员开展心理健康教育与咨询工作的途径

（一）将心理健康教育理念融入日常学习活动中

意识能指导人的行为，反作用于客观事物。辅导员使用何种意识观念来开展心理健康教育影响着辅导员的工作成效。心理健康教育的终极目标是培养学生们健全的人格和良好的个性心理品质，促进大学生人格的完善和全面发展。因此，需要借助辅导员独有的职业优势，在日常的大学生生活中传播心理健康教育的新意识。

1. 做好与课堂教育的有机结合

首先，在新生入学之初开展积极心理品质培养的专题学前教育，就大学生常

见的心理问题进行归类，尤其是环境适应问题，并对心理健康状态进行初步探索，结合新生刚入大学时面对新生活的茫然，重点从拥有积极心态、学会控制脾气、学会沟通、学会感恩、学会合作、明确目标六个角度阐述相关品质能力的培养在大学生生活中的重要性。

其次，联系大学生的生活实际，以为新生开设的心理健康教育课为发力点，采用辩论、演讲、讨论等丰富的形式就大家身边发生的话题进行积极互动，把系统教学与自我教育结合起来，把知识传授与自我管理结合起来，把理论武装与实践育人结合起来，寓教于乐，充分调动同学们积极性，有效地发挥课堂心理教育主渠道的作用。

再次，要注重在思想政治教育中加强高校学生的心理健康教育。心理健康教育就是指有目的地培养（包括自我培养）受教育者良好心理素质，调节心理机能，开发心理潜能，进而促进其德、智、体、美等整体素质的提高和个性的科学发展。而在当前形势下，要做好大学生思想政治教育工作，就要以提高大学生的思想政治素质和促进大学生全面发展为目标，坚持与时俱进，坚持以人为本，在内容、形式、方法、手段、机制等方面进行创新，以项目建设和拓展为载体，把握学生实际，努力提高思想政治教育的针对性、实效性、吸引力、感染力，培育德智体美全面发展的社会主义合格建设者和可靠接班人。其中，心理健康就是大学生全面发展的重要内容之一，思想政治教育也应在促进大学生的心理健康教育上担负责任。

2. 做好与活动的有机结合

活动是大学生生活的又一主要内容形式，因此以主题班会、团体辅导等活动为抓手开展形式多样的渗透式的心理健康教育。

首先，建立以心理委员、寝室室长为桥梁的班级与心理咨询室相关心理活动的开展，每月活动由几个班轮流开展，通过共同发力把我们的心理健康活动常态化于班级平时的主题班会活动当中。根据不同年级学生的心理困扰，以班级心理委员为动力，在班级开展各种主题鲜明的班会活动，丰富了大家的学习生活，增进了大家的情感交流，还能更好地解决同学们关心的问题，做到心理健康教育和解决实际问题相统一。

其次，组织优秀学生根据亲身经历和自己的经验，围绕"树立良好集体荣誉感""把握时间、提升自己""努力是通向幸福之门的必经之路"等与生活学习相关主题开展讲座，充分的发挥朋辈教育的正能量。

再次，定期的组织学生开展认识自己、时间管理、人际关系、情绪管理、感恩他人等班级团体辅导活动，以游戏的形式让大家快乐的参加活动，并在活动中获得深刻的体会。可以邀请素质拓展的专业人士来指挥活动的开展。

（二）让心理健康教育走进学生生活

注重运用各种新的工作载体，特别是网络等现代科学技术手段，努力拓展心理健康教育工作途径，贴近实际、贴近生活、贴近学生，让心理健康教育走进学生生活各个方面。

1. 打造心理健康教育微博微信平台

利用微博和微信公众号，开设心理教育相关固定更新的系列内容，如活动宣传系列内容，及时传递相关心理辅导活动开展的消息，鼓励大家积极参与，同时把本校开展的活动及时通过次系列网上宣传，搜集对生活适应、人际交往、恋爱、情绪管理、自我认识与接纳、职业生涯规划、就业压力调整等方面有帮助的相关文章。

2. 创新活动参与方式

如何才能让学生关注班级微博微信中的心理教育相关信息呢？首先将参与活动量学分化，活动凭票参与，以微博为平台，每周一把本周的活动进行编写汇总，然后在微博或微信公布，学生转发此微博并且就次活动予以建议评论就能获得参与活动的资格，另外可以现场领取纸质门票获得参与资格。这样学生就可以选择自己感兴趣的活动来参加，同时班级也能根据学生的关注点去改进活动，提升活动本身的质量。

（三）提升辅导员心理健康教育能力

师资力量是决定教育成效的关键，因此高校必须有效整合校内外的心理健康教育资源。辅导员作为高校开展心理健康教育的重要师资力量，需要从整体上予以优化。但具体到实际情况看，辅导员参与心理健康教育的方式主要是协助性工作，如果要宣传和普及心理健康知识，他们对专业心理学知识和心理咨询技能的学习还不够系统。且由于辅导员的工作繁多，精力有限。因此就需要根据自身兴趣和工作开展的需要对辅导员进行有所侧重、有所专长分模块的专业化培训和进修、技能竞赛等,这样才能构建出一支非心理学专业,但能具备一定心理学相关知识和心理辅导的方法与技术的后备师资力量。

模块化队伍可以缓解专业师资严重不足的现状,有利于辅导员有更多精力开展其他工作,更有利于心理健康教育工作的有效开展,更能避免现实中存在的虽获取了心理咨询师资格证书,却因工作的烦琐没法很好地将所学与实践经验完美结合的窘况。

第六节 网络思想政治教育

一、网络思想政治教育的内涵与特征

(一)网络思想政治教育的含义

关于网络思想政治教育的内涵,学界还未形成统一定义。厘清网络思想政治教育内涵是新时代网络思想政治教育发展的前提和基础,是构建网络思想政治教育工作体系的理论支撑。

学界关于网络思想政治教育这一概念的定义最早是从微观技术层面提出。有学者提出:网络思想政治教育,是根据传播学原理和思想宣传的理论,利用计算机网络所进行的思想政治教育。此定义结合传播学的知识,从网络技术工具性这一功能说明计算机网络对思想政治教育的重要性,这一概念被认为是国内首次、直接明确对网络思想政治教育的界定。后面很多学者沿用此定义,并对其进一步深化研究。网络从一开始就以技术的形式出现,从微观技术层面开始探讨网络思想政治教育的内涵符合认识的规律。伴随着信息技术的发展,网络已从一种单纯的技术转变为一种社会生活方式,网络思想政治教育被重新定义。还有学者将网络思想政治教育定义为"思想政治教育与网络社会深度相遇、融合生长过程中,有目的、有策略地对其社会成员进行意识形态传播和组织动员,以促进人的个人品德形成规律为目的"。其注重思想政治教育在网络社会的发展,而忽视了与现实社会的互通。学界一直探讨网络思想政治教育的内涵以及相关问题,研究领域拓宽，更加注重网络思想政治教育的融合发展，网络思想政治教育的定义也侧重于融合。网络思想政治教育的内涵随着互联网思维和信息技术的发展不断丰富，网络思想政治教育不仅是指网上思想政治教育，而且也是线上线下思想政治教育的融合，将各种新技术和互联网思维贯穿于思想政治教育的全过程。

（二）高校网络思想政治教育的特征

1. 施教主体多元化

随着网络信息技术的迅猛发展，高校网络思想政治教育者呈现出多元化的特征，同时侧重于提供选择与引导作用的发挥。一方面，技术为信息提供必要的平台，是教育主体多元化的技术根基。互联网技术的发展使得网络深入大学生的各个方面，突破思想政治教育的时空局限，利于拓展思想政治教育的场域，大学生有机会接触网络中的思想政治教育信息而不局限于教师传授的知识，网络社会中制造信息、传播信息的各行各业人士都有可能成为施教者，影响他人的价值判断与价值选择。另一方面，强烈的责任与分享意识是施教主体多元化的信息源泉。面对错误思潮与西方文化的入侵，针对大学生的成长困惑，更多拥有强烈责任感的教师、学生干部、社会精英等，针对新时代大学生多样化、分层化、新颖化等的需求特点，及时通过网络发声，驳斥错误观点，弘扬正能量。

2. 教育对象自主化

随着智能设备的普及和网络基础设施建设的推进，大学生可通过台式电脑、笔记本电脑、手机等客户端自主选择自己感兴趣的内容、形式、方法等进行学习。一方面，大学生的自身特征是新时代高校网络思想政治教育个体自主化的内在要求。新时代大学生伴随互联网、大数据、人工智能等技术发展成长，往往形成新的认知模式、思维方式和行为习惯，主要有强烈的主体意识、话语意识、自主学习等特征。新时代大学生群体的自身特征使得网络思想政治教育要准确把握学生的理论与实践需求，寓教育于大学生的现实生活。另一方面，注重大学生的体验是新时代高校网络思想政治教育个体自主化的应有之义。注重用户体验，是互联网思维的重要体现，以用户为中心，为用户提供个性化、定制化的服务。新时代高校网络思想政治教育更能发挥潜移默化的功能，依托各种新技术、新载体、新形式等为大学生服务，为其提供易于接受、喜闻乐见的思想政治教育内容。

3.教育方法技术化

新时代背景下，高校网络思想政治教育方法更加强调以技术为支撑，深化技术与思想政治教育融合发展的理念。

（1）从纵向视角来看

技术迅速发展是新时代高校网络思想政治教育方法突破时间的局限，呈现出技术化的根源。新时代高校网络思想政治教育方法具有一定的技术含量，通过网络技术使得思想政治教育不再是传统的人与人面对面强制性的实时理论灌输，此阶段高校网络思想政治教育呈现出"人—机—人"的实时同步或延迟异步的教育方法。

（2）从横向视角来看

新技术为新时代高校网络思想政治教育方法突破空间、增强体验感提供了技术支撑。新时代高校网络思想政治教育方法的场域不仅包括现实生活，而且还扩展到以互联网、大数据、人工智能等技术建构的虚拟性、及时性、可选性的网络社会，其集文字、图片、音频、视频为一体。同时，以虚拟技术为代表的VR技术体验红色景区虚拟场馆、VR一体机等沉浸式教学方法得到研发试验并逐渐推广，从而提升高校网络思想政治教育的体验感。互联网信息技术快速发展的背景下，高校网络思想政治教育的各种教育方法不断与现代技术相融合。

4.教育内容生活化

大学生是互联网用户的重要组成部分，且网络融入大学生生活的方方面面，新时代高校网络思想政治教育内容源于生活，教育的渗透性与融合性得到一定的发展。新时代高校网络思想政治教育的内容包括政治教育、文化教育、道德教育、法制教育、心理教育、网络素养教育等，教育内容蕴含于新闻媒体、教师、网络意见领袖等对舆论事件、社会热点的正确引导。例如，以网络购物诈骗为例，深入分析大学生在网络中的诈骗事件，培育大学生的警惕、鉴别能力。相较于传统的思想政治教育，新时代高校网络思想政治教育内容的形式更加生活化。一方面，高校网络思想政治教育掌握读图时代受教育者图文并茂、简短明了的审美特征，在文字基础上添加短视频、图片、音频等各种生动、喜闻乐见的形式将教育内容呈现出来，满足大学生碎片化时间学习的需求，提升网络思想政治教育内容的感染力与影响力。另一方面，注重教育内容的话语表达，逐渐探索新时代大学生易于接受的话语，聚合大学生习惯性的话语表达方式，强化网络思想政治教育内容的有效供给。

5. 教育资源共享化

共享是我国五大发展理念之一，广泛应用于各个领域，发展成果惠及人民，由人民共享。新时代高校网络思想政治教育资源搭乘信息技术的快车，实现东中西部高校、经济发达与欠发达地区高校的资源共享化。网络思想政治教育资源共享化打破思想政治教育因受时空等方面的局限性而造成教育资源分配不均、发展不平衡的状态。在高校网络思想政治教育资源共享化发展过程中，不同高校的师生只要拥有一部联网的电脑、手机、平板等客户终端，就能打破时空局限，坚持"以我为主、为我所用"的理念搜索、获取、学习来自不同高校、部门单位的教育资源。新时代高校网络思想政治教育资源的共享化离不开资源的开放性。开放性是高校网络思想政治教育资源共享化的重要前提，高校"围墙"概念逐步消失。思想政治教育资源数据库、慕课、全国高校思想政治理论课教师网络集体备课平台等对所有高校教育者与受教育者开放，这是教育资源开放化、平等化的重要体现。

二、辅导员加强网络思想政治教育的必要性

（一）落实立德树人根本任务的需要

党的十八大报告强调，高校在教育的过程中要将立德树人作为教学的根本任务，在教学的过程中要培养全面发展的人才，为国家培养新时代的社会主义接班人。立德树人是高校教学中的根本任务，是教学过程中的首要目标，对于学生而言，有助于促进学生的全面发展，培养学生的道德品质，对学生在学习的过程中的自我发展以及正确价值观的选择均具有一定的推动作用。在自媒体时代，人们获取信息的渠道更丰富，同时信息传播的方式和内容也更具有多样性，对高校学生的是非判断以及价值的选择也具有很大的影响，学生容易在丰富的信息环境中失去对自我的判断，影响自身以及社会的发展。因此，高校思想政治教学要加强网络思想政治教育，在网络教育中引导学生对价值观念有一个正确的区分，同时引导学生对现实的世界与虚拟的环境进行区分，使学生在各种各样信息的冲击下，

仍能保持自我，具有判断是非、正误的能力，将学生培养成更具有时代意义的全面发展的社会主义接班者，一定程度上对国家的经济建设起到推动性作用。

（二）加强辅导员队伍能力建设的需要

从中小学教育到高等教育，政治思想教育一直围绕在学生的学业生涯中，在学生的发展中具有不可替代的作用。高等思想政治教育立足于思想政治课程之上，如果思想政治课是对学生政治方向的正确引导和道德品质的培养，那么，高校的思想政治教育则是对学生政治素养的培养和主流意识选择的指导。高校思想政治教育是高校教育中重要的教学内容，教学的内容包括了从历史的理论、道路的选择到当下社会发展的时政热点，从知识的积累到知识的迁移，这是学生对政治知识的积累、正确政治观点地树立以及政治素养的表现。自媒体的快速发展使信息的传播更具有交互性和实效性，这对高校辅导员的思想政治教育工作具有一定的阻碍作用。

在对高校学生进行思想政治教育的过程中，辅导员是学生思想政治内容学习的引导者，同时是高校思想政治教育中的重要组成力量，教师应对自身的教学能力以及职业素养进行提升。在新时代的发展中，网络是不可或缺的一部分，加强网络思想政治教育是时代发展的需要，并且为使教学能力以及教学水平更具现代化和创新化，新时代应加强辅导员队伍能力建设，高校辅导员是教学中的引导者，教师加强网络思想政治教学能力是时代发展中对高校辅导员胜任力的要求，这能更好地将教学的内容同时代的发展进行融合，将教学的内容同网络载体进行结合，能更好地提高学生对知识的接收程度，同时有助于高校在辅导员的选择中有更多可参考的标准。

三、辅导员加强网络思想政治教育话语权的路径

（一）加强理论学习，增强媒介素养

互联网是一把双刃剑，在给学生提供很多有效、有益信息的同时，也带给学生一些腐朽、负面的思想。历史虚无主义、新自由主义等错误的社会思潮在网络中传播，给学生带来了极大的危害。此时，辅导员只有通过加强理论学习，提高自身的政治素养，完善思想政治教育理论体系，才能在网络世界里有底气、有效

率、有自信地应对和打击各类腐朽思想与文化，开展网络思想政治教育工作，树立和巩固高校辅导员的话语权威。同时，通过互联网平台获取信息、分析信息和发布信息也是高校辅导员开展思想政治教育工作的一项基本技能。因此，高校辅导员必须在平时注重网络信息的学习和积累，掌握新媒体技术的操作技能。高校可以定期组织辅导员进行网络素养培训，邀请新媒体专业运营人员到校开展讲座，让辅导员熟练掌握媒体平台的操作方法和传播规律，还可以通过技能大赛等形式考核辅导员对新媒体技术的运用能力，最终建立一支理论知识丰富、媒介素养强大的辅导员队伍。

（二）促进高校辅导员自身职业技能的提升

辅导员是大学生思想政治教育中的主要教学力量，对学生进行思想政治教育也是高校辅导员的主要职责，在对高校辅导员的基本要求中，高校辅导员应具有较高的政治素质和坚定的理想信念，坚决贯彻执行党的基本路线和各项方针政策，有较强的政治敏锐性和政治辨别力，掌握思想政治教育工作相关学科的基本原理和基础知识，掌握思想政治教育专业的基本理论、知识和方法，掌握马克思主义中国化相关理论和知识，掌握大学生思想政治教育工作实务相关知识，掌握有关法律法规知识；具备较强的组织管理能力和语言、文字表达能力，以及教育引导能力、调查研究能力，具备开展思想理论教育和价值引领工作的能力。这些基本的要求是高校辅导员在教学中所必须具备的，也是高校辅导员应具备的基础能力，因此高校辅导员应提高自身的职业技能，熟练运用新媒体技术，推动思想政治工作传统优势同信息技术的高度融合，在这一过程中，要对自媒体发展的趋势以及相关的自媒体平台有一定了解，此外还要具有网络思想政治教育的理念，在教学的过程中能主动利用信息技术将思想政治教学的内容进行融合，同时针对学生的实际情况，采用更具有针对性的教学模式。

（三）实现虚拟化教育的现实化

随着我国互联网技术的不断发展，互联网得到了全面的普及。我国互联网和移动互联网的发展逐步成熟，移动技术的发展使得信息传播的门槛变低，互联网信息传播门槛的不断降低，也使更多的用户加入了信息传播的过程。自媒体的快速发展便利了人们的生活，使信息传播的内容更具有时效性，同时较强的互动性也使自媒体备受喜爱。但在发展的过程中，由于信息传播的速度变快，每个"个体"都可能是信息的传播者，能随心所欲地发表自己的观点，而自媒体信息中多以表达个人的观点为主，这就导致了自媒体的信息内容良莠不齐，部分人为了博得受众的眼球，出现过激的言论以及低俗的内容。高校学生是自媒体发展的受益者，自媒体的发展丰富了学生的生活，同时学生也能是信息传播的主体，在信息交流中处于主导地位，但在使用的过程中也会受到自媒体的影响，比如在自媒体的内容中会出现有关于人生的感悟，也有关于时事政治的观察评论，或者是对专业学问的探索与思考，但这些内容多以个人看法为准，容易存在表述不当甚至理解失误，特别是对于时事政治的观察，大部分自媒体人并没有较高的政治素养，导致对于时事政治的内容出现解读不完整甚至出现过分解读的问题。大学生在信息的接受中容易受错误观点影响，而在对时事政治的分析中失去客观的评价。因此，高校辅导员在对学生的思想政治教育中，要利用网络空间使学生学习的方式更具有多样性，同时在教学过程中，应加强引导，使学生将虚拟的教育转向现实化。

（四）充分利用自媒体载体进行教学

自媒体的内容十分广泛，从个人生活的记录到社会热点事件的分析再到对国家政策的解读，自媒体凭借自身传播的效率以及较强的互动性，使更多的用户从受众转变为了传播者，且丰富的形式表现刺激着受众的浏览与阅读。对于大学生而言，这是娱乐的平台，同时也是消磨时光、获取信息的平台，但在运营的过程中，因自媒体的门槛较低，任何人都可以建立自媒体平台，而网络的隐匿性又给了一些自媒体人"随心所欲"的空间。而且，有些自媒体出于急于求成的心态，他们会发布一些只是为了追求点击率的新闻，从而忽略了新闻的真实性。这些不良行为，降低了所传播的信息可信度，严重影响了教学的质量。所以，辅导员加强网络思想政治教育应充分利用自媒体载体，但在利用的过程中应加强对平台中信息的真实性考核。利用自媒体载体进行教学，能充分利用学生的课余时间进行知识的传授，同时教学的方式能跨越时间和空间的阻碍，学生的接受程度更高，将思想政治教育的内容与自媒体传播载体的特性进行结合，对于时事热点中的视频以及音频等形式进行针对性的投放，不仅能提高自媒体平台的利用率，同时能提高理论知识传达的效率，学生的认同感以及接受度更高，使高校思想政治教育的内容能更好地用于引导学生的行为选择，同时教学的方式更具有时代性，使高校网络思想政治教育不停留于表面，学生在进行针对性教学的过程中能更加重视思想政治教育课程的重要性。

（五）培养学生的网络法律意识

法律意识的培养是思想政治教育中的重要组成部分，随着自媒体的发展，每个人都有了在网络中发言的自由，在互联网以及多种移动终端的发展中，有了发表自我看法的权利，同时较高的互动性能使传播者第一时间收到受众的反馈，激发了其"再次创作"的欲望。但在自媒体的快速发展中，传播的内容自然就会产生一些与国家法律、社会道德规范相悖的声音。虽然我国目前有很多关于自媒体平台的管制法令，可这些法令还都只停留在对网站的管理上，比起现在自媒体发展的势头，这些法令就显得不够全面。我国现存的关于自媒体的立法多为低层次立法，不具有权威性。学生在长期的接触中，容易产生错误的法律观念，影响学生的发展，同时在司法实践中，我国常用行政管制代替法律管制，这是由于我国对于该类法律问题没有做出具体的法律管制行为规范，使得法律管制难以运用到实践中去。我国对于自媒体的态度，多为管制态度，只对禁止性的行为做出了明确的规定，而并未就其发展做出合理规定，这使得该行业的发展缺乏一定的法律指引，使得自媒体没能被科学有效地利用。不正规的言论，不完善的法律法规，导致自媒体在传播信息的同时也让学生看到了法律的漏洞，特别当网络的言论触及学生知识外的领域时，学生会对自身所学到的知识内容产生怀疑，甚至对法律法规的认同感有所降低，严重影响了学生的价值观培养。同时，在长期自媒体信息环境的影响下，学生容易丧失自我判断的能力，是非判断能力的缺失，使得学生对高校思想政治课的内容认同感不足，知识接收不足，并在自媒体影响下，由此形成恶性的循环，严重影响了教学的质量和教学的效果。法律意识是思想道德教育中的重要组成部分，所以辅导员在教学的过程中不仅要从自媒体的内容出发，培养学生对信息的判断，在教学中还应对媒体中出现的"违法"案例进行分析，从失德的言行中培养学生正确的道德品质。培养学生的网络法律意识，使学生在发展过程中更具有全面性，同时使思想政治教育的内容更具有实际性，与此同时，要向学生宣读我国最新出台的法律政策，强化学生的法律意识，促进高校思想政治教育课程的发展。并且，针对学生的具体情况，开展网络案例分析，对失德行为进行评判，培养学生的是非判断能力，同时培养其法律意识。

第七节 校园危机事件应对

一、校园危机事件内容分析

虽然危机具有突发性和难以预防的特点，但危机事件其实也是有迹可循并可以预防和提前杜绝的。当代大学生身处网络时代和社会飞速发展的新阶段，其价值观、人生观、世界观逐渐被影响和改变，物质的诱惑、网络的引导、环境的带动都对学生的思想和行为产生影响，网络的发达使得学生的生活更加封闭，"宅文化"横行一时。以上种种都会导致校园危机事件发生。归纳总结校园危机事件，主要有以下几方面。

（一）校园暴力危机

校园暴力危机包括隐形或显性的学生暴力事件、冷暴力事件、校园人身伤害事件等。当代大学生厌世、厌学的特征非常突出，其生活环境和条件较为优厚，从小养成以自我为中心的性格特点，心理承受能力和抗挫折能力有限，自尊心强，因此，校园暴力事件时有发生。

（二）人身意外事件和网络电信诈骗事件

人身意外事件是指学生在日常学习、生活或运动中突发性的人身意外，例如，风靡一时的户外运动和跑步运动中发生的人身意外；网络电信诈骗事件，例如，传销、借贷、电信诈骗等。

（三）校园安全类危机

校园安全类，包括消防安全类和自然灾害类等，我国的教育系统从幼儿园开始就在普及这类事件危机预防知识。例如，校园踩踏事件、校园火灾、地震、洪水等自然灾害。

（四）传染性疾病类危机

2003 年的非典型肺炎、2020 年的新型冠状病毒肺炎，都是大规模的传染性疾病，校园属于密集型的群体聚集地，一旦基本工作有所疏漏，传染性疾病从一开始发生到迅速发展将造成难以遏制的后果，这类校园危机的预防尤为重要。同时，传染性疾病类危机还包括食品安全、卫生安全、用水安全等。

二、辅导员解决校园危机事件的现状

（一）高校辅导员应对校园危机事件取得的成绩

近年来，国家层面出台一系列政策措施加强高校辅导员队伍建设，制度建设不断推进，各高校也把辅导员队伍建设纳入学校发展规划大计，开始着力推动辅导员队伍建设迈上新台阶。目前，我国辅导员职业能力素质大幅度提高，应对突发事件和危机事件的能力显著提高，为高校校园和谐稳定做出了重要贡献。

1. 思想上高度重视

突发事件不仅引起了政府、高校的高度重视，危机理念业已得到高校辅导员的普遍认同，辅导员非常重视校园突发事件的应对，其主要表现在辅导员将安全稳定工作放在第一位，并非常注重对学生进行安全教育。

2. 态度上积极准备

大部分高校在做好防范体系的基础上也开始进一步完善预案类型，并加强了应急体系的规范化运作。高校辅导员也深刻认识到，要做好校园突发事件的应对工作，必须有较为完善的应急预案以指导实际的应对处理工作。

3. 行动上快速应对

作为获知突发事件信息的第一人，辅导员如不能快速反应，积极应对，其消极影响可能波及更广，甚至导致危机升级。不管是在辅导员群体、学生群体的问卷调查中，还是与学校相关部门领导的访谈中都能发现，辅导员对突发事件的反应非常迅速，在处理突发事件上的快速反应能力得到了显著提高。在初步参与突发事件工作维度上，发现学生对于辅导员的快速反应能力评价最高。

（二）高校辅导员应对校园危机事件中存在的问题

1. 辅导员应对校园危机事件的意识问题

树立科学的突发事件应对理念，培养强烈的突发事件危机意识可以有效减少大学生危机事件发生的可能性。长期以来，我国高校突发事件应对理念发展相对滞后，突发事件的危机意识淡薄，对突发事件应对的理解上存在一些误区。部分高校辅导员对正常情况下的日常管理非常重视，而对紧急情况下的突发事件管理的重视程度不够，突发事件管理的意识淡薄，认为突发事件预案的编制是学校层面的事情，自己只是单纯的执行者，甚至认为学生突发事件的处理与自己关系不大。部分辅导员还存有侥幸心理，认为学生一旦发生了事情，校方一定会出面解决，事不关己，推卸责任。

具体表现在：一是封闭自守观。认为高校大学生突发事件是在特定的组织单位内产生，并且发生在特定的主体上，与外在社会、家庭等因素无关，无视了高校大学生突发事件产生诱因的社会因素。甚至对高校出现的大学生突发事件，采取舆论封杀，实行信息封锁等手段，将事件控制在学校范围内。二是固化模式观。一方面认为大学生突发事件与学生事务是对立的、水火不容的，学生事务不能容许学生突发事件的存在和发生，片面地认为如果发生了大学生突发事件，则是学生管理工作的失职。实际上一所高校的稳定发展，并不能排除部分环节出现这样那样的冲突，只不过这些矛盾和冲突暂时没有破坏稳定性，没有以突发事件形态表现出来。另一方面该观点认为突发事件应对就是在突发事件发生以后进行处理，出现突发事件的大学生或者群体就是不好的个体或群体。三是机会主义观。一方面高校辅导员期盼在某一时期内学生不出事，不出乱子，就能够营造祥和的氛围，从而导致有的辅导员在应对大学生突发事件时，不积极主动参与决策指挥，不愿曝光问题和矛盾，采取压制堵截方式，致使矛盾堆积。

2. 辅导员应对校园危机事件的机制问题

（1）危机预警机制问题

预警机制在校园突发事件处置过程中发挥着关键作用，高校辅导员一般都是超负荷工作，学生管理工作量严重超额，学校各相关部门凡是涉及学生的工作，都需要辅导员出面协调沟通，一时间高校辅导员俨然成了大学生的事务保姆，大量的、繁重的日常工作导致辅导员无法顾及学生的细微变化，辅导员面对学生的日常诉求往往不能深入调查，而是简单处理完事，只要学生不出事，辅导员工作得过且过，根本没有精力去建立危机预警机制，出现问题只能被动接受被动处理。

（2）信息沟通机制问题

高校辅导员面对数量庞大的学生群体，很难做到事事亲力亲为，在获取学生基本情况时只能被动的依靠学生干部，在信息传递过程中往往会把关键信息过滤掉，甚至有的学生干部报喜不报忧，辅导员无法准确掌握学生思想动态。互联网与自媒体的融合背景下，不管是辅导员还是大学生都乐意在网上获取自己所需要的信息，微信、抖音、快手、QQ、论坛贴吧都成了大家获取信息的渠道，辅导员完全可以利用这些平台建立同大学生信息交流互动的渠道，实际工作中，高校辅导员往往缺乏同学生的信息沟通，不能在突发事件发生过程中第一时间了解事件全过程，甚至事后才发现突发事件，这种信息沟通机制不健全的状态，严重阻碍了辅导员对整个事件的监控，从而造成事态发展更加不明确。

（3）危机联动机制问题

高校校园突发事件的处置过程需要学校各部门共同参与，尤其需要学校领导居中协调指挥，学校保卫、后勤、学工、团委、纪委、妇联、工会以及院系都要联动参与。校园突发事件尤其是涉及学生生命财产安全的恶性事件社会影响较大，如果处理不当很可能造成连锁反应，对整个学校的正常秩序产生不良影响。校园突发事件不可能仅仅依靠学生本人和辅导员就能简单处置，这里面牵涉方方面面的问题，需要全校各部门联动处理，但是现实中，有些高校缺乏联动机制，相关部门在突发事件发生后不是主动承担责任而是互相推诿。

3. 辅导员应对校园突发事件的能力问题

（1）危机意识不强

现在的高校辅导员很多都是年轻人，刚刚硕士毕业就进入学生管理岗位，自身的社会经验和人生阅历不足，缺乏危机意识，长期生活在安逸的环境中容易滋生松懈思想，认为突发事件离自己还很远，没必要把自己的工作和学生日常搞得那么紧张，同时高校辅导员缺乏危机意识的培训，平时只注重日常管理工作能力的提升，从而忽视了危机意识的培养。高校辅导员危机意识的提升有利于防范和化解校园突发事件，紧紧依靠个别领导和关键个人的临时指挥，或者紧紧依靠领导的个人经验和阅历处置突发事件，让辅导员处在旁观者位置是不可取的。

（2）专业能力不强

高校辅导员的专业背景多样化，理工科和人文社科领域都有涉及，多元化的专业背景有利于辅导员应对各种学生管理工作，可以从多重角度丰富和拓展辅导员职业能力，但是辅导员专业背景的多样化还有一个明显的弊端，那就是专业能力不集中，没有接受系统化的专业培训，导致辅导员业务能力不尽相同，管理水平良莠不齐，缺乏必要的心理和应急能力素质提升训练，辅导员在面对校园危机时间过程中往往会急功近利，缺乏冷静分析的能力，不能有效地遏制事态的发展，严重影响突发事件的处置。

三、辅导员面对校园危机事件的解决方法

（一）角色定位准确，加强管理服务意识

在教育部公布的《普通高等学校辅导员队伍建设规定》中，对辅导员是开展大学生思想政治教育的骨干力量，是高等学校学生日常思想政治教育和管理工作的组织者、实施者、指导者。辅导员只有把自己的角色定位好，才能在工作中理清头绪。遇到突发事件时，能够靶向工作，有效把控，进一步提高管理服务意识。

（二）理清职责界限，加强工作针对性

在教育部公布的《普通高等学校辅导员队伍建设规定》文件中，对辅导员的工作有具体的要求，辅导员在工作中不能稀里糊涂眉毛胡子一把抓，分不清工作主线；学校有关管理部门也应该认定清楚职责，虽说辅导员是处于学生工作的第一线，只要涉及学生的工作就离不开辅导员，但是也要有所侧重，不能事事都抓辅导员这条线，长此以往，辅导员工作疲惫不堪，工作界限不清，会存在很多隐患，特别是在校园危机发生后，辅导员可能会手忙脚乱，工作职责混乱，耽误控制事件的最佳时机。

（三）敢于打破传统教育模式，勇于创新

当代大学生，思维活跃，知识面广，获取知识的途径有很多，很容易掌握某些事件的最前沿知识，所以辅导员在对学生的思想教育方面就要下功夫。传统的填鸭式思想灌输教育很有必要，反复教育，可以给学生增强记忆，加深印象，让

学生在潜移默化的作用下内化于心外化于行。同时，为了获得更好的效果，辅导员需要创新教育理念和方式，比如翻转课堂，把课堂交给学生，让学生上讲台来宣讲，教师做适当的引导和总结；也可以分组讨论式教育教学，让安全教育和思想教育以潜移默化的方式渗透给学生；也可以举办安全教育等为主题的辩论赛、校园危机事件知识竞赛等多种多样、丰富多彩的形式，最大限度地调动学生的积极性和学习热情，更好地将社会基本道德、规范、公约、守则、校园安全知识等思想教育知识潜移默化地让学生入脑、入心，最后内化于行。

（四）强化辅导员应对危机事件的能力培养

高校辅导员肩负着立德树人的育人职责，培养德智体美劳全面发展的新时代大学生是高校辅导员义不容辞的责任，作为大学生成长成才道路上的指路人和引领者，高校辅导员在日常学生管理工作中要自觉增强危机意识，善于从大学生思想意识和行为举止上的细微变化中察觉到潜在的风险，针对潜在的校园突发事件，要发挥思想政治教育的预测功能，对其做出综合分析和研判。

1. 危机意识和预防能力的提高

校园突发事件的应对和处置是高校辅导员的工作职责，是国家层面对高校辅导员提出的能力要求，校园突发事件具有突发性和不确定性的特点，在一般情况下很难对校园突发事件做出准确的预测预警，然后采取必要的措施防范和化解突发事件的发生。另外，校园突发事件往往会造成一些不良后果，事态严重的，能够影响高校正常教学秩序的进行，对高校师生正常的权益造成一定程度的损害，甚至使大学生生命财产安全受到损害，因此高校辅导员要高度重视校园突发事件的处置，自觉提升自身的危机意识。居安思危，防患于未然，危机管理和危机意识是现代人从事管理工作必须具备的基本素质，一个国家只有具备了危机意识才能奋发图强，一个企业只有具备了危机意识才能置之死地而后生，高校辅导员具备了危机意识才能运筹帷幄，高校辅导员的危机意识培训和提升显得格外重要。高校辅导员在大学生日常管理工作中要加强危机意识教育，面对危机局面，引导大学生合理解决，经常开展危机意识宣传教育，召开主题班会对危机意识开展辩论讨论，对班级干部也要加强危机意识能力的培训，要求学生干部做好辅导员的参谋助手，及时收集大学生的思想动态，对于同学们之间出现的矛盾焦点要迅速上报辅导员以免酿成矛盾激化，高校辅导员要深入大学生中开展经常性的谈心谈话，及时关注重点学生的思想表现和行为举止异常情况，揪出埋藏在同学们中间的各种矛盾隐患和不良倾向，把突发事件的苗头及时扼杀在萌芽状态。高校辅导员在防范校园突发事件处置的过程中还要努力提高预防能力，这个预防能力可以理解为针对突发事件本身的预防，也可以理解为针对高校辅导员能力不足方面的积极预防。校园突发事件的发生虽然具有突发性，但是其事发前一段时间内必然呈现出明显的征兆，高校辅导员如果能在事发前发现这些突发事件的蛛丝马迹，通过已有的预警系统提前介入处置，尽可能地把突发事件发生的概率降低，这就需要高校辅导员在日常学生管理工作中提前布局，充分发挥学生干部的积极性，建立师生信息反馈机制，以寝室为单位组成网格化管理模式，各个网格节点都有一个负责人负责该网格的信息传递，把筛选过的有用信息及时反馈到辅导员这里，只要突发事件出现萌芽的苗头，高校辅导员就可以提早获知这种信息，分析研判是否会演变成突发事件，为后期决策提供咨询。高校辅导员防范校园突发事件的预防过程不能单单依靠辅导员个人的力量，高校必须建立分级分段的预警机制，从学校层面加强顶层设计，制定详细的预警处置方案，各部门、各院系、各班级都要制定具体的预警处置方案，学校要进行不定期预演模拟演练，高校辅导员要借助这些预警演练蓝本逐步提升自身的危机意识和突发事件的预防预测能力。

2. 理论知识和应对技巧的提升

目前，我国高校辅导员年轻化、专业化、知识化、职业化水平不断提高，一方面专业背景多样化有利于优化高校辅导员的知识结构，多角度、多层次、多维度开展大学生思想政治教育工作；另一方面专业背景多样化弱化了高校辅导员的专业化基础，尤其是缺乏系统的危机管理和危机意识的专业理论知识的学习深造，因此在防范校园突发事件过程中缺乏必要的应对技巧，这都是高校辅导员亟须提升的能力。高校辅导员不能只满足抓具体的事务性工作，也不能仅仅靠经验和阅历处置突发事件，高校辅导员必须具备扎实的有关危机管理和危机意识能力提升的专业理论知识，高校辅导员经常会参加一些学生工作培训或者学术研讨，这些都集中在具体的学生事务或者队伍建设方面，很少有关于危机管理理论或者危机意识能力提升的培训提供给辅导员专研学习，因此需要高校辅导员在工作之余加强自觉学习，自主学习的能力，多学习一些突发事件的相关法律法规知识，遇到突发事件要坚持依法处置而不是凭个人喜好或者凭感观解决问题，高校辅导员的研究能力较强，要立足突发事件发生的内在规律深入研究整个突发事件发生的必然性，从中找出必然的规律，形成规律性认识，从而提升高校辅导员的应对突发事件的理论功底。高校辅导员要自觉提升自身的知识储备，除了学习突发事件相关的理论知识和实用技巧以外，高校辅导员还要加强多学科知识的储备，突发事件的处置还需要心理学、社会学、艺术学、管理学、教育学等多学科体系的支撑，高校辅导员只有系统学习和掌握多学科知识体系，才能成为一个复合型管理人才，增加知识储备的同时还能够提升应对突发事件的技巧，高校辅导员要利用学习的多学科知识善于研究突发事件的相关元素，借鉴曾经发生过的校园突发事件的前因后果，分析研判各环节的具体特征，总结分析系统化的规律性认识，作为今后处置相同案例的范式进行推广使用。应对技巧的提升有赖于高校辅导员自身素质的提高，尤其是防范校园突发事件过程中的实务操作，这种能力的提升不是一朝一夕的事情，需要高校辅导员勤于总结经验，增加阅历，同时要经常参加相关培训学习，深入公安、消防等突发事件多发地方参观考察，申请参加高层次学术研讨，学习借鉴本领域前沿理论和发展趋势，积极参加突发事件应急管理系统的预警演练和演习活动，高校辅导员不仅仅要成为校园突发事件处置领域的专家，而且还要成为突发事件应对技巧的专家，双管齐下，持续提升高校辅导员的理论知识和应对技巧。

3. 信息沟通渠道的有效掌控

校园突发事件的发生不是偶然的，其背后牵涉复杂的关系和人群，高校辅导员作为校园突发事件的第一责任人，也是第一负责人，他们是最关心突发事件发展态势的群体，突发事件发生后会出现庞杂的信息，如果不能加以甄别和管控，一些失实信息甚至谣言就会充斥在社会舆论中，为突发事件的合理解决增加困难，因此高校辅导员在应对高校校园突发事件过程中必须有效掌控信息传播，畅通信息传递和沟通渠道，营造良好的舆论氛围有利于正确快速处置突发事件。高校辅导员是离大学生最近的群体，彼此年龄相仿，阅历相仿，容易产生共同语言，大学生很乐意同辅导员进行沟通交流，高校辅导员要利用有利地位和优势条件，保持同大学生的有效沟通，利用各种传媒手段同大学生建立信息联系，要把大学生放在首要的位置去考虑，以生为本，用大学生的话语体系同他们进行有效沟通往往能起到事半功倍的效果，辅导员要坚持正面引导，培养大学生积极向善，不传言不信谣，信息发布以学校官方为主，不去占用公共媒体资源，畅通师生沟通渠道，保证传播的各种信息准确无误。充分发挥学生干部作用，学生干部是大学生同辅导员沟通的纽带和桥梁，班级干部要积极观察班级同学细微变化，及时向辅导员报告班级学生各种动态，对于班级需要重点关注的学生可以派学生干部盯岗，把第一时间出现的危机苗头及时上报。高校辅导员要发挥学校同学生家长沟通的纽带作用，认真做好家长的思想工作，做好疏导和安抚工作，对于突发事件中牵涉的学生家长，尤其是学生受到身体伤害的家长，辅导员要专门负责接待，了解家长诉求，负责任的把事情的前因后果告知家长，对于家长提出的合理诉求辅导员要认真对待，及时给予答复，对于家长提出的无理要求，辅导员要耐心做思想工作，做好说服工作，不能把事态扩大化，保持家长诉求渠道畅通。高校辅导员要严控突发事件不实信息的传播，发动学生干部密切关注学生言论和新闻媒体动态，对于网络上的不实之词要进行坚决回击，对于不明情况的造谣行为要及时报警，交给公安机关依法处置，辅导员要积极引导学生关注事件的正面影响，不对自己不熟悉的情况发表虚假言论，增加突发事件解决的难度，辅导员对信息渠道的管控比较重要。

第八节　职业规划与就业创业指导

一、大学生职业规划的价值

（一）确定未来目标

对大学生进行职业规划，能够帮助其树立未来的职业方向，了解可能从事的行业和在行业中可能担任的角色。如果大学生能够了解这些内容，就会对未来的目标更加明确，从而让未来的每一分每一秒都朝着这个目标努力。

（二）制定发展路径

为大学生制定职业发展路径，能够让学生更加清楚想要达成某个职业的晋升之路，需要经历哪几个阶段。只有了解这些内容，才会对每个阶段应该学习的课程和需要掌握的技能更加明确，进而在职业中有更好的发展。

（三）完成教育任务

大学阶段是学生脱离学校与社会直接接触的重要时期。在这个时期，学生依然有繁重的课业任务，而大学生职业规划是学生课业任务中的重要环节。教师应该针对这个环节与学生认真沟通，帮助学生梳理职业规划中的种种问题。

二、大学生就业创业指导

（一）开展大学生就业创业指导的必要性

目前各行各业的竞争逐渐激烈，大学生的就业压力逐年上涨，使得国家开始高度重视毕业大学生的就业问题。各大高校意识到解决毕业生的就业问题刻不容缓，因而高校针对此类问题开展了大学生就业创业指导，目的是为毕业生提供一些就业渠道和就业机会，以缓解学生就业的压力。

学校通过开展大学生就业创业指导，可以帮助学生有效提高思维能力，在上课的过程中教师可以教给学生一些相关的创业技巧，同时还能帮助学生全面发展。学校在对学生进行创业就业指导的过程中，能不断培养学生的奋斗精神与拼搏精神，在一定程度上帮助学生树立了正确的人生观念，还会进一步加强遵纪守法的观念。另外，学生毕业后想要在社会上更好地生存，就需要有人对其进行引导，而学校针对毕业生开设就业创业指导，恰好可以引导学生逐渐步入社会。通过大学生就业创业指导，学生懂得如何在激烈的社会竞争中生存，也会在社会主义建设中发挥自己的最大作用，增强自信心。对学生而言，学校开设大学生创业就业指导有十分重要的意义。通过就业创业指导，学生会对将来的职业有一个清晰的规划，在学校就业指导教师的帮助下，可以更快速地了解目前的就业形势，从而更好地就业。

（二）大学生就业创业指导工作中存在的问题

目前，我国社会经济发展出现很大变化，大学生所面临的就业市场也发生一定的改变，从而导致大学生就业受到较大影响，主要体现在以下几个方面。

1. 大学生缺乏互联网思维

部分大学生对于"互联网＋"时代理解认知不足，将"互联网＋"时代简单地理解为计算机网络，而没有认识到"互联网＋"对于就业市场的影响，从而难以利用"互联网＋"时代特点为自身就业提供指导，在就业创业过程中，缺乏互联网思维，是影响当前大学生创业就业的重要因素。"互联网＋"时代并不是简单的网络化，而是网络技术对创业就业市场产生了深刻影响，大学生需要准确把握"互联网＋"时代的基本特点，结合自身优势和长处，提高就业创业能力。

2. 忽略数据的重要性

如今，数据已经成为重要的生产资料，数据能够更加直观、深刻地展现出就业创业市场的基本发展形势和实际需求，然而部分高校和大学生缺乏对数据资源的重视，没有充分认识到数据资源的价值，所以没有将数据资源运用在大学生就业创业指导中，导致指导工作缺乏科学性，学生所获取的指导中就业率、就业趋势、行业发展前景等信息不够充分，对于就业创业指导工作产生很大的负面影响。

3. 就业创业指导体系缺乏创新

综合来看，当前我国大部分高校都开设了就业创业指导专业课程，对学生未来职业生涯规划能够提供一定的指导，使其明确自身就业发展方向。但是，就业创业指导工作却没有相应创新，依然采用传统理论课程开展指导工作，从而导致学生获取的有价值的信息较为有限，就业创业指导中部分知识已经落后，导致大学生就业创业能力不足，需要不断加强就业创业指导体系创新，满足学生多项就业创业学习需求。

三、辅导员在大学生职业规划与就业创业指导中的作用

（一）有计划地安排学生参与实践活动

作为活动的组织者和引导者，在管理的过程中，辅导员应该从学校的方针政策出发，探索专业学习与社会实践相结合的管理模式。在学生的寒暑假，辅导员应该有步骤地安排学生去参与相关的实践工作，对学生进行培训和指导，这能够有效地提高学生的就业实践能力。

此外，在教学的过程中，辅导员也可以举办模拟招聘活动，使学生们参与应聘演习，在这个过程中，能够使学生们把握自身所存在的就业缺点，从而不断提高自身的就业技巧。其次，通过各种实践活动，能够有效提高学生的就业实效。对于大学生来说，辅导员是他们健康成长的导师，是他们知音、朋友。辅导员要

加强与学生的交流和沟通，对学生的学习情况、综合素质等进行一定的了解，深入了解学生的性格、心理特征，并做好目标规划工作。对这些信息进行了解以后，高校辅导员可以掌握学生的就业意向和就业能力。在就业指导的过程中，高校辅导员可以从学生的情况出发，对其进行个性化的就业方案的制定，这能够提高就业的针对性。在就业的过程中会出现一系列的问题，如专业对口、发展前景等，这些问题会使毕业生变得更加迷茫。作为高校辅导员在这个过程中要与学生进行深入的交流和沟通，对这些问题进行理性地分析，并提供可行的建议。通过这样的过程，能够加强师生之间的交流，同时也能使辅导员像朋友一样给予学生一定的意见，帮助学生提升自己，这样也能提高辅导员的就业指导的可行性。

（二）注重对学生职业规划的引导

作为辅导员，要想更好地开展职业规划教育，应该从低年级开始。在这个过程中，辅导员可以将社会人力资源与服务机构等知识渗透其中。在高校中开展一定的规划培训，如可以通过讲座、测试等方式，帮助学生更好地找到自身的生涯目标，并制定相关的指导方案。生涯目标合理化是迈向成功的第一步。在这个过程中，辅导员要根据学生的性格特点，对学生的职业生涯目标进行确认，同时利用社会中各种的有利元素，有计划地去实现这个目标。对于高校来说，辅导员在这个过程中所掌握的信息对高校就业工作的开展极其重要。当辅导员在就业指导过程中遇到问题的时候，高校需要客观对待。在这个过程中，学校要加强对辅导员的培训，提高他们的素质，从而使辅导员更好地发挥自身的作用，提高就业的数量和质量。就业问题与学生的个人发展、社会的稳定有着紧密的关系。作为高校辅导员，要意识到就业指导工作所具有的重要意义，对就业形势进行深入分析，在思想上加强对学生的引导，从而使学生重视就业指导工作。在日常管理过程中，高校辅导员可以将就业指导工作与管理工作进行有机结合，从学生的专业出发，对学生进行择业观等方面的教育。此外，辅导员也可以加强对学生的诚信教育、责任教育等，从而使学生们能够树立正确的就业理念，更好地开展就业工作。

高校除了要加强对辅导员的管理和培训以外，也要加强对辅导员的就业引导，使辅导员能够对当前的形势有一定的了解，能够从社会需求、资源信息等方面出发，提高自身的综合素质，从而使就业指导工作能够更具有针对性，促进大学生更好地就业。对于大部分高校来说，他们都设有就业指导中心。辅导员在这个指导中心一般都是兼职，这个就业指导中心是以全校学生就业共性开展工作的，它没有考虑学生的专业特点，过于广泛，因此对于高校辅导员来说，他们应该将就业指导工作与自身的日常工作进行有机地联系，将学生的专业教育与素质教育进行有机地联系，加强对学生的就业指导，从而提高就业指导的实效性。在这个过程中，高校也可以建立一定的考核机制，对辅导员的就业指导情况以及就业状况进行考核，并纳入相关的指标体系，这能够引起辅导员对指导工作的重视。高校的辅导员是学生就业工作的引导者，在这个过程中，要遵循以学生为本这一核心，做好相关的服务工作。高校辅导员必须保证自己服务态度的端正，服务方式的合理性，并提高自身的服务质量。在服务的过程中，高校辅导员也要与时俱进，对自身的指导理念进行不断改进。例如，对于新生来说，从他们进校开始，辅导员可以建立就业指导档案，对学生的表现、综合素质等进行考核，并对学生的职业规划进行一定的调研。在教学过程中，高校辅导员也可以开展就业政策宣传、模拟培训。当学生毕业的时候，可以根据其档案和职业规划为他制定一套可行的指导方案。

（三）注重不同专业学生综合素质的培养

不同专业具有不同的就业需求，高校辅导员可以从学生的专业出发，不断提高他们的综合素质，这能够为他们以后的就业打下良好的基础。在这个过程中，学校可以安排一定的指导课程，对学生进行有效的指导。考虑不同年级具有不同的需要，高校可以每学期都开设一门职业规划课，使学生们能够意识到职业规划所具有的积极意义，并能够掌握相关的方法和技能。在对学生进行职业规划教育的过程中，辅导员要鼓励学生挖掘自身的先天素质和潜力，并能够找到适合自己的位置。

此外，高校辅导员也可以设置相关的课程内容，将教育与修养等进行有机地结合，通过积极互动等多样化的方式，使学生们能够更好地认识自我，并确立自身努力的目标，不断提高自身的综合素质。在上课的过程中，辅导员可以采用多样化的训练模式，如模拟简历制作、模拟面试等。此外，辅导员也可以邀请已经毕业的校友或专业人士与学生进行交流，并开设相关的讲座。为了紧跟时代发展的潮流，高校辅导员要加强对自身的专业化教育，不断提高自身的能力，这样才能更好地发挥对学生的指导作用。

（四）使大学生能够更好地认识自我

对于大学生来说，使他们能够对自身有清晰的认识十分重要，当他们知道自己想做什么，能做什么的时候，他们才能更好地对自身的职业进行规划，对自身进行明确规划，这样才不会让他们感到迷茫。例如，对于物流专业的学生来说，很多学生并不知道自己毕业后要去做什么，辅导员可以发挥自身的引导作用，帮助学生进行正确的职业规划，使学生能够正确地认识物流这个专业，避免他们产生职业误区。

第九节　理论和实践研究

高校辅导员是高等学校教师队伍的重要组成部分，是从事学生思想政治教育的骨干力量，是大学生健康成长的指导者和引路人。教育部在《关于加强高等学校辅导员、班主任队伍建设的意见》中明确提出：加强辅导员队伍建设是加强和改进大学生思想政治教育和维护高校稳定的重要组织保证和长效机制，对于全面贯彻党的教育方针，落实大学生思想政治教育的各项任务具有重要意义。高校辅导员开展科研工作，有利于思想政治教育工作的开展，有利于学校不断创新思想政治教育的新方法、新途径，有利于辅导员个人更好地发展成长。新时代大学生在思想意识、生活方式以及行为习惯等方面都出现了与过去不一样的新情况。作为从事大学生日常管理和服务工作的辅导员在开展大学生思想政治教育工作的过程中必然会遇到各种各样的挑战，为使大学生的思想政治教育让学生满意、家长放心、社会认可，辅导员工作必须从传统的保姆式向以研究为基础的探究模式转变，顺应时代对辅导员工作提出的新要求。

大学生身心发展的特点，决定了从事学生思想政治教育工作的辅导员必须具备一定的理论深度和知识广度，做先进知识的接受者和传播者。同时。还要通过对理论知识的领悟去引导学生，逐步提高自身综合素质《普通高等学校辅导员队伍建设规定》对辅导员工作提出了明确要求。即认真做好学生日常思想政治教育及服务育人工作，加强学生班级建设和管理；遵循大学生思想政治教育规律，坚持继承与创新相结合，创造性地开展工作，促进学生健康成长与成才；主动学习和掌握大学生思想政治教育方面的理论与方法，不断提高工作技能和水平；定期开展相关工作调查和研究，分析工作对象和工作条件的变化，及时调整工作思路和方法；注重运用各种新的工作载体，特别是网络等现代科学技术手段，努力拓展工作途径，贴近实际、贴近生活、贴近学生，提高工作的针对性和实效性，增强工作的吸引力和感染力。

教育部制定实施的《高等学校辅导员职业能力标准（暂行）》明确将理论研究纳入辅导员的职业能力之中，并对初级、中级、高级辅导员应具备的研究水平做了相应说明。

近年来，国家始终在坚持推进高校辅导员队伍专业化、职业化发展，辅导员具有教师和管理干部的双重身份，教学和研究也是辅导员必须开展的工作内容。事实上，辅导员工作实务与教育学、管理学、社会学、心理学等学科密切相关，辅导员将工作经验总结加以研究，上升到理论成果的层面后，有助于进一步指导相关工作。因此，理论研究对于辅导员来说非常有意义，也是非常重要的。

除此之外，辅导员开展实践研究工作也具有一定的意义，主要有三个方面：其一，工作的需要。当前，大学生思想政治教育的环境、方式、方法都在不断变化和发展。辅导员面对的是形形色色的不同对象，甚至还包括家长和社会其他人群，开展实践工作，可以进一步总结经验，分析问题，提炼具有实践意义的操作模式和工作理念。其二，队伍建设的需要。目前，全国高校的辅导员大多数都是毕业不久的本科生或研究生，整体呈现出年纪轻、学历高、热情高、经验不足等特点。目前我国辅导员队伍建设发展不一，辅导员工作的机制还不完善。其中比较突出的一点就是绝大多数辅导员日常工作纷繁复杂，对于工作疲于应付，忽视了实践研究。其三，时代对辅导员的要求。当今时代信息化发展十分迅猛，知识更新速度快，大学生思维异常活跃，接受新生事物快。这些时代环境的变化，对辅导员的工作提出了更高的要求。辅导员只有不断开展实践研究才能紧跟时代的步伐，不被社会淘汰。综上所述，辅导员在开展日常理论工作的同时，积极开展实践研究工作也具有十分重要的现实意义。

第五章 高校辅导员工作的主要方法

高校辅导员工作目标的实现、工作效果的好坏，都离不开工作方法的指导，工作方法也要随着时代背景与条件的不同与时俱进、创新发展，才能保持高校辅导员工作的生机与活力，发挥高校辅导员应有的功能，实现其价值。本章分为高校辅导员工作方法概述，高校辅导员工作方法的演变，高校辅导员工作方法的创新三个部分。主要包括高校辅导员工作方法类型和特点，高校辅导员工作方法的演变规律和发展趋势，高校辅导员工作方法的创新必要性和策略等内容。

第一节 高校辅导员工作方法概述

一、高校辅导员工作方法的类型

（一）谈心谈话教育法

谈话在社会中是人与人之间沟通和交流的基本方式。人作为社会环境中的个体，通过沟通和交流，与周围的其他人和事物之间产生了相应的联系，而谈话在这个过程中就起到纽带的作用。从大学生思想政治教育中，谈话是开展思想政治教育的主要手段和形式，也将教育的内涵成功转达给受教育者。

辅导员是大学生思想政治教育的主要教育者，在进行日常思想政治教育过程中，与学生进行沟通和交流，开展谈心谈话工作是辅导员的主要工作方式与方法。相较于校园文化的宣传和各式各样的活动，辅导员的谈心谈话工作是开展大学生思想政治教育，进行价值观引导的最直接方式，也是辅导员运用的最广泛的工作方式。

谈心谈话作为辅导员开展大学生思想政治教育和价值观引导工作的主要方式

和重要手段，通过对大学生群体的关注和分析，牢牢掌握大学生的思想动态、个体发展，通过相对轻松的聊天和谈心等方式，以学生个体所面临现实的问题、学生突发的变故等作为谈话缘由和内容，并以此来帮助大学生解决困难，树立自信，建立理想的师生关系，并帮助大学生成才成长。

在辅导员谈心谈话的实际过程中，辅导员的最终目的就是让大学生心理过程发生变化，解决困惑，用自己的意志力更好地去发现问题、面对问题、解决问题，同时逐渐学会进行自我反馈，促使自身的成长成才。辅导员的谈心谈话工作应当结合学生成长规律，针对不同年级、不同背景、不同类型学生开展不同类别谈心谈话，促进大学生优秀思想品德的培育和价值观引导。

谈心谈话是高校辅导员要牢牢掌握且必不可少的工作方式，在帮助、引导大学生学习生活、成长的过程中起到了重要的作用。随着大学生的学习方式、生活方式、交往方式等发生的变化，辅导员谈心谈话可以从根本上找寻学生产生价值困惑的原因，更好地引导和帮助大学生树立正确的价值观，客观认识并接纳自我，为实现远大理想而奋斗。同时，辅导员谈心谈话工作能够较为清晰地发现学生存在的价值观困惑、价值表现的问题，摸清思想动态，进而进行积极、有效的价值观引导。

谈心工作是高校辅导员谈心谈话工作的重要开展形式，作为学校思想政治教育的特色工作，辅导员采用面对面谈心谈话的工作方式解决大学生的现实问题，并通过一套科学完备的谈心谈话工作表格和学生个性发展分析报告、案例，准确把握学生群体与个体的特点，是辅导员密切联系学生，扎实推进思想政治教育工作的重要举措。谈心工作在辅导员队伍中的进行、完善，有效保障了学校思想政治教育工作的顺利开展。通过谈话增进了辅导员对学生的了解及与学生谈话节点的把握，加强了辅导员对学生的个体指导。

（二）榜样教育法

对榜样教育的概念目前我国学术界也还没有明确统一的界定。一些学者从不同的角度出发对榜样教育概念进行了归纳，主要分为两方面，一是认为榜样教育是一种教育方法，二是认为榜样教育是一种教育活动。学者们对榜样教育概念众多界定中都包含了榜样、教育者、教育对象、教育活动这些要素。可见榜样教育既是一种教育活动，又是一种教育方法。榜样教育是教育者以教育目的为出发点，在尊重受教育者身心发展规律的基础上，利用榜样的行为、思想来影响、激励受教育者，使受教育者自觉学习领会榜样精神，自觉践行榜样行为的一种教育方法。

教育方法，是指教育者为达成目的，使学习者掌握教学内容而采用的方法。要使教育功能最大化，不仅要灵活采用榜样教育方法，还要看榜样教育方法是否多样、是否注重教育对象的主体性特征。榜样本身是先进思想、行为的代表，散发着无穷的魅力。榜样教育不仅要使学生对榜样人物的行为事迹、精神品质、能力等有客观正确的认知，更要激发教育对象对榜样的情感认同，这就要求在榜样教育过程中要灵活运用榜样教育方法，走进其内心，提升教育效果。因此在实际的教育过程中，必须充分考虑到当代人们的思想观念发生的深刻变化，尤其是高校学生独立意识强、个性越来越鲜明，有自己独特的活跃的思想特征。在榜样宣传教育上，应当尊重教育内在规律，避免采用"灌输式"教育，而是要运用教育对象较为感兴趣的教育方法，如情感教育法、网络教育法等，在提高教育对象对榜样人物行为事迹、精神品质、能力等客观认识的基础上，激发教育对象对榜样人物发自内心的认同、认可、钦佩等情感，提升教育效果。

1. 理论灌输法

采用理论灌输法，并不是机械式、教条式、空洞式地向学生宣传榜样人物与事迹，而是要坚持以下两个方面。

（1）教育者要坚持正确的榜样教育灌输理念。正确的榜样教育灌输理念是榜样教育取得成效的关键，也是高校开展榜样教育的前提。采用理论灌输方法，高校辅导员首先要改变传统的"我讲你听"榜样教育理念，将其变为"对话"式教育，提高学生的主体地位。学生在接受榜样教育的过程中，与教育者是同等重要的，学生在这个过程中具有能动性，对于所接收到的榜样理论知识能够进行分析、判断并根据接收到的榜样人物精神品质与自我进行对比，进而学习榜样道德品质效仿榜样行为。而教育者要树立正确的榜样教育理念，在进行榜样教育时，注重运用理论的灌输引导作用，把握好正确的思想方向，给学生留出更多的时间，让他们自己对榜样相关理论进行分析、判断，从实际上提高学生对榜样的认识水平。

（2）高校辅导员始终要坚持以社会主义核心价值体系为主导的榜样教育灌输内容。当代背景下，我国社会主要矛盾发生变化，如何成功地推进党和国家的事业发展，是当前面临的重要问题。十九大报告中提出，要发展社会主义先进文化，不忘本来、吸收外来、面向未来，更好构筑中国精神、中国价值、中国力量，为人民提供精神指引。社会主义核心价值体系是已经适应了新时代社会发展的价值体系，满足了多元文化需求，包含了一定的思想观念、政治观点以及道德规范等。而榜样人物是社会主义核心价值观的践行者。因此，高校榜样教育要坚持灌输的方法，坚持以社会主义核心价值体系作为教育内容之一，真正发挥思政课主渠道作用，这样才会通过彰显榜样道德品质引发学生情感共鸣。

2. 深化情感教育法

榜样人物以自身独特的人格魅力成为人们学习的楷模，在宣传榜样人物时要坚持实际，不去刻意拔高榜样人物形象，而是要采用情感教育法以增强学生对榜样的心理认同。当前学生身处信息交错复杂的时代，各种媒体给学生所灌输的信息让学生应接不暇，对学生产生了一定的影响。各种官方传媒渠道所宣传的榜样人物及榜样事迹，让部分学生觉得榜样人物十分神圣，与榜样之间的距离遥远，是自己可望而不可即的高度，一定程度上增加了学生对榜样产生的认同难度，更消退了学生向榜样人物学习的积极性和主动性。这样的榜样教育活动并没有注重学生的情感体验。所以在宣传榜样人物时，要注重挖掘榜样人物贴近生活的一面，高校在宣传伟大领袖、革命先烈、英雄人物、劳动模范这些崇高而伟大的榜样时，要注重宣传榜样人物的成长历程，对榜样人物的生长环境、精神品质的形成进行客观的讲述，拉近榜样与学生的情感距离，提升榜样的亲和力，让学生能更全面的、深刻的认识榜样。

3. 注重理论与实践相结合的方法

习近平总书记指出，高校思想政治工作"必须围绕学生、关照学生、服务学生，不断提高学生思想水平、政治觉悟、道德品质、文化素养，让学生成为德才兼备、全面发展的人才"。"以生为本"的教育理念强调学生在教育事业中的主体作用，强调教育工作要始终围绕学生的成长和发展这个任务来开展。在高校实际的榜样教育教学中，既要加强对学生的人文关怀，又要加强对学生的心理疏导，并积极强化与学生之间的互动，切实发挥榜样教育活动的实效性。

高校在实施榜样教育活动时，一般采用"自上而下"的方式向学生灌输榜样人物与先进事迹。例如，课堂上的理论灌输、大型报告会、讲座等教育方式。因此要真正推进高校榜样教育，一方面各高校要以榜样教育为重点，结合高校学生特点、专业特色、社会热点，开展各式各样的榜样教育活动；同时高校在设计榜样教育活动时，要以学生的兴趣、能力等为出发点，活动的内容与形式要符合学生的价值追求，避免活动形式单一。另一方面，高校教师也可以根据学校课程的不同，挖掘相关人物在一定历史时期的先进事迹，运用多媒体平台，向学生展示相关图片、视频；也可以让学生去搜集相关的榜样素材，组织学生进行讨论，教师再带领学生总结榜样所具备的精神和品质，以此来加深学生对榜样人物的认知并激励学生提高他们自身的各项素质；还可以让学生扮演不同角色使得榜样故事情景再现，以生动形象的方式让学生更加了解榜样人物。只有注重开发榜样教育活动新形式，将榜样教育活动形式丰富起来，才可以加强榜样教育的吸引力与感染力，促使榜样教育有一个质的提升。

（三）叙事疗法

1. 叙事疗法概念

（1）叙事

叙事一词，在字典上有诸多的定义，如像叙说、叙述；书面语中的讲述一件事情、故事等等。叙事经常与人类的自我反思相关联，在讲述故事时，人们会有意识地自我审阅。实际上，这种反思思考是一种内源性干预。叙事是"人们理解自己生活和经历的方式。"

叙事本是文学小说作品中应用的手法，原本的意向是指针对某一事件的描述、说明，即讲故事。例如，在《盖文先生与绿骑士》（Sir Gawain and the Green Knight）和坦尼森（Tennyson）所作的《夏洛特女士》（The Lady of Shalott）等诗作，叙述一件事情都是按照逻辑的关联性，即叙事诗。格雷（Gray）所作的《乡间墓地的挽歌》（Elegy Written in a Country Churchyard）是虚构的，它并未说故事。讲述、描绘和叙述通常可以互换互用，根据字典的定义，它们通指叙事的行动。

叙事，被简单地认为是在影视创作中讲故事。"讲故事"是我们生活中最常见的现象，它存在于任何时候、任意位置、所有社会之中。人们从出生开始便有了叙事。既然有历史，就有叙事了，任何地区和任何国家都有叙事。叙事善于发现在日常生活中隐藏的、那些有意义的思想。人们为什么要叙事？叙事与人类紧密相关的原因是，人们通过叙事讲故事这种方式满足对意义的渴求。因此，社会科学评估并关注人类生活故事中有意义的内容，并将其用作叙事研究的思想理念或教育内容。叙事理论是以故事的形式向人们展示生活的现实，然后研究其中的积极含义，以达到教育和指导人们的目的。

随着社会的发展，叙事理论逐步成为教育者之间互相沟通、交流不可或缺的手段。首先，叙事具有真实性的特点。胡塞尔曾提出"面对事物本身"，叙事应表明现象的原始状态。在日常生活中，教育者应注意积累有意义的故事，并试图表现出故事的真实色彩。其次，叙事讲求倾听者的感悟性。通过体验故事中包含的含义，可以产生某个想法。叙事的目的是通过自身体验，以此获得有价值的教育思想，从而促进受教育者观念的转变和自我理解的提高。

（2）叙事疗法

叙事疗法作为一种方法，首先可以作为主要获取手段在心理学研究中深入挖掘有效信息，在讲述人生经历故事的过程中，我们也对自我进行深刻反省，可以警醒人们重视自己的生活，并对生命负责。叙事从人性的角度看待人，而非用规章制度制约人。叙事疗法对大多数前来心理咨询的人都有着良好的效果，现如今，它是重要的心理咨询方法之一。

作为当代心理咨询的一种新颖方法，叙事疗法是一种受后现代主义思潮影响而诞生的新型心理辅导方法。通过吸收各种流派的优势来为自己的理论发展开辟了适应新时代、新受众人群的路径。叙事疗法的运用，是倾听者在聆听他人描述的过程中，运用不同的语言说法与表达方式，并使用诸多手段，挖掘咨询者的故事碎片，使咨询者产生新的认知，消除消极心态。

人类学家布鲁纳曾指出，一个故事的起点与终结，为我们提供了一个解释当下的框架。当咨询者选择并讲述时，经常会遗忘一些片段。为了找到它们，咨询者将帮助其发展出一个支线故事。也就是说，人们生活中正面的积极事物被唤醒，以提升咨询者内在的唤醒能量。

（3）叙事疗法与传统心理治疗学派

怀特（White）开创了叙事疗法，他提出人与人之间就算是信念有差异，但是只要可以彼此对话，就可以超越思想的约束。对比传统疗法，叙事疗法在目标、假设、方法上可能会有所不同，不过，在本质上还是有相通地方的。

人本主义学派始终都讲究性本善，心理咨询方面主要使用到的手段是共情，设立治疗联盟，在这个联盟中，人们能够彼此温暖。叙事疗法有着异曲同工之妙。叙事疗法中，治疗师能够起到促进的作用，在故事的聆听过程中，还要去慢慢引导。认知学派咨询师就提出，非理性认知使得人类受到了困扰。叙事疗法能让人们改变过去的看法，打破自我封印，突破文化约束，实现重新解构的过程。通过比较发现，二者目标是一致的，能让咨询者对自身经验形成新的认知，实现重构。精神分析治疗师不能只是关注来访者的困扰。原因是咨询者虽然要解决问题，但是会不由自主进行防御，故事虽然能够全部讲出来，但是可能是根据自己的经验经过筛选的，中间可能会有遗漏部分，甚至一些不确定性。叙事治疗师同样如此，尽管听了故事，但是故事肯定会有自己的选择性理解，凭借着自己的经验筛选，如果完全遵从咨询者的故事内容，可能会偏离真实情况。

2. 叙事疗法的主要内容

叙事疗法作为一种后现代心理疗法，不同于以往将人等同于问题的传统观念。它将人作为关注焦点，主要倾听访客的故事，将故事的描述与遇到的问题分隔开来，也就是说人并不等同于问题，当人们发现了真正的本我与自我，才能真正解决自身的问题；找到身边可以使用的资源，就可以获得生活的主动权，从而有能力摆脱面临的混乱困境。在这其中主要包含了以下几种技术方法。

（1）叙说故事

从人类历史的角度来看，故事活动是人性的体现。故事活动是随着语言的产生而诞生的，它们通常在讲故事的过程中反映出自己的三观与准则。面对日常生活和工作中遇到的困难，突破焦虑和抑郁的局限，用另一种角度来解读现状，从而可以构筑积极的生活故事。这样的故事可以帮助人们缓解心理上的困惑和沮丧，而通过生动有趣且积极向上的故事，咨询者可以找到使他更加积极和自信的精神动力。教育工作者通常会使用正面的叙述，如"这是一段艰难的旅程，平日里你是如何鼓励自己的？"简而言之，叙事治疗采用"故事叙事"的方法，使咨询者具有积极开放的心理态度，进而克服先前的烦恼，也可以理解为"另外建构一个崭新的、摆脱问题消极影响的生命故事"。

叙事疗法通常使用的技术方法，是强调问题对于个人的影响，我们称此为问题命名，抑或是运用外化语言，也就是在交流上用外化的语言从而将问题外化。

在叙事治疗过程中，当治疗师鼓励咨询者描述原始叙事时，往往希望咨询者为自己的故事命名，一个单字，或是浓缩的短语。若想不到满意的命名，那么可以为其提供几个选择，如"功课难题受阻""交友选择困难"等，咨询者可从中选择自己认为最佳或最适合的作为标题。若是还不满意就暂用此名，直到搜索要替换掉更具体、更合适的命名取而代之。在表述描绘问题时，可以说"悲伤干扰了你的生活"，而不是"你整个人好难过。"或者斟酌用语说"压力胁迫影响到你"，而非"你承受着很大的压力。"命名问题有助于个人保持高度集中的注意力、清晰的状态和看待问题明朗的态度，并帮助他们通过命名过程清楚地定义问题，从而提高对问题的控制与认识，加强把控感并发现问题，促成外化，达成对自我的正确认知。

（2）外化问题

叙事治疗的主要特征是"外化"，这意味着把原本被贴上标签的人，按照事实还原，用事实说话，主张问题与人并非等同。例如，学生学习成绩差并不等同于差生。人与问题并不等同的理念就决定了教育者要将问题与当事人分开，秉持问题外化的观点。问题外化是指把问题与本人分裂，以便咨询者可以在自己身上发现更多积极的能量，帮助咨询者克服问题对自己困扰的影响。从某种角度上说，在实际的咨询和应用中，如果咨询师只是简单地将问题的外化当作治疗手段，是很难获得良好的咨询效果的。应当指出，治疗时应将问题的外化视为应保持的态度，在内心深处要理解咨询者是受问题所困扰的，并不是问题本身。咨询者需要自己厘清自己的生活，在咨询师的帮助下，重新定义生活故事，理解生命的意义。这样看来，问题外化既是一种技术与方法，也是一种看待事物问题的态度。

寻找例外则是指咨询者在叙述故事时，聆听者要注意到故事中不被注意的细枝末节，也就是那些例外，看到主线故事以外的其他支线起到怎样的作用，进而使原来的主导故事地位发生变化，运用正能量细节使当事人重拾信心，并为新的故事创造空间。一般来说，我们每个人都会在生活中希望或渴望一些经历发生，因而必须要有谨慎且耐心的态度才能细致地捕捉研究这些细节。人的生命是意识流，生活不可能总是受到负面事件的影响，总是会有积极的情节，这是在叙事治疗中特别需要注意的例外。这个例外可能是过去丢失的生活，也可能是正在经历的当前事件，抑或是将来会发生的生活，而当下咨询者由于受到时间或心情的消极影响不知道怎样去正面积极地阐释面临的人生故事，这就要求咨询师提出一些有影响力的问题，以帮助他们面对问题，寻找到这个例外。正像《学校里的叙事治疗》中说的，不断地提问与认真地聆听，两者的平等融洽结合，可以帮助我们发现那些原本看来似乎不合时宜、无足轻重的细枝末节。寻找例外对当事者具有重要的意义：首先，发现例外的过程可以帮助故事中的咨询者回顾重审自己的生活故事；其次，寻找例外的结果可以唤醒意识，提升面对问题的自信。此外，寻找例外有助于发现故事中的问题，开拓叙述的空间，并从生活中构建新故事。

（3）解构故事

"解构"使用的思维方式，借鉴了后现代主义，认为现实世界、人生经历都是由社会建构组合而成，并且由于文化背景的不同，世界上的事物都具有个体性、差异性与多样性。因为人们生活在社会现实中，所以其思想会受到所处环境和社会文化的影响，这是各种理念和思想不断交织与相互作用的产物。因此，叙事治疗非常重视多元化。在此阶段，聆听者应该遵循基本原则，指导咨询者将阅历过程、人生细节与时间节点、故事背景相关联，以便事件可以扩展，并可以重新体验和形成一个新的故事。对于咨询者的治疗故事，教育者必须了解其真实感受和所处环境，并探讨这些问题如何影响其生活与学习方式。从实践的角度来看，在叙事治疗中，聆听必不可少，教育者要适当拓宽故事线，延展更广阔的叙事空间，在外化的基础上，不断挖掘更新并最终重建崭新的叙事。面对其中的重要片段，要注意其背后涵盖的正能量含义从而重建具有积极意义的新故事。

总体看，人的经验多分为积极与消极教训。积极的经验多为成功的事件，消极的教训则大多是挫折的。阳光向上的认同感不需要旁人过于担忧，自身的处理能力较强。反面来看，如果消极多于积极的自我认同，就会沉沦不振。叙事疗法的思想就是不断累积加强积极阳光的想法，其方法策略采用的是由单薄到丰厚，不断增加扩充内容使其越来越丰满雄厚。叙事疗法坚信精神上的坚定信念，会使信念感不断增强，逐渐增强直至恢复到正常的意识水平，形成有力向上的自我观念。

（4）重写故事

完成上述三大步骤之后，咨询师和咨询者一起研究问题是怎样逐渐建立起来的，能够给自己带来怎样的影响，负面影响肯定存在，不过也应该还有一些闪光点。这些闪光点就是对故事进行重塑的重中之重。咨询师的工作和任务就是去探索和发现这些故事，然后引导咨询者来把故事内容填充起来，丰富起来。经过串联与整合之后，咨询者就可以重塑更为积极的自我，而且拥有更多的力量，建立起积极乐观的自我认同感，重新面对生活。

（5）告别仪式与寻找见证人

这一步骤的进行，就是要对咨询者进行引领，让他们回归现实，不再沉迷于过往之中，相信自己的水平与能力，能勇敢地面对未来，解决一切问题和困难，并且还可以帮助治疗进一步巩固。

3. 叙事疗法的应用步骤

（1）在述说中了解个体——审视合理引导

倾听是了解整个故事来龙去脉的前提，只有了解对方的所思所想才能对症下药，通过倾听学生的故事了解他们。因此，倾听是了解个体的首要因素与前提条件。

听既是针对高校辅导员，也是针对学生而言的，首先作为倾听者，高校辅导员或指导教师应具备相关的倾听技术与素养，寻找挖掘实践中的例外与不一样的细节，以此为媒介，拓宽替代故事的另类空间。作为一名高校辅导员，当面对前来咨询的学生，或许这是学生第一次接触并不熟悉的老师，在一个不熟悉的空间里诉说他的隐秘问题。叙事治疗的第一次过程，大部分的学生会准备好开始叙说他们的故事，由于故事情节的细枝末节繁缛复杂，这就需要老师认真倾听，尽可能多地记住细节，从而为下一步进行合理的引导。在倾听过程中，注意故事里的细节与不易被旁人觉察的纰漏，这些都是支线故事的组成部分。当学生进行倾诉时，不要刻意打断或随意加入个人见解，首先要尊重对方的想法，带着同理心设身处地地去倾听。

另外，学生才是倾诉的主体、叙说的对象，当学生进行叙说时，如果有听众在场他仍觉得害怕或恐惧，这说明学生还没有敞开心扉，未做好充分准备用开放的心态去诠释自我。面对这种情况，教师要给予学生继续述说的信心，可以运用文件的方式，记录或录制学生的故事，过后让学生自己去翻阅这一次的述说对话过程，运用文本的力量让学生感受到被聆听的重要性。同时，在学生的许可下，老师也可以转而复述，或让当事人自己来叙说，既运用见证人的作用让当事人感受到故事的积极意义与重要性，在高校辅导员的合理引导下重新审视自我、了解自我、顿悟自我；也让其他学生作为见证人懂得生命故事述说的重要意义，从中发现领悟，挖掘积极力量，达到倾听叙事的效果。

高校辅导员应耐心细心地发现故事的关键点与纰漏处，找出正面的影响和意义，解构重建形成新的符合学生期待的主线故事，发现问题并最终解决问题。在倾听故事的过程中审视合理引导，在学生的叙说中了解学生的故事，让学生在叙说中可以挖掘自身潜在的能力，学会掌握剖析问题、解决问题、了解自己、解悟自己。

（2）在提问中外化命名——解构重塑问题

叙事疗法创始人怀特的座右铭是："人不等于问题；问题才是问题。"这也是高校辅导员在对待学生工作上所秉持的态度。秉承中庸之道，不偏不倚，不夹带任何私心情感。在此运用到的外化对话是指通过一种特别的语言形式反映其态度。就叙事疗法的理念而言，教育治疗的过程是从以人为本的概念出发，进而解决问题完善思维体系，坚定理想信念。在提问时，辅导员要注意提问得当、问句妥帖。作为高校辅导员面对学生说明思想困惑时，要鼓励在叙述上多做停留，以了解问题在不同人之间、在不同关系之间的影响。更进一步地问句会根据来访者的反应来提出，视情况而定，无论有任何争议。刚开头的提问可能无法完全勾勒问题的整个轮廓，可是随着讲述的进展将逐步分析透彻，厘清思路，最终达成叙说过程自然产生的效果。请学生对自己的问题命名是外化的方式之一。随着学习和修正，辅导员逐渐能够认清、检讨、改变或放下我们的旧有模式。辅导员鼓励学生，让他转变观念为"某个不利因素干扰我的感觉，影响我的行动"。这样更能带来希望，更能使人从中受益。例如，学生只是成绩差，而并非学生是差生，将问题外化，人与问题分隔开来。叙事治疗中一个重要的目标是让学生有把控感。这就是为什么在师生对话过程中，总是有计划地持续邀请学生为自己的问题命名，当学生带着思想上的困惑和生活中的烦恼前来寻求帮助时，往往已感到自己被问题所控制。命名的过程是渐进的，它使得学生得以反思并重新建构生命故事，这样高校辅导员就可以协助学生。简洁明朗的问题命名能够鼓励学生直接面对现实的严重性。很明显的是，命名问题是一个过程，要朝着需要解决的方向深入研究。对于学生来说，为问题命名使得因一些固有观念或其他想法而难以表达的当事学生得以被看见、被听见，让他们正视并反省思考自己的行为。

（3）在记叙中寻求自我——打开生命视野

与其他思想政治教育方法不一样的是，共建（Co-constructor）或合著者（Co-author）是高校辅导员被赋予的角色，在叙事疗法中"共同建构生命的意义或书写生涯故事"。这意味着师生共著生命故事，寻求真正的积极意义，在记叙中寻求自我，打开生命视野。日常思想政治教育中，在学生烦闷的情况下，高校辅导员运用写作、记录等叙事治疗方法重新编排演绎，这是一种从不同角度和更新的视角审视和处理问题的手段方法，对学生改变盲目或沮丧的状态具有更直观的效果。同时运用"开放性提问"，借助探究等特定语言能力发现"闪亮事件"，即支线片段。在叙事疗法中它要求高校辅导员设法帮助学生个人，让他们认识到情况并非想象中那么糟糕。太极由黑白阴阳组合而成，而白点就是学生思想层面中消极情境的支线片段，也就是象征积极力量的"例外事件"。高校辅导员应该尝试发现白点，将其外化与黑色区域分解解构开来，以命名的方式用积极的态度重塑问题全貌进而达到解决学生问题的目的。在思想政治教育过程中，这种搜寻白点经历由点到线到面的过程也恰好是人的思想经历从质变到量变的转变过程。

（4）在叙事中自我认同——感悟人生真谛

我们假设叙事的结构给人们提供了日常生活的主要认知架构，基于此，让学生在叙事中自我认同，感悟人生真谛。

法国哲学家福柯，提出了关于用知识、权力的观点对生命故事的论述，给予叙事治疗以新理解的思想支持。尽管生活有时跌宕起伏，但生命不止眼前的柴米油盐，更有诗与梦想。我们在构造生命故事的同时，不仅仅是为了解决掉眼前的问题，更多的是为了理解生命的丰富层次与多重含义。如果不能从生命角度来审视自我的阅历历程，那么只会徒留各种心理与思想问题的遗憾，自我认同感也会消失殆尽。在当代高校辅导员教育中，在突出社会化功能之外，一个重要方向就是要以学生为中心，高校辅导员的一切工作都是为了学生，为了学生奉献自我。急学生之所急，想学生之所想，让学生在明理时受益，在受益中明理。因此将叙事疗法融入高校辅导员教育中，有助于解决学生存在的心理问题、解放束缚、找回真实的自我，培养学生正确的自我观，从而感悟生命，与自我和解，理解生命的真谛。可以在教学中使用以下三种方法培养自我认同感。

① 重视生命教育课程建设。首先，要拥有素质过硬的辅导员队伍。在队伍的选择上，将生命教育相关的辅导员集中进行专业的培训教育。高校辅导员要对大学生的心理健康状况有所把握，掌握大学生群体常见的心理危机种类以及发生原因，按照大学生群体的特征，采用科学的措施来对他们做出引导。其次，运用叙事疗法理念，设计生命教育课程主题设计：一是用叙事的方式告诉大学生热爱和尊重生命；二是用"生命叙事"表达自己在生命成长中所形成的对生命的经验、生命经历、生命体验和生命追求的故事，也包括自己对他人的生命经历、经验、体验与追求的感悟等；三是保持积极的心态去应对生命进程中遇到的挫折，坚定科学崇高的理想信念；四是教育形式可从心理学、哲学、伦理学等多角度展开，让学生正确认知生命及其价值，教育大学生尊重别人的生命的同时更要尊重自我生命价值，建设健康平和的心理，爱惜自己的生命，感受生命意义，最终实现自我价值。最后，学校对于大学生的生命教育应该因材施教，在展开生命教育时应该注意区别教育，避免统一教育引起资源浪费。

② 促进思政教育与生命教育相结合。高校是培养人才的摇篮，其育人环境直接影响大学生的成才。辅导员作为高校学生工作者，必须树立以人为本的理念，时刻关注他们的思想动态，了解其现实需求，切实帮助学生解决问题，关心和爱护学生，尊重学生的人格。首先，可以将叙事治疗和辅导员日常的思政教育相结合，对于部分生命观比较消极的学生，辅导员可以因材施教，因地制宜，采取合理的方案进行叙事治疗，这就需要高校在对辅导员进行辅导培训的时候，将这一理念和措施纳入其中。辅导员要想成功地运用叙事疗法，前提是师生双方平等的对话与沟通，而关心学生是打开他们心灵窗户的钥匙。马卡连柯曾说过，教师应该对每个学生都充满爱，即使对于品德败坏的学生也要帮助其摆脱现状。面对那些存在心灵创伤的大学生，辅导员要用自己的真诚打动他们，使得他们愿意吐露心声，而不能用讽刺或挖苦的言语去打击他们。叙事疗法就是在尊重学生、理解学生的基础上，通过倾听学生的叙述找到主题故事中遗忘的积极片段来削弱问题故事，而在新故事的基础上不断丰厚。其次，高校的思政课程要和大学生生命教育相结合，当代大学生应该是传统文化的发扬者，传统美德的展现者，如果大学生没有树立正确的生命价值观，那么其他才能和知识也无法正确地应用，因此，学校要重视生命价值观教育，将生命价值观教育融入校园文化建设的同时，还要

与思政课程紧密结合，从中外文化之中提取优秀部分，对大学生进行有针对性、有目的的生命教育，如马克思主义哲学课程、思想政治教育课程都可以加入以生命为主题的哲学理论学习，教师可以在课堂上组织学生进行关于生命哲学的讨论和互动等，这可以让大学生增强自我的生命价值感，让他们明白生命的价值所在，帮助其树立崇高的理想信念。教师可以组织一些生命教育中的叙事活动，就是在团体中借助"生命叙事"模式，让大学生叙述自己的生命故事或对生命的感悟，在真实的情境中讨论真实的生命问题，将他们的故事结构与内容，同个体生命本身的经验、体验、情感、理性、追求与同伴进行生命独白和对话，以分享体验感受，提升体验能力，发挥体验的功能，催生生命体验升华生命的意义和价值，促进生命健康发展。大学生生命教育要让大学生成为教育的主体，使得他们参与其中，鼓励大学生追寻梦想，追求更崇高的生命境界。

③鼓舞大学生积极参与社会实践。作为个体的人，必要的社会实践活动可以帮助大学生通过外化过程来落实生命认知、情感与意志的内化，发挥人的主观能动性，将个体融入社会实践中，彰显自身的生命价值，才能真正成为社会的人。大学生可以积极参加学校社团，找到自己感兴趣的部门让自己投入其中，或者也可以参加学校组织的公益活动。例如，救助流浪猫流浪狗、山区支教、去敬老院和孤儿院做志愿者等，以实际行动来教育自我，体验生命的意义和价值，在奉献和施与中感知他人生命的困苦，懂得自我生命的不易，珍惜生命，热爱生活，树立积极的价值观，培养坚强的意志力。大学生还可以积极参加户外拓展训练活动，帮助大学生重新认识自我，唤起挑战的勇气，能够激发大学生意志力中的潜能，提高大学生的心理承受能力和抗打击能力，培养他们百折不挠的人格品质，对于现代大学生生命态度的转变具有积极的推动作用。对于那些处于心理危机中的大学生而言，可以重拾他们对生命的思考与体验；课余时间大学生还应该多多在社会工作中锻炼自己，如做家教等兼职活动可以让大学生体会到生活的不易，只有将自己投入到健康的实践活动中，培养自我教育能力，增强心理素质，大学生才能在面对挫折和困惑时拥有内在力量，这是大学生生命教育的根本所在。

④培养健康自我意识，促进自我生命教育。生命教育是要用整个自然生命去追寻的过程，在这个过程中，大学生需要外部环境对其进行引导教育，也需要自我觉醒和感知。首先，大学生要意识到"生命至上"的观点，在此基础上促进自

我觉醒，自觉追求生命价值。生命有有限性、不可替代性和不可重复性，是个体最宝贵的东西，具有最高的价值，没有任何其他事物可超越生命的重要性，是一切自然和社会实践活动的基础。因此，生命凌驾于所有事物之上，敬畏、尊重、珍惜生命，实现生命价值，是领悟生命至上意识的体现。生命教育需要大学生发挥自我感知能力，领悟"生命至上"的观点，避免形成扭曲的生命观。其次，大学生必须培养自我的责任意识和义务意识。"责任感是道德价值的基础，它使人变得崇高，使生活更有意义"。生命个体不能独立于社会而存在，只有意识到自身发展与他人、社会的发展紧密联系在一起，才会在社会实践中勇于承担责任，履行义务。大学生在实践中自觉履行各种责任和义务，处理好与社会和他人之间的关系，这就是责任意识与义务意识。大学生在社会实践中以责任意识作为出发点，将义务意识贯穿实践过程，才能在实践中感受到收获感和满足感，找到生命的意义。再者，大学生应充分利用高校的资源，学习各种理论知识和实践技能，将理论知识运用于社会实践，在实践中深化对自身的认知，激发自身潜能，发挥自我教育能力，不断敦促自己满足社会发展的需要，成为促进社会发展的积极力量。另外，大学生还可以积极参与学校的心理咨询、心理测评以及心理团体辅导干预活动，及时了解自身的心理状况。大学生应该根据自身心理状况积极参与心理辅导活动。叙事疗法对于促进生命意义感及正确生命价值观教育有良好作用，在生命叙事活动的组织中核心是"动"，活动要敏感地捕捉主题、开放地设计情景、灵活地引导学生的言语表达，使得大学生在活动中能"情动""思动""言动"，最后落实到"行动"。在活动中，要引导学生"有话想说""有话能说""都能说话""有所对话"。通过生命独白和对话，在描述个体生命体验中理解自己，体验自我生命的存在与意义并分享个体生命中最真实的生命故事或生命体验和感受，因此，根据叙事疗法的理念，大学生应该积极了解自身，在学习和实践中发掘自我意识，表达自我观念，重塑自我内心，对自我生命正确审视，以促进身心健康发展。

学生的思想状况与心理状态，会随着社会交往经历、生活实践行动、所受教育活动而不断发生变化。在周遭环境与所处社会历史发展进程中，人的思想心态与之存在着紧密联系。那么身处于高校中，大学生如何根据时代与身边事物变化来正确自我定位，合理自我审视，是当今高校思想政治教育下学生发展进步的前提与基础。叙事疗法中讲求要认清自我，审视自我，懂得本我。只有给自己明确位置，摆正心态，才能真正在思想政治教育中引起共鸣，有继续学习、沟通的兴趣与欲望。否则，教学教育过程只是一张空洞的白纸，不知学生所思、不解学生所想、不理思想实际、不会贴近生活。生命故事有起有伏，在人生的长河中如同起落的船帆，在前进中不乏激流暗涌，大学生作为自我生命故事小说中的主人公，要考虑每一步的行动，回顾每一次的过往，重新定义自我的感受，审慎合理地为自我定位，这样才能发掘独特的自我。利用寻求到的例外闪光故事将有意义的事件串联起来，编织组成崭新重生的另类人生故事，使自己得到真正心灵上的自由，思想上真正得到教育与解放。

在一些叙事心理咨询中，指导教师会给来访学生讲述先前的经验故事。例如，有时人们因为找到小时候读过的故事书而兴奋不已；小时候看到的故事，日后再给其他人讲这些故事时，又会为故事注入新的生命。叙事治疗便是强调故事在人类生活中的重要性。而来访学生在回应老师的问题时，逐渐形成并叙述出了不同的故事情节，同时，在叙述的过程中，随着对问题多方面、多角度、多维度、多空间的深层次理解，将会超越传统以往的认知，开阔眼界，形成新的视野范围。叙事疗法承认问题的存在，并非说先前的"故事"是错误的必须要摒弃，而是随着对问题故事审视的深入了解使得学生对象阅历不断丰富，也能够主动接收跨地域性、跨时空性的新信息，从而在原本故事的基础上开启新篇章，经过改写后的生命故事形成新思想、新观点，焕发新气象。因而，叙事疗法成为一盏明灯，使晦涩之处清晰可见；它丰富了我们的眼界，并拓展了我们的视野。

（四）助人技术法

1.助人技术的概念

助人技术来源于助人工作，希尔（Hill）从助人过程出发，将"助人（Helping）"定义为"一个人帮助另一个人探索情感、获得领悟，并使他在生活中做出改变"。我们通常使用"助人者"指代那些为他人提供帮助的人，"当事人"指代接受支持和帮助的人。助人者和当事人共同合作以帮助当事人解除困扰，促进其成长，并帮助当事人采取有效的行动解决问题，其中助人者引导整个进程，当事人决定做什么改变、何时做改变以及如何改变。在"协助当事人在困境中看清自己与环境的关系，引导当事人自己解决的问题"的过程中助人者所使用的技术可以统称为助人技术。

美国学者希尔提出的"探索、领悟、行动"的三阶段助人模式，它既是希尔教授构筑在实践、理论和实证研究基础之上的整合的助人模式，也是有关心理咨询具体实施过程的一种理论性构建。

首先，此模式是以一些成就卓越的临床心理学家和理论心理学家的工作成果为基础的。罗杰斯、弗洛伊德、埃里克森等临床心理学家已对人类的本质、心理咨询和心理治疗中改变发生的机制以及协助个体发挥潜能、实现目标的技术有了深入的洞见。而"探索、领悟、行动"三阶段助人模式正是汲取了这些理论家的理论精髓融汇而成的。其次，"探索、领悟、行动"三阶段助人模式中所使用的助人技术，是经过实证研究后确认有效的。当然，这个助人技术模式是在美国产生的，所以将其与中国文化相适应并作为一种技术手段服务于思想政治教育还是一个挑战，可能会有一些需要在长期实践之后才能注意到的问题。

"探索、领悟、行动"三阶段助人模式将助人过程划分为三个阶段：探索阶段、领悟阶段、行动阶段。助人者在每一阶段通过使用特定的助人技术达到相应的目标，循序渐进地引导当事人从情感、思想到行为做出改变。在探索阶段，助人者与当事人发展治疗关系，鼓励当事人表达自己的情感、深入思考自己的问题。在领悟阶段，助人者帮助当事人进行更深层次的自我觉察，从新的视角看待自己的问题并为之承担相应的责任。在行动阶段，助人者与当事人共同探讨改变的意义、帮助当事人制定改变计划并教授当事人行为策略，行动阶段之后带来的改变还可能引导当事人继续探索新的问题。三阶段助人模式为助人工作的开展描绘了一个基础的线路图，助人者可以根据助人情景的需要运用特定的技术沿此线路图为当事人提供合适的干预。

2. 助人技术法的应用

（1）探索阶段

① 专注、倾听和观察。谈话活动中的这一部分内容，辅导员大多是通过非言语方式呈现的。辅导员专注于学生本人，倾听他们，观察他们，使学生感到安全和亲切，有助于学生加深对思想和情感的探索。

② 帮助学生探索想法。学生需要帮助的时候，辅导员首先要知道学生的问题

到底是什么，才能知道如何提供帮助。作为辅导员，要了解学生本人对于其问题的思考，协助他们进一步探索对自身问题的想法，通过对问题的讨论，学生倾听自己的内心，进而对自我有了更深的了解。辅导员需要了解学生真正的忧虑，让学生更加深入的思考自己的状况，而非只是浮于事件的表面，一直倾听学生的抱怨。

③ 帮助学生探索情感。情感对于学生改变的意义与其想法是同样重要的，情感体验可以让学生依靠内在体验来对事件进行评估，进而指导行为的改变。当情感宣泄出来后，学生可以站在更客观理性的角度对问题进行思考和抉择，事实上，对自我情感的觉察可以帮助学生避免做出无意识的有害行为。

（2）领悟阶段

① 促进觉察。与学生实际存在的问题相对的是，有很多时候学生都没有意识到自己的想法、行为以及认知模式是有问题的，这种时候就需要辅导员使用促进觉察的方法让学生对自己及问题有更新的认知与更深的思考。但促进觉察的方法或多或少有一定说教性，有时会显得呆板无趣，或者又有一定"威胁性"，可能会使学生感觉受到伤害，因此辅导员要注意在支持与共情同感的前提下使用促进觉察的方法，并对其中的平衡点恰当的把握。

② 促进领悟。在领悟阶段，辅导员应以一种共情同感的、好奇的态度开始向学生解释事情的过程。辅导员想知道是什么让学生表现出某种特定的行为方式，并引导学生深入思考他们的问题是如何产生并维持下来的。辅导员要更多地帮助学生发展他们自己的领悟，因为自己产生的领悟，要好过被告知的道理。

（3）行动阶段

在经过探索和领悟阶段后，有些学生会自发地进入行动阶段，但有些学生可能会因为缺乏改变必要的技能、缺乏改变的动机或自我否定等原因难以做出改变。在行动阶段，辅导员要鼓励学生在他们的支持与引导下解决问题，而非直接为学生提供答案，为的是培育学生克服困难、解决问题的能力，促进学生的自我成长。

① 提供信息。辅导员向学生提供资料、意见、事实、资源、解答或观点。在辅导员实际工作中，提供信息是最为常用的工作手段之一，这也需要辅导员掌握马克思主义理论、职业生涯规划、校园危机干预、心理学等宽口径的知识。日常工作中的提供信息大多讲求提供的信息清晰、完整、准确，便于工作快速高效的

完成，但开展谈心谈话工作时的提供信息与辅导员日常工作中的提供信息略有不同。在谈心谈话工作提供信息之前，辅导员最好先简要评估学生的知识基础，知道他们已经拥有了哪些正确和错误的信息，而非直接假设学生需要哪些信息。在谈心谈话活动时，辅导员还要注意不能一次性提供太多的信息，因为当学生处在焦虑状态的时候是很难一次性消化处理过多信息，因此辅导员应该提供少量的、适合学生当前阶段的信息，并让学生把关键内容写下来，以便学生过后使用这些信息。

② 提供反馈。辅导员向学生提供有关他的行为或是他对别人的影响的信息，以帮助学生产生、实施和维持思维、情感和行为上的改变。有效的反馈可以增加学生的自我觉察，进而引起行为的改变。辅导员在给学生提供反馈时需要基于辅导员观察到的客观事实，而非主观的感受与评判，所以在反馈时要以描述性的语气（如"你这周连续两次没有交作业"），而非评价性的语气（"你一直在偷懒"）进行陈述。

③ 制订行动计划。辅导员协助学生对目标行为问题制订出一系列可行的具体措施，用以促进行为的改变。当辅导员是受学生信赖的，且具备扎实的知识和经验基础时，辅导员可以向学生提供对问题有帮助的建议和想法。这些建议和想法并不是唯一正确的，辅导员可以与学生共同探讨出多种选择，让学生自己决定出对自己有用的策略，通过将这些策略整理细化，最终形成明确的行动计划。

（五）社会工作法

1.社会工作法相关概念界定

（1）社会工作

我国"社会工作"一词是由"Social Work"直译而来，国际上对该专业的称谓由于各国文化背景不一而大不相同。有的国家将其称之为"社会福利服务（Social Welfare Services）"，有的则称为"公共福利"，还有的称之为"社会服务（Social Service）"。相比较而言，"社会工作"的称呼更为通用，尽管各国家对它的界定有所不同，但其内涵基本相同，即社会工作是促进社会变迁、人类关系融洽和解放人类对福祉的追寻。

社会工作专家李迎生教授以社会工作的发展程度和阶段为主要标准，将国际上对社会工作的专业认识分为三类：第一类，把社会工作视为一种个人慈善事业；

第二类，将社会工作视为由政府或私人社团举办的以解决各种因经济困难所导致的问题为目的的各种有组织的活动；第三类，由政府或私人社团所举办的专业服务，它不分性别、年龄与贫富，以协调个人发挥其最大潜能，使其获得最美满、最有意义的生活为目的。社会工作通过长期的发展，其科学的助人方法是现代社会工作的重要组成。总的来说，社会工作作为应用型学科，理论丰富、操作性强，是一项专业化较强的助人活动。

（2）个案社会工作

20世纪80年代后，随着改革开放的推进，个案社会工作作为西方社会一种专业的助人活动和科学开始传入中国。随着社会巨大变革的产生，我国公民面临着生活、经济、心理等多方面压力，社会矛盾急剧增加，人们之间的冲突不断。针对此类情况，我国政府部门强调了个案社会工作的重要性，并在全国各地进行推广，以此对个案社会工作表示支持。个案社会工作可简称为个案工作，由英文"Social Case Work"翻译而来，个案社会工作与社区社会工作、小组社会工作合并成为社会工作三大直接服务方法，个案社会工作是社会工作三大方法中使用最为广泛的。个案社会工作最初的定义是：个案社会工作包含着一连串的工作过程，它以个人为着眼点，通过对个人与所处社会环境作有效的调试，以促进其人格的成长。来自美国的社会工作学者提到：个案社会工作是一种社会工作方法，这种方法通过一对一的专业关系，促使案主运用各种社会服务，以增进其个人和一般社会的福利。国内学者赵晓明认为个案社会工作方法是运用科学的专业知识和技巧为感受到困难的个人和家庭提供物质和精神方面的支持与服务，以帮助个人和家庭解决问题，减缓压力、挖掘生命的潜能，不断提高个人和社会的福利水平的科学方法。我国学者认为：个案社会工作是以利他主义为指导，以科学的专业知识和技巧为基础，运用个别化方式帮助个人及家庭提高生活质量与社会福利的一种方法。综合以上观点，个案社会工作方法以专业的理论知识和技巧，通过建立专业的服务关系，为产生问题的个人和家庭进行一对一服务，以此来改善"案主"的潜能与能动性，以更好地解决问题。

（3）学校社会工作

学校社会工作是社会工作的一个专业化分支，指在学校中实施的社会工作服务。基于社会工作的专业性和工作目的的角度，美国社会工作协会出版的《社会工作百科全书》从学校的目的出发，认为学校社会工作是运用社会工作的理论与方法去实现学校的主要目的。《中国社会工作大百科全书》的解释基于政府的支持，指出学校社会工作运用社会工作的理论、方法与技术，对正规或非正规教育体系中全体学生，特别是处境困难学生提供的专业服务。

而基于问题出发的角度，学校社会工作可以定义为解决存在家庭、学校和社区存在的主要问题，运用专业的知识和技巧，为学生提供专业的服务。从环境互动的角度出发，学校社会工作通过家庭、学校和社区的环境互动，运用专业的原则、技巧应用到学校中，帮助学生更好解决问题，适应大学生活。从制度和策略出发市场化改革的巨大变化和剧烈的社会转型下，政府应给予更多的支持，促进我国学校社会工作的制度化发展。

综上所述，范明林、张洁关于学校社会工作的解释，关注到社会工作理论及方法在教育领域开展专业服务活动的重要性以及环境的互动性，以有适应困难的同学为对象，用社会工作的专业方法介入探寻解决这些问题的方法、手段和途径。王思斌认为学校社会工作的制度化发展，更有利于构建我国特色的学校社会工作制度，促进辅导员工作的有效开展。

2. 个案社会工作的程序与方法

（1）个案社会工作的基本程序

个案工作的开展是一个有计划、有方向、有步骤解决问题的过程，个案工作的开展与过程通常分为申请与接案、问题研究与资料收集、评估与服务计划、服务计划与执行、结案与评估五个主要步骤。

①申请与接案。个案工作者对"案主"（指个案服务的对象，包括个人、家庭或组织）的基本情况进行了解，从中确认求助内容，可简单概括为工作前的准备、建立初步关系、评估问题与需要。初期的"接案工作"在大学生思想政治教育中的应用可分化为几步：第一步，高校辅导员收集学生的详细资料，需确保对学生个人信息进行保密；第二步，高校辅导员初步评估学生的问题和需求，了解学生问题产生的原因和需要达成的目标；第三步，高校辅导员需注重自我的语言和行为表达，大学生个性特点刚强，因自身问题向相关人员寻求帮助时往往会产生一定的紧张和不安的情绪，如若忽视，难以获得学生的信任且影响初步关系的建立；第四步，高校辅导员要了解学生的心态，以"同理心"的会谈方式去表达

对学生的关心和理解，能够让学生充分感受到教育工作者的真诚态度和支持，在语言表达时要时刻倾听，做到充分接纳，照顾学生矛盾的内心，给予正确的引导，充分获得学生的信任。

② 问题研究与资料收集。全面收集求助者个人资料，收集内容可以包括以下几个方面：环境、个人、社会、生理、心理等，资料收集的方式可以与案主进行面对面访谈、或与案主相关的人员访谈等。对于问题需经过反复的思考，服务对象到底因为什么原因产生的此类问题，在研究过程中避免对问题进行简单归因，研究的内容应多方面。如访问大学生与之相关的人员如任课老师、教管人员、专业教练、寝室同学等，着眼周围人的看法和认识能更充分获取更多信息。在工作过程中，高校辅导员在征得求助学生同意的情况下，可利用文字、录音、录像等方式将资料记录下来。在个案过程中多鼓励学生积极参与，调动学生的主动性，有利于学生积极对待自己的问题。

③ 评估与服务计划。评估指当资料收集到一定程度时，对资料进行初步的评估与分析，与求助者对问题重点达成共识，制定初步服务计划。服务计划且不可随意定制，一份完整的服务计划包括：服务对象的基本情况、凸显的主要问题、预期达到的目标和服务过程中的目标、阶段工作计划、阶段工作预计开展的活动或使用的资源、达到目标所用的周期等。

④ 服务计划与执行。协助求助者解决问题的实际过程，是实现目标的核心程序。计划执行的主要目的：一是与求助者共同面对问题；二是协助求助者调整社会关系，改善环境。在高校中执行个案工作计划可分为两种方法，第一种是直接工作方法，通过与学生面对面接触，调整学生心态，激发学生自我潜能；第二种是间接工作方法，工作可从学生身处的环境进行介入，通过对环境的分析以及改善达到问题的解决，两种方法可同时应用。

⑤ 结案与评估。结案表示求助者的问题已解决，个案工作的目标已完成。在这期间，教育工作者应提前告知求助学生结案的时间，与求助学生一起回顾整个过程，如有未达到的目标，则共同探讨未完成的原因，以预防在今后发生类似问题。在工作结束后，应做好回访工作，与求助者保持定期的联系，反思并检讨工作过程当中没有处理好的细节问题，以作为日后工作参考。

（2）个案社会工作的方法

① 沟通。开展个案工作，人与人之间的沟通是必不可少的，沟通指两个及两个以上的人之间，进行信息、感情、态度相互传递的过程，有语言和非语言两种类型。个案工作的沟通技巧，包括沟通前产生的动机、以真实情况表达内心感受、善于发现求助者的感受、少一些猜测多一些鼓励、语言表达上的精炼等，若在沟通途中发生意外或求助者感到不适，应及时停止双方沟通，避免不可控事件发生。

② 会谈。个案工作会谈作为常用工作方法，个案工作者以自身积累的专业知识与经验发展，创建独有的会谈风格，能够增加会谈时的灵活性。会谈的常用技巧分为六种：支持和鼓励，即在工作过程中给予求助者足够的尊重，重视求助者内心的想法，对其表示理解与支持，让求助者充分感受到被接纳、被支持；情绪的疏通，即个案工作者引导求助者充分倾诉内在情绪，在这样的过程中，个案工作者应做到适宜的"同理心"；探索，即个案工作者需对求助者内心产生的矛盾做适当的探索，引导求助者积极处理内心矛盾，勇敢呈现内心世界，个案工作者以坚定的态度进行陪伴，共同面对问题，这往往也是引发求助者改变的动力；行为改变，即个案工作者可利用社交技巧、松弛疗法等帮助求助者消除或者减少不适应行为，改变或形成适应性行为；直接干预，即个案工作者对求助者进行如劝服、提示、忠告和在某种危险情况下的直接行动等，以防更糟糕的事情发生；环境的改变，即个案工作者可利用自身的社会资源协助求助者改善当下环境，环境包括外在环境和内在环境，这也是个案工作独特的工作程序。

③ 访视。与求助者个人情况息息相关的人或环境，如学校、亲戚、朋友等进行访问。访问的目的一方面是从侧面收集关于求助者信息，有利于更客观地反映真实情况；另一方面，使相关人员了解求助者当前的情况，邀请他们配合改善与求助者之间的关系，营造一个适宜求助者改变的环境。访视前期应做好准备工作，如确认访视对象，熟悉访视环境，态度诚恳认真。

④ 记录。个案工作的记录指的是个案工作者对日常服务以及会谈等各事项，以文字、录音、录像等方式完整的记载下来，目的是更好地分析求助者的问题，从而起到正确的评估作用。个案工作的记录可分为三种：逐字记录，即对个案过程口语或非口语化等语言信息进行详细的记录，根据实际内容可逐句逐字进行叙述记录，也可利用简单的文字进行记录；摘要式的记录，即摘要式记录更为简短

且重点明确，内容主要以求助者的重要问题为主，适用于长期持续的个案工作；问题取向记录，即记录内容以特定个案问题为原则，主要内容包括基本资料、问题描述、目标与计划等，比较适用于专业的机构当中，有利于团队共同商讨，避免发生误会和无必要的争执。

3. 小组社会工作方法的应用

（1）准备期

准备期是对活动的筹备，主要目的是招募并确定组员，了解其基本情况通过专业辅导员推荐、学生自荐等方式招募成员，遵从自愿原则确定小组成员。在准备期，需要拟定小组的计划，确定小组目标。

（2）破冰之旅

在前期，小组成员会容易出现矛盾的心理，一方面他们对小组活动有顾虑，另一方面又对小组的新环境充满好奇。为了打破小组成员这种既想接近又想回避的心理，辅导员在这个阶段最需要做的工作是破冰。希望通过破冰的系列活动，形成小组团队，建立小组规范。活动开始前，辅导员需要简单介绍本次小组活动内容，让小组成员对活动有个基本的整体认识。本阶段的主要工作之一是需要进一步澄清小组的目标，为了达到小组目标小组需要建立组内的规范，约束小组成员的行为。在这个阶段，辅导员需要坚持引导小组互动的原则，需要不断鼓励小组成员根据自身能力参与到活动中，促使他们进行有效的交流。因为刚开始不熟悉，需要用到激励、示范的方法，带领小组成员投入活动中。

（3）权力与控制期

这个阶段小组成员开始角逐小组内的权力，通过试探其他成员对他的认可来获取小组地位。也有小组成员会产生退出小组的想法，不愿意遵从小组规范参与小组活动。因此这个阶段辅导员需要更多的耐心，鼓励组员参与进来，形成对小组的归属感。社会学习理论认为人的行为可以通过后天努力不断改善，辅导员根据活动主题，把这个阶段的活动分为时间管理和文化差异两个阶段，主要目的都是希望通过小组活动，先让小组人员认识到自身的学习不适应性问题，正视自身在学习生活上的不足。

（4）体验互助

在亲密期，小组成员的凝聚力已经大大增强，开始意识到小组活动在其成长中的作用。这个阶段的活动分三次进行，主要目的是通过开展活动，促进组员之间的互助，从而达成小组目标。

①学习赞美。辅导员希望通过组员之间的互相赞美和鼓励，开展集体学习与互助，促进共同进步。在这个阶段，辅导员通过游戏活跃小组氛围，让组员认识到学习中是需要互助的。而社会学习理论认为个人在应对认知、行为和环境三者之间的关系时，是有自我衍生的能力，有自我强化并做出行为改变的潜在能力。

②信息共享。辅导员希望通过搭建互助的平台，树立组员之间互相学习的意识，培养互助的能力。这个过程中求助意识是非常重要的，如何借助人的智慧解决自己的难题。另一方面也培养组员的关爱之心，乐意帮助别人解决难题。

③认识自身的优势。不仅让组员认识自己，也是让组员了解到他人身上更好的行为，通过观察学习并获得强化来规范自己的行为。

（5）学习成长

这个阶段组员能够比较理性地看待问题，对小组的认可度比较高，组员之间也相互尊重。通过之前几个阶段的磨合，组员之间已经可以更融洽地参与到活动中，因此辅导员设计本阶段的主要目的是学习成长。本阶段的活动主要分三次开展，每次活动有不同的主题。

①时间管理。辅导员再次设计互动，是希望组员学习时间管理的能力。通过"时间强手"的活动，通过不同的事件对专业课程、娱乐项目和实践活动进行时间分配，过程中辅导员要引导组员了解时间分配的合理性，在时间的安排上需要考虑多重因素，均衡分配时间才有利于学习。

②经验分享。辅导员希望通过这次活动，让高年级的同学分享优秀的学习经验，并要求专业的老师带领大学生选书看书。社会学习理论认为，很多学习是通过人们观察和思考自身的经验获得的，通过模仿他人在学习上的优秀经验，帮助组员更好适应大学生活，是这次活动的主要目的。这次活动的分享，主要是让组员了解学习不是一味苦学，技巧的学习是非常重要的，而这些优秀的经验，让大家更好地检视自己过去的不足，寻找更适合自己的学习方法。

③游戏生活。通过提前布置作业，让小组成员演绎专业故事，这是对学习能力的演绎，通过"角色扮演"让组员反馈专业内容，感受专业学习的魅力。本次活动辅导员需要把更多的活动主动权交给组员，活动中要让组员发挥更多的主动

性，通过主动的学习与分享，达到适应大学生活的主要目标。这个阶段，辅导员还需要提醒组员，小组活动即将结束，让组员做好结束活动的心理准备。

（6）致信未来

在结束期，小组的目标已经基本完成。辅导员提出最后一次要求，需要做好组员的情绪疏导。通过前面几个阶段的活动，小组成员之间建立了深厚的友谊，需要引导组员用小组活动中学习到的能力，强化小组成果，运用到未来的大学学习中。

二、高校辅导员工作方法的特点

（一）工作对象的特殊性

高校辅导员的工作对象不同于科学研究人员、经济管理人员，辅导员不直接作用于劳动产品，而是作用于社会生产力中最活跃、最积极的因素——大学生的身上，通过研究大学生的思维活动过程，使大学生树立正确的世界观、人生观、价值观，使他们学会做人、做事、做学问，从而为社会培养出健康的、能积极发挥能动作用的人才。

（二）工作方法的灵活性

一个学生就是一个世界。世界上没有完全相同的人，更不用说一个学校。辅导员面对的是一个个鲜活的学生，面对的是一个个不同的内心世界，这些内心世界会随着时间的推移不断变化。辅导员工作涉及管理、教育、教学、科研等方面，工作内容具有复杂性。因此，辅导员应根据不同的客体来因材施教，灵活运用教育工作方法。

第二节　高校辅导员工作方法的演变

一、高校辅导员工作方法的演变规律

高校辅导员工作方法演变有其自身规律，掌握这些规律是开展高校辅导员工作方法的首要任务。

首先，高校辅导员工作方法的演变必须以一定社会条件为基础，适应社会发展的需要，明确社会发展的要求。社会客观需要和客观条件决定了高校辅导员工作方法的社会属性，即高校辅导员工作方法必须符合社会发展规律和需要才能适应和推动社会的发展，也才有存在、发展的可能性。

其次，高校辅导员工作方法的演变还必须与高校辅导员工作实践和研究的发展为条件，与之相适应。高校辅导员工作方法的演变要以现有的高校辅导员工作实践和研究创造为条件，诸如高校辅导员工作实践水平、与之相适应的比较完整的高校辅导员队伍、相应的理论、研究方法等为基础，并且要适应高校辅导员工作实践和研究发展的需要。

最后，高校辅导员工作的方法必须适应大学生思想形成、发展的规律，符合大学生的实际需要。高校辅导员工作的对象是大学生，高校辅导员工作活动的目的是要认识、引导大学生的思想观念，高校辅导员工作方法必须根据大学生的需要和特点来选用、变化和发展。

二、高校辅导员工作方法的发展趋势

高校辅导员工作方法的发展趋势，要根据社会要求的变化以及大学生思想状况的变化做出判断和预测，及时开展新方法研究，推进高校辅导员工作方法改革与创新。高校辅导员工作方法发展的趋势有如下几个方面。

（一）多元化

现代社会发展带来利益格局的调整，利益主体多元化反映到大学生的思想上就是思想趋向多元化。高校辅导员工作的开展，往往是多种方法组合使用，这样有助于提升方法理论体系的整体效应，形成高校辅导员工作的合力，产生综合教育的效果。

（二）特色化、渗透化

当前科学技术的发展呈现出日益精细化、专业化的取向，高校辅导员工作方法也就越来越呈现出专业学科的特色；同时，高校辅导员工作方法的研究深度和广度也将不断拓展，高校辅导员工作方法与其他相关学科的交叉渗透就越来越深入。

（三）现代化

科学技术的不断发展，尤其是互联网信息、大数据的发展、普及和广泛使用给高校辅导员工作带来新的拓展领域，极大地丰富了高校辅导员工作的方法手段，促进了高校辅导员工作手段的现代化，既增强了工作方法的现代功能，更加突出了工作的现代特点，抓住了大学生的注意力，且开创了新的工作方法领域。

第三节　高校辅导员工作方法的创新

一、高校辅导员工作方法创新的必要性

（一）时代发展的需要

每一个时代都有其不同的特点、不同的矛盾、不同的历史任务，当今时代发展要求我们在实际工作中要不断地有所创新、有所作为。随着多元文化的呈现和各类价值观的碰撞，现代大学生思想变化较快，容易接受最新潮流，高校辅导员工作因此变得相对复杂，内容和形式都发生了很大变化。为满足时代发展的需要，高校辅导员应提高工作实效性，创新思想理念和工作方法。

高校辅导员工作任务繁重，在学生学习、成长中扮演着非常重要的角色，辅导员的工作方法直接影响着学生，因此创新辅导员工作方法非常有必要。高校辅导员了解大学生的学习、生活，大致了解学生的心理特征、学习情况、思想行为等，为辅导员进一步调整教育指导工作提供参考，能够为高校辅导员创造有力的教育引导条件，促进了师生之间的感情交流。

（二）大学生素质发展的要求

改革开放几十年来，我国经济取得了快速发展，大学生素质也显著提高，高校辅导员的工作方法创新也有利于大学生素质发展。高校辅导员工作方法的创新，不仅有利于辅导员学习和实践、探求和研究工作的新经验、新途径、新方法，创造出丰富多样的工作内容和形式，还有利于全面提升大学生的综合素质。

（三）辅导员提高职业竞争力的必然要求

当前，高校辅导员面临着来自校内外的多重竞争压力。许多高校毕业的大学生、研究生从事高校辅导员这一职位，由于其学历较高，且易于接受新鲜事物，给在岗辅导员造成了一定的外在压力。目前，很多高校逐渐把辅导员纳入高校干部储备人才范围，这也造成辅导员的行政职务晋升竞争激烈。因此，高校辅导员工作方法必须创新，提高自身竞争力。

二、高校辅导员工作方法的创新策略

（一）健全高校辅导员工作机制

健全高校辅导员工作机制，是高校辅导员工作方法创新的重要保障。第一，要建立科学合理的高校辅导员管理体制，充分发挥每个人在各个领域的才能，做到物尽其用，人尽其才。第二，完善高校辅导员的绩效考核制度，对辅导员进行奖惩，从而使辅导员端正工作态度，提高工作积极性。第三，创新高校辅导员晋升渠道。辅导员不仅要做好学生日常学习生活管理与服务工作，而且还需要对学生进行思想政治教育。在网络时代的影响下，学生的思想会受到不良思想的冲击，所以，学校应该对辅导员的工作提供帮助，尤其在晋升机制方面，需要进行不断完善，对辅导员进行考评时不能局限于科研成果，需要对辅导员的晋升渠道进行创新，不断提升辅导员工作的专业水平，培养辅导员形成较好的职业素养。第四，成立辅导员事务助理小组，挑选负责任的学生代表帮助辅导员解决检查宿舍卫生等事务，让辅导员将工作重点放到学生思想、心理教育和自主学习上，在提高工作效率的同时也为学生提供一个很好的锻炼平台。

（二）增强高校辅导员工作创新意识

增强高校辅导员的创新意识，是高校辅导员完成工作方法创新的重要条件。高校辅导员应通过有目的的学习，不断提高自己的理论水平，并不断总结工作中的经验，反思工作中的不足和问题。高校辅导员工作方法要创新，打破传统"说教式"的模式，充分利用新媒体，鼓励和引导学生融入各类活动和班级建设中。

在互联网时代背景下，高校辅导员要提升工作方法的创新意识，利用互联网激发学生兴趣。当今社会互联网高速发展，辅导员在教学工作中，应该通过不断学习和研究互联网上先进的教学理念，提升教学意识，学习互联网知识技术，接受互联网上新颖新奇的观点和思想，了解新闻热点，利用互联网上丰富的信息激发学生学习的兴趣，引起学生的共鸣，调动学生学习的积极性和主动性，利用互联网上的热点话题对学生进行教育和引导，才能提升学生学习的动力，规范学生的行为，提升辅导员的工作质量。

（三）构建有利于实现高校辅导员工作方法创新的人际关系

和谐的人际关系是高校辅导员工作方法创新的重要条件。高校可以定期组织校内、校际辅导员在学习、教育和学生思政工作方面进行沟通与交流，讨论遇到的问题，并分享管理经验，进而形成高校辅导员人际关系链。对于新到岗的高校辅导员，要做好政策指导、经验传授和方法帮教，可对其思想、方法、经验等方面实行一对一的帮带，使其产生归属感，进而尽快融入工作。

第六章　高校辅导员专业化发展的迫切性

高校辅导员是高校行政管理工作不可缺少的一部分，同时也是高校教师队伍的重要组成部分，国家对于大学生思想政治教育与管理历来都十分重视，高校辅导员对学生管理有着十分重要的意义。本章分为高校辅导员专业化发展的现状，高校辅导员专业化发展的必要性，高校辅导员专业化发展的可行性三个部分。主要包括高校辅导员专业化发展相关概念界定、研究现状及存在的问题，高校辅导员专业化发展是高等教育发展、高校发展、高校学生发展的需要等内容。

第一节　高校辅导员专业化发展的现状

一、相关概念界定

（一）专业化

对于专业化有两方面的含义：指某一职业人群的整体发展水平和专业性质居于一个什么水平或情况，可以用"Professionalism"表示；指某一普通职业人群通过自身能力的不断提高，逐渐符合专业的标准，成为专门职业并且得到相应专业地位的一个过程，可以用"Professionalization"表示。专业化当中的"专业"是一个社会学概念，它主要指对某一类人进行专业的培训与教育，使其具有高深的专门知识与能力，根据专业的标准进行专门化的活动，来解决生活中的问题，促进社会的不断进步和发展，并获得一定经济效益及社会地位的一种专门职业。对于"专业"一词在不同的领域有着不同的理解，也就导致对专业观的理解也有所不同。从广义角度来讲，它可以包括任何一种或一类职业，无论哪种职业都具备其他职业所不具备的特质，同时也都存在着区别于其他职业的劳动特点。从狭义角度来看，它特指高校在教育教学过程中的课程组合。《辞海》对"化"的解释是，"表示转变成某种状态或性质"。如大众化、信息化、电气化，这里不仅包括性质的含义又包括过程的含义。

（二）高校辅导员专业化

高校辅导员的专业化，从静态角度来讲，要不断提高大众对辅导员的准确认识，使其成为专业人员的同时也能够得到整个社会的认可；从动态角度来讲，做到能够清楚地理解辅导员的专业特征，从而对其进行专业化的培养，逐渐成为专业人员。当前，在学术界对于辅导员专业化的认识并没有统一，不同的学者有着不同的见解。部分学者认为："高校辅导员专业化主要是依托于专业的组织机构以及终身的专业培训体系，对高校辅导员进行科学的培养与管理，使辅导员在社会学、管理学、心理学等方面进行专业培训的同时，还掌握对于学生工作领域的专业技能，成为心理健康教育、学生管理与学生生涯规划等方面的专家型人才"，还有部分学者认为："高校辅导员专业化主要是在专业归属明确的基础上，依靠专门的学科来不断获得本身存在的发展性空间与合法性地位，主要是依靠管理学、教育学以及思想政治教育学等学科，相互融合，确定发展目标，从而培养出学生管理方面的专业性人才"。

结合多数学者对辅导员专业化的定义，高校辅导员专业化的内涵应该是在我国法律保护基础上，依靠专门学科，建立完善培训体系，对辅导员队伍进行科学培养与管理，从而提升其学术和社会地位，促使高校辅导员能够成为学生管理方面的专家型人才。简言之，辅导员专业化主要包含：辅导员自身的专业素养、专业化的培训体系、专业的政策支持以及专门制度的保障。

（三）高校辅导员专业化的内涵

谈及高校辅导员专业化的内涵，主要从三个延伸维度去界定。

首先是辅导员个体专业化，队伍是由个体组成，辅导员个体应具备专业知识和伦理意识，掌握马克思主义基本理论、思想政治教育等学科知识，拥有坚定的政治立场。只有个体具备较高的政治素质、坚定的政治立场以及较高的科研能力，才能落实好思想价值引领这个主要职责。辅导员应掌握专业技能，具备对国内外宏观形势的解读能力、党和国家政策的分析能力、承担思想政治理论课以及职业发展与就业指导等课程的教学能力，还应掌握学生事务管理的专业技能。

其次是辅导员队伍专业化，在整个队伍的构成中，个体要掌握专业知识和技能。团队应具备合理的年龄结构，完善的培养培训体系，合理优化的人员分工，积极的职业文化及较高的学术素养和社会地位。

最后是工作的专业化，对于高校辅导员来说应该不断探索与遵循辅导员工作的内在规律，实现思想政治教育引领工作的专业化、学生事务管理的专业化，不只是依靠传统的经验完成工作，而是强调科学的工作方式，即由经验型转化为理论型。

因此，高校辅导员专业化内涵应概括为群体掌握专业的知识和技能，不断探索思想政治工作的专业化、学生事务管理的专业化，具备完善的培养培训体系和较高的学术能力，依靠科学的工作方式探索思想政治教育的规律，从而获得良好的社会地位和社会认可，需要国家、社会、高校、个人形成合力，从而建设一支专业化的辅导员队伍。

二、高校辅导员专业化发展研究现状

（一）高校辅导员专业化发展存在问题的分析

多数学者是围绕目前辅导员专业化存在的问题进行展开研究。有学者认为辅导员在专业化中存在着职业倦怠感明显、岗位职责不明确、专业化培训制度缺乏、群体之间缺少互动的问题。高琼对辅导员在专业化过程当中出现的发展动力不足、职业倦怠明显、专业转换困难等问题进行了分析和探讨。另有学者认为辅导员专业化建设主要有认同度低，知识和年龄结构不合理，专业分工不明确和管理机制不健全的问题。大多数研究者对于其专业化所存在的问题主要概括为以下几点，一是辅导员专业知识不强，能力不够好；二是高校辅导员对于自己的职责比较模糊，定位不清晰；三是需要做的事情比较烦琐，人员流动性大；四是发展机制不健全，专业化提升困难。这些问题都是客观存在的，每位学者所站的角度和出发点不一样，所看到和呈现的问题也不一样，毋庸置疑不同学者的观点都有其存在的价值和意义，它们都会在辅导员向专业化的方向发展的过程中起到促进作用。

有学者从"高校辅导员专业化"的内涵进行分析，首先从高校辅导员专业化的认识误区与实践误区两个角度进行解释，其次对高校辅导员专业化的内涵从群体和个体两个方面进行设计，最后对辅导员专业化的未来发展路径进行阐述，辅导员专业化的发展应该注重国家与高校的专业化策略，还要注重辅导员个体的专业化指导，既关注个体专业知识的提高，也要突出群体专业意识与专业精神的构建。高校学生危机干预受辅导员队伍专业化水平影响，但在辅导员专业化进程中存在着辅导员队伍稳定性差、辅导员专业方向比较模糊、管理机制不科学、危机处理缺乏一定的协调机制等问题。从专业化的角度对辅导员队伍发展面临的困境、机遇以及途径进行研究，分析影响辅导员专业化发展的因素，辅导员面临许多问题，如人才培养被低估、辅导员身份没有真正被落实等问题。事实上，新时代高校辅导员专业化建设过程中也面临着一些困境，如辅导员队伍缺乏科学的支撑体系、职业文化氛围不够浓厚以及整个辅导员队伍的职业发展目标和个人追求存在一定差异等问题。另外，高校辅导员专业化发展过程中还存在辅导员专业标准不规范、职业定位不清晰、职业发展通道不顺畅、相关的支持系统也不够完善等问题。

（二）高校辅导员专业化发展对策研究

寻找现有问题的解决方法和举措是实证性问题研究中的主要方法之一。从辅导员专业化的伦理困境以及对它的应对角度来看，辅导员对于自身价值的获得感和体现出的成就感是促进专业化的核心。史仁民、曲乐以大学的本体功能和任务为出发点，从专业和发展两个维度提出辅导员专业化的路径指引和行动保障。整体总结，在众多角度的钻研中，高等学校辅导员专业化的路径主要包括以下两个层面：一是从制度的角度出发，包括准入机制、培训机制、考核机制等的完善和强化；二是从胜任能力方面探究，其中有辅导员的目的、对自身的评价和认知、专业化的技能知识等不同层面。近年来，辅导员专业化的研究引起社会不同领域的关注，学者们也分别从不同的角度进行探讨，有局部深入的，也有整体把握的，但进展仍旧未达到理想的效果，这是常谈常新的问题，也是一个比较漫长的历程。党的十九大以来，中国迈入了承前启后、继往开来的新时代，新时代要怎么促进和实现辅导员的专业化，值得广大教育工作者进一步研究探讨。

张旻在《民办高校辅导员专业化建设存在问题及对策探析》[①]一文中认为要

---

① 张旻.民办高校辅导员专业化建设存在问题及对策探析 [D].湘潭：湘潭大学，2012.

建立健全辅导员专业成长的长效机制，包括准入机制、培训机制、考评机制、保障机制。徐济陆在《民办高校辅导员队伍的专业化和职业化建设》①中指出，高校必须加强辅导员团队的专业化，从以下几个方面入手：实行辅导员准入制；准确定位辅导员的工作职责所在；完善辅导员培训制度；加强辅导员的外部支持系统。李亚利在《民办高校辅导员职业能力建设研究》②提出要激发辅导员职业能力建设的内动力：明确民办高校辅导员职责分工，创新民办高校辅导员管理方法。黄剑在《转型期民办高校辅导员队伍建设研究》③一文中提出要不断加强辅导员队伍职业化专业化建设，不断提高辅导员的综合素质，建立结构合理的辅导员队伍，营造以建立激励机制为核心的制度环境。

现如今在高校辅导员专业化建设中存在辅导员专业素质结构不合理、考核标准不完善、自我认同感与专业性不强等问题，提出相应的高校应重视辅导员的岗前培训，提升其专业综合素质水平和理论研究水平；同时高校也应建立科学合理的辅导员激励机制，加强绩效考核管理，建立辅导员合理淘汰机制等对策。现阶段高校辅导员在专业化发展过程中面临的问题，要结合当前形势且以专业化为导向做好高校辅导员的选拔和聘用；创新辅导员培训机制；拓宽辅导员专业化发展通道，从而促进辅导员专业化向前发展。对于高校辅导员队伍专业化建设问题需要找到其归属问题，以思想政治教育学科为理论依据，坚持科学化的原则构建辅导员专业化建设的支撑系统。最终从构建科学的专业化支撑体系包括：辅导员的培养目标要清晰；专业培训体系要明确；关于辅导员的科学研究要进一步加强；建立多元化的培养模式以及建立学术梯队等对策研究。在辅导员专业化队伍建设过程中存在诸如认同感较弱、职责不清、辅导员配备不足、职业发展体系等多方面问题。针对这些问题提出加强高校辅导员自身职业观念教育；重视对辅导员岗位的设置；完善辅导员专业化培训体系；满足高校自身需要，合理配备辅导员数量；进一步完善高校辅导员职业发展体系等对策建议。现阶段存在辅导员的工作职责不清晰、定位不明确、工作强度大、资源配备不足，辅导员队伍不够稳定、结构不够合理、缺乏专业培训和选拔机制等问题。根据这些问题有针对性地提出建立辅导员资格准入相关制度；完善辅导员专业培训平台；强化对辅导员队伍建

① 徐济陆.民办高校辅导员队伍的专业化和职业化建设[J].学理论，2010（21）：223-224.
② 李亚利.民办高校辅导员职业能力建设研究[D].西安：长安大学，2017.
③ 黄剑在.转型期民办高校辅导员队伍建设研究[D].南昌：南昌航空大学，2018.

设的监督管理；构建关于高校辅导员的工作质量体系等发展路径。辅导员应该意识到作为高校辅导员，职业的多重身份的目标是一致的，都是为了服务学生，助他们成长成才。在多重身份下，高校辅导员应加强对辅导员职业的建设；建立高校辅导员工作理论与实践相互转化机制；进一步激发高校辅导员队伍专业化自身发展的内驱动力等对策研究。

三、高校辅导员专业化发展存在的问题

（一）高校辅导员专业归属不清晰

专业是"专业化"的前提和基础，新时代高校辅导员专业化发展的突出问题在于"辅导员"这一职业的专业归属问题，缺乏学科支撑体系。目前默认为依托于思想政治教育这一学科，但却有些牵强。思想政治教育专业培养的主体是高校思政课教师，而不是高校的辅导员。思想政治教育专业培养的内容和方向对于辅导员的现实工作来说缺乏真正的指导意义。辅导员工作内容涉及多个学科知识，未来辅导员的依托专业可能为思想政治教育，或为管理学、社会学等相关学科，还是专门开设辅导员专业。由于辅导员的专业归属不明确，导致辅导员工作职责范围十分广泛，如对学生进行有效管理应掌握管理学的相关知识，对学生的心理问题进行疏导应掌握心理学的相关知识等等。正因如此，辅导员的学科理论知识体系构建也存在较大的难度。由于缺少完善的学科理论支撑体系，辅导员职业培训存在碎片化、简单化、片面化的问题，培训内容缺乏系统性、完备性及延续性，导致队伍专业化建设缺乏可持续发展。同时，由于辅导员没有明确的专业归属，导致辅导员人员构成学科背景多样化，大部分高校招聘辅导员都是"专业不限"，甚至理工科专业也可以从事辅导员这一职业。但由于学科背景不同，理工科专业辅导员难以在短时间内掌握思想政治工作基础理论知识，从而导致辅导员思想政治教育与价值引领这一主要职能被削弱，从而无法实现思想政治工作的实效性。

（二）高校辅导员专业知识和技能不扎实

对于辅导员来说，专业素养是指应该具备扎实的专业理论知识及相对高水平的专业技能，辅导员具备扎实的专业理论知识能够更好地提升育人水平，具备高水平的专业技能可以更好地解决实际工作过程中遇到的问题以及处理问题的方

法。随着学生数量的增多，辅导员队伍规模的不断扩大，辅导员的职业素质水平产生参差不齐的现象。掌握专业知识和技能作为辅导员职业素养的组成部分，对辅导员队伍专业化建设起着重要作用。掌握扎实的理论基础可以提升辅导员立德树人的水准，掌握专业技能能够科学高效的解决学生问题。但在现实工作中，部分辅导员存在理论知识不扎实、专业技能水平不高的现象。尽管教育部的相关文件中明确规定辅导员应具备思想政治教育基础知识等宽口径知识储备，但高校对于辅导员的招聘要求是"专业不限"，导致辅导员缺乏相关的知识底蕴。学科背景多样化是辅导员个体掌握专业知识不扎实的一个重要原因。当前，部分高校辅导员多来自理工学科，缺少思想政治教育工作的相关专业性理论知识。同时由于辅导员上岗培训内容简单化、碎片化，辅导员并未认识岗位的重要性、工作特点和角色定位，仅仅将辅导员这一工作当作进入高校的捷径，导致辅导员难以潜心学习马克思主义理论知识等相关学科知识，难以潜心投入到思想政治教育工作中去，不利于辅导员自身职业素养的提升，不利于大学生思想政治教育，不利于辅导员发挥对大学生成长成才的指导作用。辅导员专业能力涉及范围广，主要包括开展思想政治教育工作、组织、协调和沟通能力，对学生进行就业指导等相关能力。辅导员要想实现专业化，需要熟练掌握以上工作技能，并将这些技能科学有效地运用到日常工作中去。但是现实工作中，能够掌握这些专业能力的辅导员很少，大部分辅导员都处于学习技能阶段和依靠经验进行探索的阶段。同时，存在专业技能运用能力不足的问题，难以通过有效措施引导学生健康发展。辅导员应努力为学生的心理迷茫指明方向，为学生的生活、交往、学习问题提供基本的解决方法。但由于部分辅导员缺乏相应的专业技能，导致在实际工作中无法正确解决学生的心理问题，不利于学生心理健康发展。再如，危机事件处理能力，在学生工作中的突发事件考验着辅导员的专业能力水平，如果缺乏对危机事件应急处理的能力，会给学生健康成长带来危害，会影响辅导员的职业发展。

1. 高校辅导员专业基础知识不够扎实

高校辅导员专业化要求辅导员自身要具备扎实的思想政治教育相关理论的基础知识以及相关学科的宽口径知识储备，掌握辅导员工作的基础方法、理论与知识，具备工作相关法律法规知识储备，具有大学生心理健康教育、职业生涯规划指导等相关知识。辅导员一般具备思政教育或哲学等马克思相关学科背景、管理学相关学科背景、教育及心理学相关专业背景等。而我国关于辅导员相关文件中明确规定，高校辅导员应具备思想政治教育工作学科宽口径的知识储备，就是要求高校辅导员要具备与思想政治教育相关学科背景的知识，这是为了保障高校大学生思想政治教育工作的顺利进行，这是高校辅导员应具备的最基本的工作能力。高校辅导员主修专业种类较多，其中包括一部分思政教育相关专业，还包括工科、理科、艺术等专业，这种相对宽泛的专业来源不利于高校辅导员对思想政治教育工作的重点把握；不利于高校辅导员更好地提升专业知识水平；不利于高校辅导员在实际工作过程中对心理学、人力资源、职业发展等其他专业知识的综合运用，从而不能进一步深化辅导员对大学生发展的教育引导。

2. 高校辅导员专业技能存在不足

高校辅导员专业技能指辅导员对自身能力与知识相整合所运用的能力，如对学生心理健康教育的能力、对学生危机事件处理的能力、对学生职业生涯规划的能力、对学生组织沟通协调及合作的能力等，能够全面掌握这些能力并运用到实际日常生活工作中，这是作为一名优秀的高校辅导员所必须具备的专业水平。仅有一小部分的高校辅导员认为自身完全掌握辅导员所应具备的专业技能，大多数的辅导员还是认为自身没能完全掌握，有部分认为仅掌握了其中一部分，在实际工作中对专业技能的运用存在不足。高校辅导员专业技能的欠缺，阻碍辅导员专业水平的有效提升，在面临学生日常突发事件时，难以做出更快的反应和有效的处理。根据专业化运动理论分析，某种职业从正式职业到较为成熟的专业需要经过专业化的运动标准考核，从业者通过学习专门的知识与技能，有科学合理的培养体系与培训机构进行专业培训，逐渐形成规范职业，再加上有专业的组织或协会进行有效自治后得到社会与政府的保护，最终成为成熟的专业。专业知识与技能是形成成熟专业过程的基础前提，因此，高校辅导员专业化的建设需要辅导员自身具备较专业的知识与技能。

3. 高校辅导员专业知识和能力与岗位职责不契合

辅导员的岗位工作职责与辅导员自身的专业知识与能力的矛盾主要体现在两个方面。一是学科背景繁杂，聘任的辅导员都是各专业的毕业生，虽然学历提升了，但是学科背景多元化，专业知识基础相对薄弱，很大一部分缺乏思想政治教育专业的相关背景，也没有特别精通的领域，也没有接受过教育学、心理学等方面的系统教育，知识结构不够完整，在处理学生工作发现了之前没有发现过的情况时，因为没有专业知识支持，他们只能依靠自己的处事经验来处理，工作进展缺乏有效的解决方法，并没有达到很好的效果，实际专业知识匹配性较低。二是能力泛专业化，岗位工作职责涵盖面广，对辅导员特定工作领域的专业能力要求很高，现有人员在工作中实际信心不足，多数辅导员更是没有对工作积累的问题或者现象进行专业研究和总结，难以及时有效地解决学生出现的各种思想波动情况，能力素质停留在泛专业化的状态，与岗位所要求的工作职责形成矛盾，不利于工作的开展和自身的发展。

（三）高校辅导员专业化培训参与度较低

在党和国家的大力支持下，全国每年通过举办各种辅导员及思政教育相关会议，积极鼓励高校辅导员外出学习交流等形式，为高校辅导员创造各种利于自身发展的培训项目。但高校辅导员队伍仍存在专业化培训不够规范的问题。

1. 高校辅导员专业化培训安排不够合理

合理地安排高校辅导员专业化培训有利于整个培训计划的顺利进行，同时能够更好地达到培训的目的和效果。高校辅导员实际情况与国家要求具有一定差异。高校辅导员队伍在具体情况上有一定差异，辅导员专业培训时间不足。高校辅导员在辅导员上岗前培训都是有学校自行组织安排的，主要是以了解和掌握辅导员的工作为主，然后培训一定课时后直接由人事处安排到各个学院上岗工作，专业培训时间完全不足，不能满足辅导员专业的、系统的培训内容和目的，很大程度上影响到辅导员职业能力方面知识的学习，并且不能达到提升辅导员工作能力的目的。

2. 高校辅导员培训缺乏实效

对于辅导员来说，参加专业化培训的初衷不言而喻，就是学到真知识并得到理论与实践的提升，参与培训后，效果如何才是辅导员真正关注的。在实际工作中，大部分高校的辅导员培训方式是专题讲座、会议或集中授课学习的形式，一般授课或主讲老师为马克思主义理论方面的专家，在学习过程中过多地注重理论和思想修养的提升，反而对辅导实际工作中遇到的问题及困难研究较少，分析不深，解答不够透彻，很难引起大家的共鸣。

因此高校辅导员培训应做到理论与实践相结合，满足高校辅导员自身发展，同时又能体现出培养时代接班人的目标，高校辅导员培训组织者应提前设计与规划好。整体上还是出现培训内安排相对不合理，实践性有所欠缺的问题，这种偏理论轻实践的培训方式已经不适合现阶段高校辅导员队伍的健康发展，在一定程度上会影响辅导员实际应对与处理问题的能力，同时辅导员个人业务能力提高也会变得缓慢。因此，辅导员专业化培训的实践性至关重要。

3. 高校辅导员专业化培养培训体系不健全

高校辅导员专业化培养体系是指一套能够满足辅导员职业发展、提升辅导员总体业务能力水平、促进辅导员队伍可持续建设发展的体系。辅导员专业化培养体系不健全，主要表现在培养培训内容存在局限性。掌握专业的知识和技能是辅导员实现专业化发展的必要保证，需要根据实际工作内容对辅导员进行思想政治教育学、管理学和心理学的系统培养，鼓励辅导员将所学的理论知识应用到实际工作中去。因此，高校应侧重对辅导员开展系统性的、持续性的理论知识培训，从理论层面确保辅导员对学生工作的正确认知，引导辅导员积极探索工作规律。但由于辅导员缺乏专业归属和学科支撑，倘若仅仅依托于思想政治教育这一学科，容易导致培训的简单化、碎片化。培训缺乏长期、系统的规划，培训内容不够深入和全面，对辅导员的工作缺乏实际的指导作用。尤其缺少对新入职辅导员的长期的、系统的培训，新入职辅导员大多数为应届毕业生，他们缺乏相关的工作经验，知识结构较为单一，但辅导员工作涉猎范围广、内容多、难度大，导致新入职辅导员由于培训的简单而无法适应高强度的工作要求，容易产生职业倦怠。因此，高校要不断加强对辅导员培训的针对性，完善初级、中级、高级三个不同等级的培养和培训方案，培训内容要具有鲜明的时代价值，将培训工作做到与时俱进。

（四）高校辅导员工作职责与职业发展方向较模糊

明确高校辅导员工作职责和未来职业发展方向能够进一步提高辅导员工作的办事效率，同时能够提高辅导员工作的专业水平，但在现阶段高校辅导员队伍中还存在着辅导员自身工作职责与职业发展方向模糊的问题。

1. 高校辅导员工作职责较为模糊

辅导员的本职工作围绕着学生思想政治教育和学生管理两个中心展开，高校辅导员对于自身所在岗位的具体职责和定位不明确。在实际工作中，辅导员做了超出工作职责以外繁杂的工作，对学生的思想政治教育工作出现了相对弱化的倾向，而相对繁杂的学生事务管理工作，一定程度上超出了辅导员的职责范围，辅导员被戏称为学生的"保姆"。大部分辅导员除了忙于日常工作，还要忙于检查学生宿舍、寝室安全管理、课堂违纪和维护秩序等一些相对繁杂的工作事务，付出较大的精力和时间，过多的日常事务导致辅导员没有精力对学生进行思想政治教育，且辅导员自身的理论水平及能力相对较低，不能更好地应对学生心理思想方面的问题，对于学生遇到的问题或提出的问题不能做出专业的解答或应对，这些问题在一定程度上制约着辅导员的专业素养的提升，严重的可能会与辅导员工作的实质偏离，从而降低工作效率。从高校辅导员的实际工作情况看，专业化发展中的专职配比、职称评定等正在逐渐完善，但辅导员自身的内在能力和素质以及精神层面有所欠缺。高校学生工作是需要由一支专业的管理队伍构成，若要达到这一目标，就必须靠相关制度、政策和措施来实现高校辅导员专业化建设。在专业化与职业化发展过程中，如何突出高校辅导员的"专业"，是高校辅导员专业化建设过程的关键因素。

2. 高校辅导员职业发展方向较模糊

职业规划是对未来工作的远景目标，是推动人前进的动力。为了未来更好的发展，高校辅导员需要对自己的未来发展做一个短期的规划或长远目标，从而激励自己不断努力工作。部分高校辅导员在谈到"关于自己未来职业规划或目标"时，大部分辅导员表示：在刚刚到辅导员岗位工作时，只是大概了解辅导员工作的性质，当时想先做着工作，未来的规划再视情况而定，但实际工作一段时间后，每天忙得没多余的时间或私人空间，可能刚刚解决学生的思想问题，又收到参加学校的会议通知，基本没有时间去思考自己未来的职业规划，更别说远景目标。对于其他辅导员对于自己未来的职业方向上都有自己的规划，但大多数比较模糊。

高校辅导员队伍中，普遍存在对未来发展模糊或不确定的现象。在辅导员繁杂的学生事务管理过程中缺乏对未来发展的规划，容易出现辅导员自身的情绪不稳定、焦躁的现象，严重者可能对学生工作产生不自觉的抵触心理，这影响着高校辅导员的工作效率。

（五）高校辅导员专业化发展的政策设计不系统

学科理论是重要的理论支撑，而要想从理论层面走向实践，需要依靠国家强有力的政策支持，在政策设计上推动专业化队伍建设。辅导员队伍要想实现专业化建设，需要全面的、系统的政策设计来提供支撑。纵观辅导员的相关政策，对于辅导员专业化建设的政策设计缺乏系统性。一是国家在辅导员学科支撑体系构建方面缺少相应设计和规划，导致辅导员没有专业学科背景。例如，部分高校在进行辅导员选聘过程之中将招聘要求设定为"专业不限"，降低了辅导员的工作门槛。当前，社会普遍认为无论什么专业都可以从事辅导员工作，影响了辅导员的社会认同。然而由于专业多元化导致辅导员队伍人员构成缺少统一的学科知识，会在一定程度上影响辅导员队伍的建设效果。二是国家对辅导员入职资格制度设计的不系统，辅导员作为重要职业，应与教师资格证、法律职业资格证同样具备其职业的专业性，但目前缺乏对于辅导员执业资格认定制度，导致辅导员的职业门槛较低，影响其走专业化发展之路。三是国家对辅导员身份定位为具有教师和管理干部双重身份，导致辅导员在实际工作中处于尴尬的境地。有的高校将辅导员归于行政管理类别或是统一归于专业技术类别，使辅导员的晋升成为空谈。也有的高校在对待辅导员的问题上存在差别，在职务晋升时没有考虑到辅导员工作和身份的特殊性，按照专业教师或是专职行政人员的考核规定去考核辅导员，影响了辅导员的晋升和专业化发展前景。因此，只有构建辅导员学科支撑体系，将辅导员专业身份进行界定从而形成严格的准入制度，才能依照其工作特点设立单独的、系统的、合理的职称评聘标准。

第二节　高校辅导员专业化发展的必要性

一、高校发展的需要

（一）有利于全面加强高校思想政治教育工作

　　高校辅导员是大学生思想政治教育工作队伍的骨干力量，其主要工作职责是对学生进行思想政治教育，为学生在大学中的学习活动、日常生活、心理健康、党建与班级建设以及大学生就业创业等方面进行服务与指导。由于当前高校辅导员工作任务较为繁重，在各高校中各上级部门都可以对辅导员布置工作或安排其他任务，使得高校辅导员工作职责不清晰，影响其主要工作职责，一定程度上弱化了学生思想政治教育工作的力度。因此，加强高校辅导员专业化建设，有利于明确高校辅导员的工作职责，明确辅导员将工作专注到为学生树立正确的世界观、人生观以及价值观上，更加明确辅导员要以思想政治教育为核心工作，以学生日常管理为基础，将工作职责细化为学生道德正确引领、学风与班级建设、班级建设与学生发展、心理健康教育与咨询、职业生涯规划、校园安全与维护、党团组织建设、特殊与困难学生帮扶、学生职业生涯规划与就业创业指导以及学生毕业后校友服务等。这很大程度上加强了高校辅导员工作的工作效率和专注度，是对学生科学管理与规范考核的首要前提，同时更是大学生思想政治教育工作的重要前提和必经之路。全面加强高校辅导员专业化建设，使这支思想政治教育工作的骨干力量从众多繁杂的工作中脱离出来，全身心地投入到大学生的思想政治教育工作中，这将极大地推动高校辅导员工作的专业化发展。

　　大学生思想政治工作有其内在规律性和鲜明的时代性，新时代高校思想政治工作的内涵、途径和方式需要在不断总结和概括中确定。新时代背景下，国内外形势发生明显变化，社会主义市场经济飞速发展，获取信息方式的便捷化和多样化使大学生思想价值观念易受多元文化的影响，导致学生思想观念碎片化、多元化。原有的教育和管理方式无法适应新时代对高校辅导员工作的新要求，思想政治教育工作面临巨大挑战。辅导员作为日常与大学生联系最紧密的群体，需要适应高等教育主体由精英向大众的转变，需要适应从只重视知识到知识与能力并重的转变，需要适应辅导员由单纯的政治辅导员和学生事务工作者向新时代大学生发展的思政教师的转变。这就要求辅导员应具备敏感的政治意识和敏锐的思想辨别能力，提升自身发现新问题、适应新情况的能力，从而更好地解决新问题的能力，而这些能力的提升需要提高辅导员专业化水平。

（二）有利于促进高校的不断发展

国内高校辅导员在整体的性质和功能上与部分西方发达国家高校学生事务管理工作人员有着大同小异的区别。早在19世纪，西方发达国家就提出高等教育这一概念，经过不断发展培养出一批现代化大学生，同时提出将高校的学生事务与学术事务分离，进行多元化管理，工作内容也越来越细化，经过多年的发展，一个能够为高校学生提供服务的体系也逐步形成了。学生事务的不断进步促进了高校学生事务管理更加专业化，高校学生事务管理人员专业化可以更好地满足学生的各种需求。西方发达国家在高校学生事务管理方面有着较长的发展历史，且各项管理工作与机制都比较完善，因此对于我国高校辅导员专业化建设有着借鉴意义。

随着高等教育的不断发展，教育部提出要以学生为高校工作的主体，以学生为中心全面进行学生管理工作。因此，高校应当更加关注和重视辅导员的建设工作，大力推进高校辅导员队伍专业化的发展进程，只有推动高校辅导员队伍专业化，才能促进高校的发展。

（三）为高校平稳发展奠定基础

高校的稳定发展需要校园内外环境的支持，高校总体稳定发展，为社会培养出许多优秀的人才，现阶段，高等教育发展非常迅速，受网络化、信息化大环境的影响，越来越多的人可以接受高等教育，高等教育的质量不断提高，受过高等教育的人群也迅速遍布各大行业。辅导员队伍用其微薄的力量支撑着高校平稳发展的状态，辅导员日常细致的工作是维持高校稳定发展的基础，高校的稳定持续发展离不开辅导员，辅导员以沉稳谨慎的坚定信念化解各种工作困难，为高校的平稳发展倾囊相授。当前，高校大学生的思想独立性、选择性、多变性、差异性显著增加。大学生学习、生活和工作中的新问题和新情况，都会影响高校的稳定发展，所以，高校稳定发展的基础如果能保证具有专业素养的辅导员队伍，如果确保广大辅导员做好此项业务性强的工作，就能真正落实"以人为本"的原则，为大学生提供更加全面的管理与服务。

（四）为高校人才培养奉献力量

教育是关乎国家稳定发展的核心力量，为谁培养人，培养怎么样的人，不仅仅是学校和老师的工作，教师强则教育强，教育强国家才会有希望。高等学校的教育，以育人为本，德智体美协同发展，以便更好地引导学生世界观、人生观、价值观的发展路径。而辅导员则是与学生接触最密切的老师，奋斗在教育工作的一线中，与学生的成长成才有紧密的联系，辅导员可以帮助高校培养人才，为了加强现代大学生的思想道德修养，必须要有高素质的辅导员团队。随着经济全球化、信息化、网络化思潮逐渐发展，高校思想政治工作正在面临严酷的挑战，只有高素质的专业辅导员队伍，才可以促进高校开展学生思想政治教育活动，专业的辅导员队伍只有把握好思想政治教育的科学规律，才能不断改进工作方式去适应现实状况，以培养合格人才。

二、高校学生发展的需要

（一）为高校学生成长指点迷津

辅导员在大学生成长的道路上发挥着重要作用，帮助大学生解决日常工作中出现的各种问题。辅导员为学校培养社会主义合格的建设者和接班人做出了巨大贡献，并推进高校高等教育事业不断向前发展，辅导员必须科学严谨地管理学生日常，培养出色的学生干部来辅佐辅导员工作。另外，对于学生在学习生活中遇到的不同问题，辅导员要根据实际情况帮助同学解决问题，也要培养班级干部自主策划开展思想教育活动，积极调动学生的主动性，力求思想教育工作取得良好的效果，所以说辅导员是大学生的良师益友，在大学生思想道德方面，具有指引作用。

（二）为学生踏向社会树立榜样

辅导员专业化的发展不仅能给大学生的校园行为起到榜样带头作用，还在社会行为上起着引导性的作用。当大学生即将离开象牙塔，辅导员是其行为指导的骨干力量，主要任务是将树立坚定的理想信念作为教育的主要内容，在思想政治工作开展的过程中，培养学生树立正确的三观，增强学生的爱国主义情怀，弘扬民族精神。将道德规范作为基本知识，对学生进行公民道德教育、思想政治教育，促进学生的全面发展，培育出求真务实的合格大学生。高校有各类专业的教师，分别研究社会各行各业，在大学里，学生可以选修不同教师开设的课程，在不同的课程中，学生可以得到各专业老师的指导和教育。而步入社会最重要的是"真实"，这就需要辅导员的约束和教导了。大学生的"三观"在大学初期已基本成型，要想了解、判断、指引三观的正确朝向，那就需要辅导员对学生德育进行观察和考核。辅导员要熟练掌握马克思主义基本理论、心理学教育等，还要利用自己的人生经验和感悟来教育甚至感染学生，教学生如何在社会上变得更加"真实"。思想是行为的指南，思想端正，行为理所当然不会有偏差，人也会慢慢更加自律，踏向社会自然会"真实"，方向也不会出现。

（三）为学生心理问题排忧解难

辅导员作为一支高等学校的年轻化队伍，与大学生年龄差距相对较小，对大学生的指导效果也优于其他教师，所以辅导员更适合为学生心理问题做辅导，为学生排忧解难。现阶段，高校招生不断增加，学生情况也越来越复杂，其中不仅有独生子女群体，还包含着家庭困难学生群体，以及与此相反的高消费群体，此外，高等教育也逐渐不再是精英教育，而是大众教育，所以学生的就业体制也发生了一定的转变，现在很多学生沉迷于网络，只关心网络游戏或者网络小说，有很多大学生没有朋友，出现心理问题，给高校的稳定发展带来了一定的影响，也不利于社会的稳定发展。作为担任大学生心理健康的疏导者，辅导员应该组织全校性的心理测试，针对测试结果对其进行心理咨询，并为学生建立档案，开展以年级为单位的心理健康讲座或以"大学生心理"为主题的座谈会，有针对性地指引大学生塑造良好的心理人格。

（四）培养全面发展时代新人的基本需要

中华民族伟大复兴的中国梦的实现需要一代又一代青年人接过历史的接力棒，为实现中国梦的伟大实践付出青春力量。新时代大学生具有新的特点，对高等教育的公平和质量有了新的要求，对辅导员的思想价值引领有了更多的期待。辅导员开展工作要"以学生为本"，坚持围绕学生、贴近学生实际开展工作。辅导员队伍实现专业化建设，有利于辅导员从复杂、琐碎的工作中脱离出来，深入研究心理健康教育、思想价值引领等专业领域。随着社会经济的发展，人们的物质生活得到了满足和丰富，精神生活却十分空虚，心理问题比比皆是。大学生群体是心理问题高发的群体，体现在学业压力大、就业选择困惑、人际交往困难等多种心理问题，这些心理问题的存在严重影响了校园的稳定和学生的健康成长，辅导员可以将处理琐事的时间用来提高心理健康教育工作的专业化能力上，通过学习掌握心理学知识，积极开展谈心谈话、案例分析、心理健康咨询、团体辅导和个例研究等活动。通过这样的方式可以显著提高辅导员的心理健康教育能力，为大学生提供专业的心理咨询服务，只有实现辅导员的专业化发展，辅导员才能拥有充足的时间去了解学生、关心学生所遇到的各种问题和情况，才能够有效地解决相应的问题，才能够拥有充足的时间和精力进行自我提高，从而更好地发挥其思想政治教育的作用，也能够积极主动的提高自身的政治素质和职业素质，增强思想政治工作的吸引力，从而对大学生健康成长起重要的促进作用，为培养全面发展的时代新人提供组织保障。

（五）为学生职业规划搭建平台

辅导员不光要关注学生的学习生活，也要给学生提供一定的就业指导。在平时，注重培养学生虚心学习的精神，在学生毕业就业的重要时刻给予关注，努力帮助学生进行就业的规划。现阶段，随着高校人数的增多，我国也提出了新的就业体制，现在越来越多的学校鼓励大学生进行自主创业。近年来，大学生就业压力逐步增大，引导大学生先就业再择业，特别是面向基层就业，同时鼓励大学生进行自主创业，让创业带动就业。辅导员要根据学生自身情况，给学生的创业提供一定的指导意见，并且加大毕业生就业信息的采集力度，指导大学生规划自我职业生涯，让大学生清晰认识到自身需求，看清就业形势，在大学四年时间里努力学习知识，锻炼能力，培养一些良好的习惯，及时应对人生的挑战。所以，辅导员必须根据学生的具体情况对其提供帮助，结合社会实际情况给予大学生就业指导，为学生职业规划搭建平台，努力成为大学生职业生涯的成功设计师。

三、辅导员自身发展的需要

（一）有利于提高高校辅导员的整体素质和能力

高校辅导员专业化建设有利于提高辅导员队伍整体素质，高校学生思想教育工作要求辅导员应具有较高的思想政治素质、业务素质、较强的事业心，而加强辅导员专业化建设能够引导辅导员向职业化、专家化方向不断发展，成为高校思想政治教育工作、教育教学管理工作、心理咨询与就业规划等方面的专家，从而提高整个高校辅导员的能力、水平和素质。在当前形势下，社会环境的不断变化与高等教育的改革对高校思想政治教育工作带来了较大冲击，无论是经济全球化进程的加快，还是高校体制不断改革、教育规模的不断扩大、网络普及等问题，所有的新情况、新问题都在一定程度上影响着高校思想政治教育工作的实效性。高校辅导员专业化建设为新时期辅导员建设、教育培训及业务管理提供有力的保障，同时能够引导辅导员树立正确的学习观念，制定长远的职业发展规划，不断研究新情况、解决新问题，根据不同形势的变化为学生提供正确的引导与帮助，这有利于高校辅导员工作的科学化，从而不断提高思想政治教育工作的实效性。发展的前提是稳定，没有稳定的工作队伍，就不会有专业化的发展。"专业化队伍建设"能够引导高校辅导员成为学生思想政治教育方面的专家，使辅导员成为一种可以长期从事、有未来、有前景和有发展的职业，而不再成为其他行政或教学岗位的"跳板"，从而加强辅导员自身的职业认同感和满意度，且能够全力投入到工作中去，以此避免出现辅导员队伍不稳定、满意度低等消极现象。反之，将个人工作能力强、素质高、水平高、经验丰富的优秀辅导员留在队伍当中，才能进一步加强与促进辅导员队伍专业化建设，同时也能够提高高校辅导员的整体能力和素质。

（二）高校辅导员克服自身发展局限的迫切需要

在事物发展的过程中，事物的内因起决定性作用。制约高校辅导员专业化建设的重要原因为辅导员个体的发展存在局限性。首先是辅导员个体学历层次不高，科研能力薄弱。辅导员的选聘标准多倾向于高校行政人员，尽管大部分学校辅导员队伍的学历层次都为研究生，但也存在少部分学校辅导员的学历层次为本科，具有博士学历层次的辅导员更是寥寥无几。作为高校教师的重要组成部分，辅导员的学历往往处于最低的层次，烦琐的事务性工作使得辅导员缺少进行科学研究的时间和精力。在学生工作方面，对于最新问题缺乏深入的思考和研究，缺乏科学研究意识和方法，存在研究问题的深度和广度不够的现象，研究多停留在工作上的简单总结，缺少具有代表性和突破性的研究成果、工作方式和研究方式多停留在"经验型"的层面。其次是辅导员个体缺乏专业化发展的主观意识，同时对自身岗位重要性的认识不够，自我定位较低，个人专业化发展意愿不强烈，缺乏专业化发展思维，仅仅把辅导员这一职业当作进入高校的"敲门砖"和职位升迁"跳板"，忽视了辅导员立德树人的重要作用，并没有在思想上做足长期从事高校辅导员的准备，导致辅导员队伍整体存在职业倦怠，整体水平较低，人员流失较多，人员流动性较大，影响思想政治教育工作的顺利开展。与此同时，由于部分新入职辅导员的专业理论知识和技能不扎实，导致在实际工作中延长了对于辅导员这一职业的适应周期，出现在实践中学习的现象。部分辅导员缺乏政治理论功底，对国家发展情况和社会相关问题存在错误解读的现象。甚至个别辅导员以己之便谋私利，在评优评先、助学资助、入党等方面谋取利益。从整体来看，仅有少部分高校辅导员将"高校辅导员"这一工作当作终身可从事的事业，大部分辅导员对这一职业认同度较低。由此可见，在高校辅导员队伍中真正具备辅导员专业知识和专业能力的专业化人才较少。个人职业素养不高成为高校辅导员队伍专业化发展道路上的阻碍。

辅导员由于受知识背景和学历层次的影响，个体素质和能力水平参差不齐。在素质和能力方面与新时代的要求还存在一定的差距，思想政治工作难以做到与时俱进，缺少工作理论支撑。辅导员要想走精细化的发展道路，要将辅导员专业化的方向落实到辅导员的职责当中去，真正实现专业化和专家化水平。同时社会对于辅导员工作认识不全面，甚至不了解，影响了辅导员对自我的认同。在高校工作中，辅导员工作内容宽泛，日常工作事无巨细，甚至个别辅导员同时兼任学校和学院的行政人员，多头领导、多处负责，使辅导员产生职业倦怠和较大的心理压力。由于多头领导、学生数量增多等原因导致辅导员在高校工作中角色定位不清晰，工作内容界限不明确。一方面，辅导员对学生的服务时间是全天候的，在此过程中需要对学生开展思想政治教育。另一方面，还需要处理千头万绪的学生工作，评奖评优、资助、心理健康、安全教育及就业多方面的日常事务，专业地位不明确，工作范围界限不清晰，深刻地影响了辅导员职业认同和社会认同，影响个人发展。因此，辅导员只有实现专业化，才能提升辅导员对自身的认同度，从而提升辅导员职业的社会认同度。要确立辅导员的专业地位，打造辅导员的专业声誉，从而坚定辅导员自信，在工作中更有成就感和归属感。

第三节　高校辅导员专业化发展的可行性

一、国家政策保障

党的十八大以来，国家高度重视思想政治工作，强调要加强辅导员队伍在内的思想政治工作队伍建设，把培养全面发展的时代新人放在重要位置。高校辅导员具有教师和管理人员双重身份，负责大学生的思想教育工作，决定着青年学生的未来发展。21世纪，现代社会转向知识社会，职业领域的一个明显特征是劳动主体更加趋向专业化。辅导员是对大学生进行日常思想政治教育的重要主体，只有实现专业化发展才能够达到辅导员发展的最终目标。近年来，国家颁布了相关政策性文件，为辅导员队伍的专业化建设提供了保障，为高校辅导员队伍建设的体制机制提供基本遵循，为提高辅导员个体的职业素质、加强和改进思想政治工作指明方向。

高校人事制度的不断改革可以更好地激发教师的活力，高校辅导员的岗位聘任随着时代的变革也经历了不断地变化，2017年10月1日起施行的《普通高等学校辅导员队伍建设规定》里对于辅导员管理岗位的聘任办法又做了相对清晰准确的部署，如对于其专业知识等做了详细的要求，提出对于专业技术职务的认定要单独设置计划独立的标准和评审小组，注重结合辅导员的实际工作成效，同时继续加强和重视对他们的培训，应该把他们一起纳入学校教师培训的整体计划当中，培训体系实现分级分层。2018年颁布的《关于全面深化新时代教师队伍建设改革的意见》在不断提升教师专业素质能力中也提到：要着力提升教师的专业能力，推动高等教育的内涵式发展，深化高校人事制度改革，重视各级各类学校辅导员的专业化发展。根据国家最新相关政策，结合高校人事制度改革来研究高校辅导员的专业化既有政策文本指导，又能够推陈出新，探索研究新的领域。

二、良好的理论基础

高校辅导员专业化发展在理论研究方面成果显著。近年来很多学者都将辅导员队伍专业化发展作为研究对象，研究的角度和广度也越来越丰富，学者们不仅从地方本科院校辅导员队伍专业化发展遇到的实际困难角度出发，还借鉴了国外的理论和现实研究成果，为辅导员队伍专业化发展提出了有益建议，为地方本科院校辅导员队伍专业化发展提供了具体指导。其中思想政治教育专业为辅导员专业化提供了理论支撑，思想政治教育学科的学术规模，会进一步提高辅导员队伍的专业素质；同时，思想政治教育专业培养了大批人才，并承担着辅导员培训的任务，为辅导员向知识化专业化发展提供了保障。

三、辅助组织助力

高校辅导员专业化在发展过程中形成了专业的辅助组织。全国性的高校辅导员工作现场会、创新论坛和期刊成为辅导员队伍专业化发展的交流阵地，通过各地辅导员的交流和学习进一步增强了辅导员对于职业的认同感。同时在专业组织促进下形成了各层次的主要专业能力竞赛平台，在平台竞赛和交流中，辅导员既展示了自身专业能力，同时也将工作经验与其他地区的辅导员进行了交流，实现了共同提高、共同促进的作用，这些活动和平台为高校辅导员专业化发展创造了有利条件。国内各高校对辅导员发展的尝试为实现专业化提供了平台和保障。目前，辅导员专业化已经成为我国高校辅导员管理领域的一种重要实践活动。

综上所述，高校辅导员身兼教师和管理的双重责任，是思想政治教育的骨干力量，辅导员专业化是社会发展的趋势，因而，必须明确辅导员专业化发展方向，认识辅导员专业化的必要性和现实可行性，在新形势下积极推动高校辅导员向专业化发展。

第七章　高校辅导员专业化发展的路径探索

高校辅导员的专业化发展是高校改革和发展的重要内容，也是国家和社会对辅导员发展的必然要求。高校辅导员专业化发展应通过学科支撑、培训体系、基本路径、政策保障三条路径来实现。本章分为高校辅导员专业化发展的学科支撑、高校辅导员专业化发展的培训体系、高校辅导员专业化发展的基本路径、高校辅导员专业化发展的政策保障四部分。主要包括优化以岗位需求为主的培训体系、提升培训课程系统性与专业性、提升辅导员职业角色的社会声誉、构建合理的岗位考核机制、提高辅导员自身专业化发展能力等内容。

第一节　高校辅导员专业化发展的学科支撑

一、辅导员专业化建设的思想政治教育哲学基础

辅导员对大学生进行思想政治教育和日常管理的工作是高校思想政治教育学在高校的重要研究领域之一，承担着提高大学生政治素质和思想道德水平、促进大学生全面发展的重要职责，为思想政治教育学的发展提供了实践基础。思想政治教育是一项社会实践活动，它具有鲜明的阶级性，不仅这一实践活动的实施者代表着一定的阶级意志，而且其表达的思想内容与社会主导的意识形态相一致。思想政治教育是以教育为中心的社会实践活动，涵盖了教育活动的全部过程和价值旨归。同时，思想政治教育目的论、过程论、方法论、发展论等也为辅导员队伍专业化提供了理论支撑。

（一）思想政治教育目的论

思想政治教育的目的是指对教育对象采取一定的教育活动，使教育对象在社

会生活中的思想和行为达到一种"四德共育"的目标指向和价值取向。目的设置为活动的开展提供依据和动力，方向为活动双方提供精神力量，为活动效果的检验提供标准和依据。

思想政治教育的目的是一个价值体系，它由根本目的和具体目的组成。根本目的是要提高人们认识主客观世界和改造主客观世界的能力，要求人们在努力改造客观世界的同时更主动地改造主观世界，不断提高人们的个人品德、家庭美德、职业道德和社会公德。一切思想政治教育活动都必须围绕"四德"来展开，凡是有利于实现这个根本目的的，都应坚定不移地坚持和维护。

在思想政治教育的具体实践中，为实现根本目的，还需要有一个个具体的目的。思想政治教育的具体目的具有鲜明的时代特征，在不同的历史时期、不同的发展阶段、不同的领域有不同的指向。培养什么人，如何培养人，是现阶段实现两个百年梦想的战略任务。

（二）思想政治教育过程论

思想政治教育的过程理论是对思想政治教育活动程序及其规律性的认识。人们对思想政治教育规律性和本质的认识程度直接决定着思想政治教育活动开展的程度，决定着活动开展过程的目标设计、过程把握、方法取舍、结果评价。要有序、有效、有力地开展思想政治教育活动，必须澄清思想政治教育的主次矛盾，对主次矛盾做出合规律性的分析。思想政治教育的特殊矛盾是社会的思想政治要求与受教育者实际的思想政治素质之间的矛盾。人的思想政治素质的形成和发展是指个体的思想政治素质在演化过程中不断获得新的品质的过程，是客观外界条件影响与主观内部因素相互作用的产物。具体地说，人作为主体，其思想政治素质的形成是主观内部因素和客观外界条件产生相互作用的结果，主体接受外界的各种刺激，通过自我建构，逐渐形成和发展，实现将社会所要求的价值观念、政治观点、道德规范内化为受教育者的思想政治意识，并外化为相应的行为和行为习惯。

高校辅导员是思想政治教育实践活动的主体和主要承担者，在具体的思想政治教育过程中，思想政治教育工作者是国家意识形态的代言人，他们的权利和职责是社会分工赋予的。尽管他们的行为是个人行为，但却代表着国家意志、组织行为，为整个国家体系所支持。思想政治教育主体的行为是与所服务国家的政治要求和政治诉求相匹配、相符合的。在具体的思想政治教育活动中必须按照特定的社会和阶级已定的思想理论体系并根据教育规律和目的及要求对内容进行梳理。同时，根据高校辅导员个体素养的差异，在思想政治教育实践中通过理论学习和活动参与，提高了理论素养，充实了自身内涵，用人格凝聚和活化思想政治教育功能，从而不断增强自身和思想政治教育本身的可行性，也增强了教育活动的亲和性和实效性，真正实现思想政治教育的主体性成长。一个人的成长，在一定程度上不仅仅取决于价值引导，而更多地取决于其建构的积极性和主动性。

二、辅导员专业化建设的心理学基础

心理学是研究人的行为与心理历程的一门学科，它以人为研究对象，既关心人们在各种情境下行为方式的特点与规律，又研究这些外显行为内在的心理过程与规律。高校辅导员作为青年学生健康成长的知心朋友，需了解服务对象的心理发展规律和特点，做好学生的心理咨询和辅导工作，更好地完善专业化建设。

（一）多元智能理论

多元智能理论是美国哈佛大学心理学教授霍华德·加德纳（Howard Gardner）于 1983 年提出的一种关于智能及其性质和结构的新理论。他把智能定义为"在实际生活中解决所面临的实际问题的能力、提出并解决新问题的能力以及对自己所属文化提供有价值的创造和服务的能力"。他认为："人类拥有的智能涵盖八个方面：第一，即用语言思维、表达欣赏语言深层内涵的语言符号智能；第二，即用计算、量化、思考命题和假设来进行复杂数学运算的数理逻辑智能；第三，利用三维空间的方式进行思维的视觉空间智能；第四，操纵物体和调整身体的运动智能；第五，感知音调、旋律和音色等音乐节奏智能；第六，能够有效地理解别人和与人交往的人际关系智能；第七，建构正确自我知觉并善于用这种知识计划和导引自我认识的智能；第八，观察自然界中的各种形态，对物体进行辨认和分类，能够洞察自然或人造系统的自然观察的智能。"这些智能必须通过习得来实现。心理学家班杜拉 (Bandura) 认为，许多行为是通过观察学习得来的。观察学习是形成社会行为的基础。

（二）心理契约理论

心理契约理论是美国著名管理心理学家施恩 (E.H.Schein) 教授首先提出的，后来的学者在此基础上进行了深入研究和发展。美国社会心理学家罗伯特·艾森伯格（Robert Eisenberger）在进行了系列研究以后，提出了组织支持认知理论，主要观点是指员工对组织如何关心自己和重视自己贡献的一系列主观的认知。员工知觉到组织支持时，愿意在互惠原则的基础上，以工作努力来换取组织提供的资源和奖励，并由此提升职业满意度。

职业是一个比较复杂的、涉及一系列行为策略的动态过程，其成功不仅取决于辅导员自身的个性，其能力、价值观、态度等个人因素在不同程度上也会起到相应的作用。不仅如此，还会受到多种外部因素的影响，如家庭、组织和社会的影响等。根据系统论的观点，职业成功的因素是内部因素和外部因素 (主要是指所在组织的努力) 有机的结合。因此，在考虑职业成功影响因素的时候，其中组织支持认知是一个重要的因素。组织支持认知理论主要包含三个方面的内容，第一，采取主动的支持措施。第二，有效地传达高层管理者的支持。在管理实践中，高层管理者应当展示出对辅导员的积极的评价，塑造亲切友好形象，并通过实际行动来表现对辅导员的薪酬和福利的关注。第三，取得上级支持。上级常常被视为组织的代理人，上级的支持措施有助于辅导员产生好感。在管理实践中，组织应当培育出这样一种文化，即要将上级对下级的支持性行为加以公开并加以赞扬。高校辅导员在专业化进程中，不仅仅希望得到国家相关部门的重视，同样也希望得到学校、家长、同事和青年大学生的认可。

第二节　高校辅导员专业化发展的培训体系

一、优化以岗位需求为主的培训体系

社会学家布朗德士（Brandeis）认为：“专业是一个正式的职业，为了从事这一职业，职业上岗培训尤为重要，包括知识和一些扩展的学问，这些和单纯的技能并不相同，不仅仅是从业者谋生的工具。”

辅导员的培训体系要适应岗位的要求和需要，要改变目前培训内容"千书一面"的状况，岗位分级分档，那么培训也要依据岗位进行安排，关键在于充分考虑到辅导员的特性，不能千篇一律，一步步地建立起分级分类的培训体系，既能够适合高等教育发展要求，也可以满足辅导员工作需要，用专业化培训的方式促进整体的专业化。完善辅导员的专业培训体系可以从强化培训意识，改善培训形式，整合培训组织结构，注重培训反馈四个方面着手。

（一）强化培训意识

专业化培训是辅导员在正式任职前所必须要参加的一项培训活动，以熟悉岗位的基本工作内容、流程等相关基础知识；辅导员根据自身实际情况和学校安排，积极参加临时或者定期的校内外培训活动提升自己的专业知识。

高校辅导员要强化自己的培训意识，认识培训的整个过程，调整自己的心态，提高自己的主观能动性，主动申请参加适合自己的培训，争取获得更多的培训机会。另一方面，整个社会也要改变观念，强化策划组织辅导员专业化培训的意识，正视培训在人力、物力和时间上的付出，按照岗位需求，规范辅导员培训内容，努力使培训变得有效实用，拒绝只走形式，持续提高辅导员理论与实践水平，指引他们向着专业化、专家化的方向转变，使辅导员各项标准达到专业化要求。

（二）改善培训形式

目前，高校辅导员培训模式较单一，基本采用报告型的理论学习方式。辅导员的岗位职责需要其具有丰富的综合理论知识，也需要具有可以实际运用操作的专业技能，为了避免辅导员培训枯燥无味的走过场现状，纸上谈兵的形式主义，各级主管部门依据辅导员岗位标准和有关规定，具体分类地设计开展辅导员培训的活动，实现培训一体化、网络化、档案化，提高培训计划的科学性和培训的精准化，促进不同工作年限的辅导员根据实际需要弥补自己薄弱的部分。

政府要提供人力、财力、物力等方面的保障和支持，推动学校之间的联系与合作，各高校可以积极探索，自行设计重视基础和能力等宽口径的培训活动，开展课程对辅导员进行培训，可以试着开展模拟情境、实践操作等新颖的培训课程，设计在学校内部轮流换岗工作等培训模式，充分开发网络资源，形成网上网下同心圆，增加专业化培训的时代特色。

（三）整合培训组织机构

培训的目的是使辅导员能够通过不断的学习满足岗位需求，努力实现专业化，我们在对辅导员的培训组织和结构采取新的调整时，必须以此为方向，逐步改变现有的培训安排所存在的层次缺失、内容单板等问题，形成一个多维的依次提升的体式、创建一个专业的金字塔形的培训组织结构。

在培训组织方面，要打破现有的范围，尽可能地聚集各方面的资源，尽可能地依靠外部资源的力量，和社会相关的单位或机构共同努力，在原有的辅导员培训模式的基础上着力建设形成一定数量的产出、学习和研究互为一体的辅导员培训基地。

在结构方面，要跨出学工系统，与专业科研机构协同，运用优质专业的资源理论和经验形成金字塔形的复合型培训结构，更好地践行辅导员博士专项计划，为计划的开展与实施建立更持久、更有效的平台，使学成归来的博士成为带领人，更好提升学生工作人员的专业化水平，努力向专家化迈进。

（四）加强培训反馈

温故而知新，学过的东西再回头去看，随着自己丰富的经历和理解能力的提高，可以从中体会到更深层次的东西。辅导员培训亦是如此，巩固加强辅导员的培训反馈，可以让他们在自己实践积累的基础上更好地理解培训的内容，更好地达到培训效果。但是目前多数培训反馈都是以报告会或上交培训总结体会的形式进行，无法达到培训效果最大化，加强培训反馈力度，需要改变反馈机制，真正取得实实在在的成果，要求辅导员将培训落实到自身工作实践环节，整理提炼形成学生工作的典型案例，利用时代特色，重视网络资源，打造一批具有代表性的网络作品，保证培训体系的完整，呈现培训的价值，展示辅导员队伍工作的特色与内涵，提升自我效能感。

二、提升培训课程系统性与专业性

高校须要更加倾向于完善教育培训体系的相关工作，要想让辅导员的教育循环流程得到巩固，唯有借助专业化的学习。只有不断强化辅导员团队的价值观建设，高校辅导员才能树立正确理想化的社会主义核心价值观，才能拥有处理学生日常琐事的应急能力。培训是辅导员在工作进程中必须参加的一项教育活动。除了岗前培训之外，上岗之后根据工作需要还会有不同级别的临时培训、定期培训、其他培训等，保证培训课程的连续性与严谨性。本着以提升辅导员培训强度为核心，以提升培训品质为辅，密切规划培训内容的合理性，最终落实到培训与教育的品质升级。

当前，部分高校比较侧重实际诉求的培训，虽然是培训核心，但是，培训过程中施教人与参与者双方未能对基础理论知识进行学习，这些问题需要进一步改善。从政治思维、专业技能、组织能力三个层面考虑，分别制定三个培训方案。比如，"政治思维"课程涵盖了马克思主义与中国化理论、中共党史、三观通论以及思想道德基础与法律修养等一些课程。"专业技能"课程涵盖了思想政治教育学专业理论，心理学、政治教育、社会学以及法律法规知识理论内容。"组织能力"课程涵盖了组织监管能力、交流技巧以及解析能力、应急处理举措与新型教育策略等内容。可以将制定的培训课程合理分配为两个层次：必修与选修。严格落实"什么知识匮乏就积极补充什么理论知识"的宗旨来安排培训内容。比如，思想政治教育这个种类的课程一般都被纳入必修课程中，而技能、法律知识则被纳入选修课程。辅导员的级别越高，培训时对其要求也会有所提升。但对于一些非专业辅导员，学校会按照日常事务当中存在以及可能出现的问题，为其开展量身打造的课程进行培训。这样的培训策略不仅有助于提升综合素养，而且还能将每个人对培训的不同要求考虑到位，成功降低了投入成本，也不同程度地提升了授课效率。

三、实现培训主体与培训渠道多元化

近几年，辅导员培训的内容一般就是学生日常事务，部分学校的学生部门也会进行组织学习相关内容，这一培训为新手辅导员提供了方便之处。然而，仅仅拥有高校的现有资源是不完全可行的。另外，还需要借助教育部门以及相关协会的支持，教育机构一般是从宏观方面进行积极的引导，相关协会则会通过专家的宣讲促进培训工作的贯彻落实。在选择培训途径时，一般是学校组织的自主培训，此外还有社会化培训课程，比如，推送优秀辅导员进入相关协会的组织学习，不仅可以利用国内的资源进行培训，而且还可以利用国外的资源合作方式进行培训，

以及利用网络等新媒体渠道进行远程培训，除此之外还要鼓励专家宣讲、各自探讨等途径，还可以借助模拟练习、分析案例、观察细节以及观看纪录片等方法。辅导员的素养得到提升不仅借助了周边的支持，而且还需要自身的坚持。

从细节上看，借助团队学习促进整体素养提升是非常有效的。从团队协作到整体培训两个角度而言，高校内学生办公室的组成为学习组织的构建埋下了伏笔。简言之，一个团队人数在 4 个左右。人数多的部门需要不断细化成小组，人数少的部门可以鼓励书记等人积极参与，或者相关部门的人进行组队。团队的发展需要一定的规划并自主落实，团队成员借助工作小会的时间对相关课题进行深度探讨与研究，这样的学习方法不仅可以进行工作探讨，而且还可以就学习方法进行研究。另外，高校学生工作部门可以开拓学生工作的专门课题，由辅导员带领学生进行研究，其实这样的小队伍也是团队的缩影，在探讨当中不断学习成长，从某种程度提升了辅导员在培训当中体现出来的价值。

四、增强培训内容实践效果的满意度

（一）高校应将人文情怀注入实践应用

辅导员要坚持把握培训内容的表层及内涵，深刻体会实训带来的益处，在此基础上，与辅导员的人文情怀相结合。根据培训的内涵以及自身性格的不同，将自己设身处地带入已经发生或还未出现的师生场景内，换位思考处理学生应急问题，使学生充分感觉到辅导员的严管与厚爱。不仅会从严做好辅导员的日常管理，而且还要以真心赢取真心，真情关爱学生所需求的心理，以培养人文的理念观出发，踏踏实实为学生服务，感化学生的内心。通过对辅导员职业化发展道路的规划帮助其提升自信心，促使辅导员成为学生的"知心伙伴"，这样有利于提升辅导员培训效果在实际教学和管理中的满意度，激发辅导员的内生动力。

（二）高校要致力于拓展辅导员绿色通道

高校辅导员这一职业在几十年的发展后，专业化培训明显不断增多，培训的次数和内容以及知识的获取量远远丰厚于其他教师岗位，但却与培训内容真正的实践应用不成正比。辅导员培训内容基本会根据不同职级进行不同分管的实训，既然晋升道路缓慢，就会出现内容重合，浪费时间的问题。这就需要高校致力于

为辅导员开展绿色通道，铺设"加速跑道"。简单而言，高校应该不断完善传统的人力资源理念，从现代的发展框架去看待辅导员队伍的发展进步，为他们的专业化发展打开多个绿色通道，把辅导员团队的建设机制与校内的人事规定有机结合，让辅导员切身体会到培训内容的前景性。

（三）高校应制订阶梯式辅导员培训计划

根据职称评级和年限的不同，阶梯式的培训内容也应跟上评聘的脚步，才能达到在日常管理中培训的特殊效果。辅导员的工作划分以思想教育实践为基础，逐步分配。详细来说，各个高校可以根据辅导员的成绩以及下发的《高校辅导员能力规范》对其进行三类划分。其中初级的辅导员一般就是严格监管学生们的日常烦琐事务；中级辅导员除了要监管日常琐碎以外，还要对学生展开思想政治教育、心理咨询以及专业技能指导；高级辅导员的工作不同于以往的"带班"，还要对学生进行心理疏导、思想教育等各项工作流程，是整个辅导员团队当中较为突出的一类。

总而言之，制定阶梯式培训计划就是不断完善各个阶程培训形式所达到的预期效果。在此种工作模式之下，除了可以帮助新手辅导员在培训中迅速了解自身职业技能与理论知识，还能让拔尖的辅导员跳出所谓条条框框的基础培训，向辅导员更高层次的骨干计划进军，最终培养出一支专业程度极高的职业化辅导员队伍。

第三节　高校辅导员专业化发展的基本路径

一、提升辅导员职业角色的社会声誉

长期以来社会公众对"辅导员"这一职业存在错误认知，认为辅导员是学生的"保姆"，并没有认识到辅导员在高校人才培养中的重要地位。社会对辅导员的认同度影响了辅导员对自身的职业认同，导致很多人在对辅导员这一职位进行选择时仅仅把辅导员这一工作当作进入高校工作的捷径，并没有认识到辅导员对人才培养的突出作用。因此，亟须提升辅导员社会声誉和认同，吸引真正热爱辅导员工作的人才加入高校辅导员队伍中来。

（一）提高社会公众对辅导员工作重要性的认识

高校辅导员作为高校教师队伍和管理干部队伍的重要组成部分，承担着培养高等人才的重要任务。然而，负面的、印象化的标签影响了社会公众对辅导员工作的评价，导致辅导员的职业声誉处于较低的水平。因此，需要引导社会公众重新认识辅导员工作的实质，明确其岗位的重要性。首先是国家方面，国家需要把高校辅导员这一职业纳入权威职业分类大典中，让社会公众了解辅导员这一职业存在的合理性，并通过多种形式展示辅导员的育人优势，凸显辅导员在高校育人环节中的重要地位。其次是高校应从自身角度摒弃对辅导员的"偏见"，在实际工作中将辅导员队伍纳入总体人才培养队伍中去，突出对辅导员育人能力的培养，提升辅导员的育人水平，突出强调辅导员在育人工作中的作用，并在待遇方面和工作安排方面给予相应的制度倾斜。最后是辅导员自身要加强对这一职业的认同度，辅导员从业者对这个职业的认同影响了社会公众对这一职业的判断，辅导员要提高自身对岗位工作重要性的认知，明确自身在人才培养过程中的关键性作用，努力通过终身学习和科学研究来不断探索思想政治教育和学生管理工作的规律，切实提升自身育人成效，增强辅导员群体的社会影响力。

（二）加强辅导员的职业价值媒体舆论宣传

现阶段国家和高校越来越重视辅导员在立德树人根本任务中的重要作用，辅导员的育人效果显著，受到学生的广泛认可。但辅导员社会认同度仍然偏低，需要不断引领社会公众正确认知辅导员岗位的重要性，才能不断加强社会公众对辅导员工作的关注和认可，可以为辅导员坚定投身于育人一线提供良好的舆论保障。引导社会公众提升对辅导员工作重要性的认知，摒弃原本旧的印象化标签，不能仅仅靠口号来实行，应依靠具体的行动来落实。相关部门应不断加强辅导员价值的舆论导向作用，可以通过分享辅导员育人典型案例、评选全国优秀辅导员、开展全国性质的辅导员职业能力大赛、寻找身边优秀辅导员等多种方式，加深公众对辅导员工作的理解，从而提高社会公众对辅导员工作的认同度。同时，要注意运用现代媒体和互联网技术，加强媒体对辅导员职业价值的舆论宣传。目前，关于辅导员的宣传报道多为负面报道。例如，与学生发生冲突或是学生出现人身安全问题等，缺少对辅导员育人成效和辅导员先进事迹的正面报道。应充分发挥主流媒体的宣传作用，形成正确的舆论导向，为辅导员的工作成效发声，鼓励高校辅导员潜心投身于育人一线，为实现自身的价值努力奋斗，彰显辅导员的魅力。

（三）营造氛围浓厚的辅导员职业文化

文化作为一种基因和传统，是个人或群体精神活动的综合，渗透于生活的每个方面，影响着人们的思想和行为。辅导员要想得到社会的认可，需要建设辅导员的职业文化环境。首先是辅导员职业文化的打造需要依赖物质环境来进行转化，学校和学院应积极建设辅导员工作室、辅导员之家等辅导员互助组织，依托相应组织，学校和学院要根据不同情况，打造自身职业文化的特色。通过展示优秀辅导员先进事迹、选出优秀辅导员先进典型等方式助力辅导员的专业成长，形成辅导员的职业价值共识。其次是要设计出可以展现辅导员职业文化的文化作品。文化作品是文化情感的再现，能让辅导员的职业文化更加深入人心。通过辅导员誓词、辅导员之歌、辅导员专属荣誉徽章等多种文艺作品进行展示，运用多种艺术形式讲述辅导员故事，切实构建出能够打动人心、提升辅导员影响力的文艺作品。最后是打造辅导员优秀文化展示窗口。营造氛围浓厚的辅导员职业文化，需要国家总体引导和规划。依托国家发展大平台，展示优秀辅导员工作成效。国家可以通过定期组织高质量的辅导员工作会议，引导辅导员个体根据自身对工作的理解进行更深层次的探究。与此同时，通过举办不同级别的辅导员职业能力大赛、优秀辅导员评选、辅导员育人效果评选等方式积极选出辅导员先进典型，发挥典型示范作用。除此之外，制定辅导员专项计划，鼓励辅导员积极投身于科学研究中去，从而扩大辅导员的发展空间和社会影响力。

此外，要积极探索切实可行的措施，营造浓厚的辅导员职业文化氛围，坚定辅导员从事学生事务管理和思想政治教育相关工作的信念。

二、构建合理的岗位考核机制

考核机制是对教师全方面能力测评的制度，考核结果是教师能否合格担任现有岗位的基本依据，合理利用考核结果可以使优秀人员升职，不合格人员的降职和解雇。它可以为辅导员的晋升、降职、转岗、解聘提供合理的依据和有效的方法。

（一）细化岗位考核评价标准

岗位职责对辅导员做了一定的层次分类，那么在进行考核时就要舍弃传统的评价标准，避免一刀切，分层分类地进行设计，在制定考核标准时要进一步细化，适当地提高辅导员日常学生工作成绩的占比，做到过程与结果的实际且合理的联合运用，要考虑到辅导员工作任务繁重的实际情况，使标准更加合理，考核更加公正。

（二）明确岗位考核具体办法

在维持现有的个人自评、学生评议、院系考核和学校职能部门考核结合的基础上，要更加注重平时考核，加入量化考核，使辅导员能够认识自己的长处和短处，将考核结果作为职称评定的指标之一。融入全新的考核测评体系，为了进一步推动"双线晋升"政策的"落地""落实"，在对辅导员的岗位综合表现进行考核时，除了现有的考核工作领导小组和考核方式之外，应该把专家（一般具有10年以上的辅导员工作履历和高级职称）纳入考核的主要成员，并且将打分和其他评议的成绩设定权重，以此来确定考核的结果，并且把结果作为辅导员评选和聘任更高一级的职称或被提拔为干部的主要依据。

（三）健全岗位流动机制

流动机制的健全是对考核结果运用的重要手段之一。辅导员在履行岗位职责的基础上，依据个人的兴趣和对未来发展的考虑，选择某一专项坚持钻研，努力实践，成为这一方面的专家学者，是大家对于辅导员专业化的最好期待。但并不是所有辅导员都能成功转化，辅导员的流动是正常现象，但应当合理。

辅导员专业发展应该是多样化的，辅导员的岗位流动机制应该依据岗位考核的结果，使辅导员未来发展的道路更广、可以选择的机会也更多；比如适合教学的就可以走专任教师的道路，做好知识的传授；喜欢科研的，部门之间应该互相协作合理安排相关学科的进修学习；自愿从事非学校工作的，采用多种方式对辅导员进行培训，重视他们的心理需求及其个人发展、专业发展等需要，为其今后的发展做好心理疏导及职业规划。这样既能增强他们的自信，也有利于高校辅导员再就业从而促进跨部门、跨行业流动，形成良性发展趋势。

（四）优化激励机制

美国管理学家贝雷尔森（Berlson）和斯坦尼尔（Steiner）认为：一切内心要争取的环境、希望和动力都是对人的激励。

辅导员的日常工作和任务比较烦琐且重要，作为大学生思政教育的一线工作者任重而道远，学校应该要重视从思想上、工作上和生活上对他们给予关怀的现实意义，在辅导员工作中，对辅导员进行必要激励，在政策和待遇方面给予适当倾斜，优化辅导员的激励机制。

科学的激励机制原则上是通过内部和外部刺激以及鼓励来作为主要的表现方式，最终在条件、实质奖励等方面加以体现，用来充分地提高辅导员的工作积极性，满足其成就感从而不断促进专业化。主要体现在以下两个方面。

1.物质激励

物质激励时常是从经济方面对辅导员工作给予肯定和奖励，切实提高辅导员的薪金和福利待遇，因地制宜地确定辅导员个人的基本薪酬及奖励，在物质上，如办公设施和活动场地申请等等，无条件地为辅导员提供本应享有的服务和支持；在薪酬上对辅导员的岗位采取一定程度的适量倾斜，设立专门的岗位补贴，并能够持之以恒的执行下去，形成制度。这样能在一定程度上有效降低高校辅导员流失率，提升辅导员的地位，把工作经验丰富的辅导员留住，把更多优秀年轻学者吸引到辅导员这一工作岗位，这在很大程度上提高了辅导员的工作热情与主动性创造性，可以帮助辅导员正确找到自己的定位专心致志地投入专业知识和技能的研究中，从而大大促进了辅导员专业化的发展。

2.精神激励

精神激励一般是从精神层次对辅导员工作给予肯定和鼓励，这样更能满足高校辅导员的更高层次需求，高校可以从以下两个方面着手。

辅导员的精神激励现阶段的主要形式为专项评优奖励制度，通过定期评比优秀辅导员，表彰学生事务工作先进集体，嘉奖就业、党建等工作先进个人，在辅导员中树立起一批先进的学习榜样。在此基础上我们可以建立辅导员卓越体系，基于全校的优质师资队伍建设的要求来考量规划辅导员卓越体系，结合辅导员工作实际情况，划分三个层级，细化标准，保证更多的辅导员都能够进入体系，获得精神层级的满足和专业化的提升，然后将表彰评优的结果、体系等级的工作业绩和成效与岗位晋级和进修培训结合起来，激发其岗位任职的成就感。

做好关怀激励，经常与辅导员沟通交流了解他们的思想状态，换位思考辅导员面临的实际问题并及时地进行指导帮助，从而提升辅导员对岗位的认同感，达到激发工作积极性的目的。

三、提高辅导员自身专业化发展能力

高校辅导员队伍要想实现专业化建设离不开个体的成长与进步，辅导员个体是促进辅导员队伍专业化发展的根本动力。

（一）加强马克思主义理论学习

辅导员个体专业化是推动辅导员队伍专业化的基本前提和保障。高校辅导员应加强对马克思主义理论学习的积极性和主动性，对学生管理工作中涉及的学科知识进行系统全面的学习。渊博的知识底蕴、广博的知识储备有利于辅导员开展学生工作。高校辅导员要认识到自身在思想政治教育中的作用，积极学习思想政治教育学原理，学习马克思主义中国化的理论知识、心理健康教育知识、党团和班级建设知识及其他与学生工作相关的知识。只有加强自身学习的系统性和主动性才能获得更好的学习效果，从而坚定从事辅导员工作的理想信念。

（二）明确个人能力定位

同时高校辅导员要努力提升自身业务能力。首先是思想政治教育能力，辅导员应积极组织召开班级班会，将召开班会常态化，并将思想政治教育因素贯穿于班会环节的始终。通过举办班会的方式，提升与学生交流的频次，以便辅导员能够在定期的交流中及时发现学生在思想道德方面产生的问题，从而引导学生提高自身的思想道德修养。辅导员要与专任教师、思政课骨干教师做好定期的交流沟通，发挥"三全育人"的重要作用，定期举行学生思想政治教育分享会，提出问题并改进不足。此外，辅导员要深入了解和认识国家发展态势，引领学生树立正确的思想价值观念，自身应实现终身学习和与时俱进的目标。其次是学生组织建设能力，辅导员应深入学生群体，完善班级与学生组织建设，调动组织中的学生提升个体的道德素质和能力的积极性。同时也要深入研究学生班级的建设方法和

高校党建的前沿性问题。综合运用教育学、管理学和心理学对学生事务进行总体设计，熟练利用相关理论开展管理工作，具备大局意识和应变能力，有序的按照学校要求完成各项活动的组织。再次是心理健康教育和危机事件处理能力。辅导员需要掌握学生的心理情况，根据不同心理问题，对学生进行心理疏导。运用多种方法，对学生进行评估、干预和回访，时刻跟踪学生的心理发展情况。与此同时，辅导员应根据已经掌握的相关信息对危机事件发生的原因、表现和措施进行总结，分析深层次原因，确保下次危机事件发生前能够做出预判，做到与校内、校外部门合作解决问题，并要提前做好应急预案来应对危机事件。最后是学业指导与就业规划的能力。辅导员要掌握专业的技能，具备专业的知识，能够运用相关学科知识指导学生的学习、生活与实践，针对学生出现的不同学习问题进行正确引导，深入探究提高学生学习能力和创新能力的规律，培养研究型、创新型人才。辅导员要在根据自身丰富的实践经验的基础上，把握职业规划与就业指导工作的规律，对学生进行适时的就业指导，也要注意对学生进行职业技能的培训。

2017 年修订版的《规定》对辅导员的九大职责进行了定位，除了以上的主要职责之外，在实际工作中辅导员还承担着许多职责外的工作，不难发现高校辅导员的工作任务重、工作责任大。但作为辅导员不应该把自己当作一个干杂活的"杂家"，而是要在复杂琐碎的工作中找到自己未来专业化的发展方向。辅导员要想从复杂的学生事务中解脱出来，需要不断地明确职业定位，根据自己感兴趣的学生工作领域，继续努力提高专业知识和技能，做到掌握基本技能并在某一方面取得良好成就，从而增强自身的归属感和成就感。辅导员作为学生事务的管理者，首先要对学生工作中的九大基本工作模块进行全面的了解和掌握，在掌握的基础上也要努力成为某一方面专业的"行家"，对其中一项工作达到精通，也就是达到专家化的标准。所以，辅导员应该根据自身优势进行训练，模拟不同的问题场景，不断提升自身解决问题的能力，同时要对优势领域进行较为深入的理论知识学习和工作实践，既要做到"杂家"，又要做到"行家"。在实际工作中要注意抓主要矛盾，分清主次矛盾，辅导员工作任务量大且杂，很难做到事无巨细，这就要求辅导员合理分配时间，提高时间管理能力和工作效率，以便从复杂的工作中解放出来，从而根据自身能力定位确定个人专业化发展方向。

作为辅导员个人，需认真解读和把握《普通高等学校辅导员队伍建设规定》

的主要内容，将其当作自己工作过程中和提升专业化水平过程中的行为准则。辅导员只有自身努力实现专业化发展，才能够在学生事务中找到真正的归属与成就，才能根据实际情况和兴趣所在切实找准自己的专业化发展方向，并为之不断地进行自我提高。

辅导员应树立远大职业理想，不应仅仅局限于成为一名专业化辅导员，更要将成为一名学生事务管理工作的专家作为终极目标。

（三）培养科研创新能力

高校辅导员提升科研能力的前提是要树立科研意识。从辅导员的工作角度出发，辅导员具备科研意识意味着辅导员充分发挥了学生工作的主体性、积极性和创新性作用，能够运用思想政治教育理论知识科学地把握工作的规律与方向，根据理论知识切实解决学生在实际生活中的问题。部分高校辅导员存在"敬业"而不"专业"的情况，一个重要的原因是大部分辅导员将工作重心放在细碎、零散的小事上，而导致没有时间和精力进行科研能力的提升和思想政治教育工作方法的探索。高校对辅导员的角色定义并不清晰，导致在现实工作中辅导员低估自己在于学术研究方面的能力，仅仅局限于事务性工作。高校辅导员应该努力实现专家化发展，在确定所选专业化方向之后，进行深入和系统的科学研究，探索该领域工作的本质。这就要求辅导员要树立终身学习的理念。科研思维的养成不是一蹴而就的，需要不断地对学术前沿问题和热点问题进行学习，才能逐渐扩宽辅导员对某一问题认识的广度，使辅导员在实际工作中具备发现问题，解决问题的能力。具体可以从以下两个方面来进行完善，一是要提高辅导员处理基础问题的能力，提高工作效率，能够有更多的时间思考学生管理问题，提高辅导员日常分析问题和解决问题的能力。二是积极主动学习国家、上级部门及学校出台的相关政策和文件，坚持与时俱进，用最新的理论思想武装头脑。

四、提升辅导员的职业使命感

（一）建立科学评价体系

辅导员队伍建设相关文件中已经明确指出，高校要保证辅导员工作有条件、干事有平台、待遇有保障、发展有空间。然而，在实际工作中如何科学地评价辅导员工作效果，避免重工作、重考核，而轻培养、少待遇等突出问题，建立科学的评价体系势在必行。

辅导员的评价体系应该建立在职业能力标准和九大基本职责的基础之上，实施评价与激励双轨并行的举措，全面调动辅导员的工作积极性，提升思想政治教育工作效能。辅导员评价体系采取自评、校评与生评的多维度方式进行，可以实现对辅导员工作的全面评估与总结。评价结果为辅导员职称评定、职务晋升、学习培训、优秀表彰等提供参考依据，并能够得到辅导员的普遍认可。为辅导员在先进评定、职称单列、流动转岗、培训挂职等方面畅通渠道，可以有效保障辅导员职业的长期发展。

（二）开展职业生涯教育

辅导员作为大学生思想政治教育教师的重要组成部分，承担着教书育人、服务育人和管理育人的重要责任，辅导员的职业发展问题势必影响育人的效果。高校职业生涯教育的对象不仅仅是学生，也应该包括教职员工群体。面对工作中辅导员压力大、期望值高、职业认同度偏低、发展前景不清晰等一系列困扰，重视辅导员职业生涯教育迫在眉睫。一方面，辅导员自身要树立长期的职业生涯规划理念，回归职业本源，聚焦辅导员职业能力标准、工作标准与职责，提升立德树人的职业使命感，通过分阶段系统的学习，确立职业发展目标，将个人的进步与学生的成长成才紧密联系，实现职业成就感与职业获得感；另一方面，高校应该避免盲目地开展业务学习培训，以期待解决辅导员职业发展问题，应充分结合辅导员队伍建设实际情况，有针对性地分批次、分层次、分阶段地开展长期的职业生涯教育，系统地为辅导员梳理成长中的困扰，提供菜单式服务与指导，帮助辅导员实现职业发展。

（三）加强三化能力培养

高校辅导员"三化"水平的高低直接影响高等教育的育人质量，进一步加强辅导员"三化"能力的培养，可以有效解决其职业发展中的困惑。一是加强专业人才引进与培养，在辅导员招聘时，应重点把考核目标放在具备高尚的职业道德，拥有思想政治相关专业背景与实践能力上，确保辅导员队伍融入德才兼备的新鲜血液。同时，注重辅导员专业化的过程培训与教育，采取请进来、走出去的策略，培养高水平的辅导员队伍；二是构建学习型辅导员队伍体系，高校应该顺应教育发展新形势，围绕辅导员"三化"建设，积极组建辅导员素质能力大赛团队、讲师团队、科研团队、工作室团队等创新型队伍，通过团队的建设形成多个在理论上有水平、实践上有能力的核心队伍；三是实现辅导员职称评审单列。

当前，辅导员同专业教师同台进行职称评审存在实际问题，通过单列指标、单设条件、单独评审，能够更加合理地评价辅导员综合能力，实现学工系统高职称比例的提升。

（四）摆脱事务工作干扰

在辅导员队伍建设相关规定中，其工作要求与职责决定了事务性工作是育人的基础。辅导员应客观看待事务性工作中蕴含的育人功能，充分利用事务性工作围绕青年学生做好育人工作。但是，辅导员不能深陷在事务性工作之中，否则会导致工作效率低、无成就感等负面影响的出现。作为高校辅导员，自身需要不断加强业务学习，探索事务性工作的规范化与客观规律，提升工作效率。同时，高度重视学生骨干队伍的培养，通过借助兼职辅导员、年级党员、学生干部等队伍的力量做好事务性工作，既可以高效地完成工作任务，又能够达到培养学生的目的。

作为辅导员主管部门，一是要加强辅导员技能教育，提高其做好事务性工作的常规技能水平；二是要整合办公资源，解决一个部门一个系统、一个平台一个数据的数据壁垒，实现大数据共享获取功能，精简辅导员工作流程；三是明确辅导员工作归口问题，避免学生出现问题就与辅导员挂钩的不和谐现象，要让"知心朋友""家长"等称谓真正成为辅导员成就感的代名词。

（五）构建良好工作环境

1. 营造积极正向的舆论环境

社会舆论环境可以改变大众对待事物的认知，高校辅导员职业素养也与社会舆论环境有着密不可分的联系。因此，提升高校辅导员的职业素养需要党和国家对社会舆论环境积极正向的指引。

一是明确高校辅导员的岗位职责。就目前而言，大多数人对于辅导员岗位职责认识不清，一方面对辅导员工作过于期待，对辅导员提出了诸多要求，而有些要求又往往不在辅导员职责范围内，另一方面对辅导员岗位职责认识有偏差，认为只是学生的管理者，无论学生出现什么问题，包括生活方面的问题，也包括学习方面的问题，人们首先想到的负责人即为学生的辅导员，而学生同样存在这种思想。对于此类现象，国家和学校应该加大宣传力度，通过多种方式向人们宣传辅导员的真正职能和职责，让人们对于辅导员职业有更加清晰的认知，从而减轻辅导员的压力。可以通过媒体等宣传，厘清高校辅导员的首要工作是为学生提供科学的思想政治教育，为提升高校辅导员职业素养营造积极正向的舆论环境。

二是多渠道、多平台宣传弘扬高校辅导员的先进事迹。社会舆论能够对人们产生潜移默化的影响，对高校辅导员的先进事迹通过多渠道、多平台进行宣传推广，树立榜样，使社会正能量不断聚集和扩散，让社会群众对辅导员的工作、职责以及个人形象有更加深刻的认识和更加直观的了解，从而在社会群众中树立正面形象，让更多的人认可辅导员的工作，并为其打下良好工作环境基础，激发辅导员的社会责任感和使命感，激发辅导员的工作热情，使其能以更加积极的态度努力工作。例如，宣传"时代楷模"大连海事大学曲建武老师的事迹，就是对辅导员职业最好的宣传，曲建武老师是辅导员的杰出代表，几十年的高校辅导员职业生涯，坚持以思想政治教育为主，坚守本心，谨记自己的使命，视学生如子女，帮助学生成长成才。

2. 营造风清气正的网络环境

近年来，我国科技水平得到了显著的提升，互联网新媒体等在大学生中广泛使用。互联网新媒体所涉及的信息内容丰富，信息传播的速度更快，方式更加便捷，但也存在大量不良信息，对大学生的世界观、人生观、价值观产生不良的影响。解决高校辅导员职业素养存在的问题，离不开积极向上、风清气正的网络大环境。

一是加大互联网监管，营造健康的网络环境。互联网环境健康、向上，也能够使网络舆论环境更加积极、和谐，保证大学生在互联网中畅游时不会受到有害信息的影响。相关职能部门要加大网络监管力度，在源头上把好关，积极引导公众谨记"网络并非法外之地"，每个人都应该对自身言论负责，在发表言论前应该三思而后行。在网络信息监管中，对网络中有损师生关系的虚假消息应该及时制止，遏制虚假信息传播，减少网络舆论对辅导员工作的负面影响，降低辅导员的心理压力。

二是帮助高校抢占互联网思想教育的阵地。在互联网平台上多宣传正向的高校校园文化、师生先进事迹等内容。加强网络文化环境建设，促进健康的社会风气的建立，能够为高校辅导员与学生和谐关系的维系给予外部环境的支持。在高校辅导员的工作中，如果善于运用互联网平台，既可以关注到影响学生思想变化的网络信息，把握学生思想动态，也可以在其中发现当下的热点内容，积极与学生沟通，增强思想政治教育的时代感，更有利于学生出现问题或提出问题时能够在第一时间帮助其解决问题。

3. 营造尊师重教的校园文化环境

校园文化是指学校所具有的特定的精神环境和文化气氛，主要包括学校的传统、校风、学风、人际关系、集体舆论、心理氛围等。

校园环境对大学生成长成才有潜移默化的影响，对教师的发展也一样。尊师重教的校园文化环境，能够使高校的文化环境更加的积极向上，处于这种环境中的学生和辅导员能够在潜移默化间提高自身的思想道德素养。辅导员思想道德修养的提高，有利于辅导员更爱业、敬业、勤业，直接促进职业认识、职业道德等职业素养的提升；学生思想道德素养的提升，也有利于辅导员工作的有效开展，促进了辅导员职业愿景的确立。

首先，高校应为辅导员交流搭建新平台。不仅要通过传统方式如座谈会、工作报告会、经验交流会等形式保障辅导员间的基本交流，而且还要注重传统媒体与新媒体的对接融合，充分利用微博、微信、抖音等媒介，为辅导员搭建一个多元化的交流平台，辅导员可以通过多平台进行经验交流、理论学习、实践探索，加深职业理想、职业信仰和职业精神内涵的理解，实现辅导员间实时互动、有效反馈，提升其自我发展和自我完善的效果，更为辅导员职业素养的提升创造积极、开放、合作的校园文化环境。

其次，积极开展尊师重教的主题活动。高校可以通过开展多种多样的尊师重教主题活动，营造良好的校园文化氛围。例如，在教师节到来之际，学校可以组织学生以写信、绘画等形式感谢辅导员的教育之恩。学校还应组织开展辅导员和学生共同参与知识竞赛、体育竞技比赛等活动。这种师生共同参与的活动密切了学生与辅导员之间的联系，增强两者之间的沟通，在活动中让学生们充分感受到辅导员的个人魅力与深厚的文化素养，有利于建立相互信任、相互尊重、相互理解、相互支持的师生关系。辅导员也通过这种言传身教的方式，培养学生成长成才。同时也提高了辅导员的组织能力、协调能力、知识储备等多方面的职业素养。

第四节 高校辅导员专业化发展的政策保障

一、优化国家关于辅导员政策的顶层设计

辅导员队伍专业化建设离不开持续有效的政策支持。目前关于辅导员队伍专业化建设的政策不完善且存在一定的生命周期，无法适应现阶段辅导员队伍专业化发展的要求，需要不断优化辅导员队伍专业化建设的政策系统。

（一）资格保障：实行执业资格认证制度

实施辅导员职业资格认证制度需国家人力资源保障部门和教育部参考国家教师资格证、法律职业资格、医师职业资格证的认定制度，把辅导员资格纳入整体的分类体系当中去，国家应积极推进辅导员执业资格认证制度落地，并出台相应的考试制度和认定程序等，从而推进辅导员队伍专业化建设进程。

一是辅导员执业资格证的考试制度，对于辅导员执业资格的认定应通过全国统一组织的考试来进行初步的笔试筛选，笔试的主要内容为思想政治教育学科知识、辅导员工作专业知识、心理健康教育知识、危机事件处理案例分析、相关法律法规等基础知识。面试主要侧重对于辅导员专业能力的考察，主要包括语言表达能力、临场反应能力、组织能力等方面，严把辅导员从业者的入门关。

二是制定完善的辅导员执业资格证的认定程序，国家应推进相关制度落地，国家人事部门通过学历、认证、资格考试、职业技能考核等方式对高校辅导员进行总体把控，对于合格者授予国家辅导员执业资格证书。以此为基本准则，不断提高辅导员的准入门槛，先持证、后上岗，确保从源头方面对辅导员从业者进行较为严格的限制。

（二）身份保障：落实辅导员专业身份

目前，教育部对于辅导员的身份定位是教师和管理干部双重身份，但是在实际的工作中，辅导员的身份往往处于二者之间的尴尬地位，对辅导员的专业化发

展产生了不利影响。教育部应联合国家人事部门落实辅导员的专业身份，避免辅导员处于教师和管理干部之间的尴尬情况，既不是教师也不是干部，而是属于辅导员自身的专业身份。以此身份为依托，应出台相关政策加大辅导员职称的评聘力度，自上而下出台专职辅导员按教师职务（职称）要求评聘思想政治教育学科等相关学科的专业技术职务（职称）的方案。

方案应充分考虑辅导员的工作实际，将工作业绩和育人成效纳入进来，同时出台单列计划、单设标准、单独评审的工作办法，要按照高校专业教师的平均水平来优化辅导员的职称结构并匹配相应的监督机制，避免政策"空转"。通过系统设计辅导员的独立职称评聘体系为高校提供职称评聘规范，使高校能够全面落实相关政策。相关政策的制定，不但为辅导员提供了专业的身份保障，而且也为辅导员的晋升提供了制度保障。

二、创新辅导员队伍制度建设

（一）健全辅导员选聘制度

关于高校辅导员的选聘，教育部 24 号令中规定了选聘原则：政治性较强、专业能力强、受教育水平较高等。在 43 号令中教育部细化了九条辅导员选聘基本条件。教育部要求各高校对入职辅导员进行评价和筛选。但在具体工作中，多数高校表示，虽然理论指导方面充分且健全，但是实际操作的意义却不足，需要国家能够"因势而新"不断完善，出台更加完善的辅导员选聘制度。

完善的辅导员选聘制度应在公开、公平和公正的基础上，坚持高标准、严要求。职业准入制度在人员选聘制度中处于第一位。通常专业化、职业化的十分重要的一个特征就是要有严格准入制度，比如律师、医生、教师等职业，要求律师要有律师资格证、医生要有医师资格证、教师要有教师资格证。所以加强辅导员专业化、职业化建设，国家建立高校辅导员严格的准入制度是完善辅导员选聘制度的必然。

国家健全辅导员选聘制度，可以就职业准入进行规定，如建立辅导员资格考试制度、资格认证制度等。高校在辅导员选聘时，可以依照辅导员资格证书进行评审和筛选，对辅导员的职业素养进行合理科学的判断，从而决定该辅导员是否具备入职的条件，这样选聘更有具体的操作性，进而推进辅导员专业化、职业化建设。

（二）健全辅导员教育培训制度

辅导员职业素质的高低与对辅导员的教育培训有着密切的关系。教育部43号令第四章虽然有辅导员"发展与培训"的明确规定，但在实际操作中还缺少具体指导。导致国家、省级和高等学校三级辅导员培训体系的建设参差不齐，影响高校辅导员的培育，致使目前部分高校存在"只知用人，不知育人"的不良现象。一般而言，高校辅导员培育包括专业水平、教学水平、创新能力和沟通能力等多方面职业素养的培育。随着我国社会的快速发展，大学生所处的社会环境不断发生变化，导致高校辅导员原有的知识素养和能力不能满足现实的需求，这就需要持续的培育来补足。因此，急需国家对各高校辅导员的教育培训提出制度要求，规范高校辅导员的培育。

根据我国《高校辅导员职业能力标准（暂行）》中的条例，教育部先后设置了多所辅导员培训机构和发展中心，制定了完善的培训课程制度，该课程秉承实用、完善、系统、可持续发展的宗旨，设置了科学的培训项目，其内容主要为辅导员职责的各项内容，此项培训对促进辅导员职业素养的提升发挥了重要作用，取得较好效果。但现实中也存在培训目标、培训内容、培训形式有待进一步完善的问题，还需要进一步规范培育制度。

为达到良好的培训目标，首先应该对辅导员进行等级分类，针对不同的等级对其进行系统的培训，可以从入职前、入职时和入职后对辅导员进行不同方面的培养。就内容而言，需要了解辅导员的实际发展需求，培训的内容主要包括理论知识和实际操作两大方面，使辅导员在知识储备和实践能力均得到提升。而培训形式，随着培训目标、培训内容的不同而不同。

（三）畅通辅导员队伍晋升渠道

2020年5月12日，教育部官网发布《关于加快构建高校思想政治工作体系的意见》，关于辅导员制度建设的新一轮优化在此文件中落实的十分明确，文件中规定"完善高校专职辅导员职业发展体系，建立职级、职称双线晋升办法，学校应当结合实际情况为专职辅导员专设一定比例的正高级专业技术岗位。参照校内管理岗位比例，依据国家有关规定，建立完善高校专职辅导员管理岗位（职员等级）晋升制度。"首先，对于长期从事辅导员工作、表现优秀的辅导员，按照国家的相关规定要给予一定的奖励，这就逐渐落实了激励制度，也与评价制度相辅相成。其次，各地有关部门要积极支持并督导各高校严格落实专职辅导员人事管理政策，按规定签订聘用合同，不得用劳务派遣、人事代理等方式聘用辅导员岗位人员。再者，国家也在不断地摸索辅导员晋升机制的精髓，怎么更高效更便捷的为辅导员畅通公平公正的职业渠道。坚持思想政治教育系列技术职称评聘计划单列、标准单设、单独评审，在辅导员晋升过程中，以工作业绩为主要标准，并注重结合育人实效。坚持把优秀思想政治教育成果纳入职称（职务）评聘条件，将考核结果、评奖评优作为行政职级和专业技术职务晋升的重要参考，并为业绩特别突出、有较大贡献、师生公认的优秀辅导员职级晋升开辟"绿色通道"。最后，国家更加鼓励辅导员承担大学生心理健康教育、大学生职业生涯规划等课程教学任务，队伍满足一定条件的辅导员可以直接转为教学科研岗位。通过以上辅导员晋升新型机制可以看出，辅导员队伍的制度建设在不断创新中，不仅是高校乃至国家都争先创新，为畅通辅导员晋升平台革故鼎新。

（四）建立健全考评、激励制度

建立健全考评制度是高校一直在做却没深入严格执行的一项任务，包括学校各个岗位的工作人员都应该完善一套合理公平的考评套系，才能有效提升岗位群体的专业性。鉴于辅导员工作范围涉猎较广，高校应采取全方位的形式进行考核，这样就解决了考评方式仅受限于辅导员工作学院这一缺陷。注重考核评价，有助于提升辅导员的责任感，从学生满意度、学生工作部门、同事互评、学院意见等四个维度全方位考评。"按照各所学校的详情，构建辅导员评测系统，提升学校对辅导员团队的重视程度，在激励评比的基础上，提升辅导员对工作岗位的热情度，从评价体系中不断筛选优秀辅导员进行更高级别的奖励。"另外，考核辅导员的工作成绩要结合定性与定量两种途径。与工作结果有关联的进行定量分析，与工作水平、规划有关的进行定性分析，其他在评测过程中可以不断完善健全，最终形成最适合辅导员的评测体系。最后，建立日常履职尽责"负面清单"硬约束机制，引导辅导员严格自律、忠诚履职、敬业爱生。

相较于上面的考评制度而言，面对激励形式高校也应将势在必行。只有奖惩合力，双线晋升才会培养出一支高效、卓越的辅导员队伍。对于优化辅导员队伍的内部结构，要充分注重激励和考评的机制结合。对于激励制度，可围绕三个方面进行探究。首先，精神激励。首位提出需要层次理论的知名学者马斯洛在多篇文章中强调——凡是自己的工作都有迫切得到他人鼓励的欲望。因此，高校一定要提升各个辅导员的工作活跃度。另外，在高校里努力制造以辅导员为核心的工作氛围，一旦辅导员工作出现停滞或者心理压力难以得到纾解的问题，就要尽全力帮其进行处理。其次，物质奖励。辅导员的薪酬待遇偏低是普遍现象，但是这与辅导员的日常工作强度几乎成反比，比如，高校对辅导员的职能有所要求，薪酬待遇却没有及时进行补助，令辅导员的权益受到损害。最后，辅导员在晋升瓶颈期，应该对其制定按照辅导员的工作时间与成绩重新规划的奖励举措，努力减少普通辅导员与书记、高职称辅导员的待遇差别，落实按劳分配的奖惩机制。鼓励辅导员通过劳动的途径得到优厚报酬，从而使辅导员的社会地位有所进步，提升岗位的优越感。只有制定合适的激励制度，才能够巩固和强化高校辅导员队伍的建设。实施必要的激励制度，才会创造稳定的工作环境。

（五）健全规章制度落实的监管制度

1. 多层次联合的监管部门有待建立

党和国家相关规章制度是利用其宏观调控职能，为推进辅导员队伍专业化职业化发展进程制定的，是从顶层设计角度对辅导员队伍建设有关内容进行了规定，为高校辅导员职业素养的提升提供了基本遵循。地方相关职能部门、各高校是否据此制定了具体细则，政府相关部门的监督管理是不可或缺的部分。

我国现有的监管部门为教育部，其职责为制定教育事业发展的策略、教育采用的方式等内容，对辅导员相关制度落实情况的监督与管理，所发挥的作用还不足。为了适应社会发展的需要，更好地促进我国辅导员职业发展，教育部门更好地发挥其作用的同时，要积极探索与其他部门展开合作、共同治理的模式，或者成立专业的辅导员队伍建设监督管理部门。他国成功的案例为我们提供了借鉴，如美国为了对高校进行有效监督管理成立了多种类型的专业协会，并且协会之间相互联系，协会凭借自身的专业性和权威性进一步了解管理者的工作内容、工作态度、个人能力、所获成就等问题，帮助高校进行学生事务管理，有一定的成效。

2. 规章制度的宣传监管机制有待健全

制度是否被切实贯彻落实，与是否深入人心有关。因此完善的监管制度，还应包括对规章制度宣传情况的监管。从目前国家相关制度贯彻落实的情况看，宣传还有待进一步加强。可以说，导致高校管理者与辅导员的观念存在着偏差，影响高校辅导员职业认知，国家政策宣传不到位是重要原因。因此，国家对规章制度的宣传情况必须进行有效监管。一般而言，我国政策制度的宣传基本采用文件下发的形式，等到实践证明时容易因理解不深、不透导致重视不够，落实有偏差。

因此，有待制定完善制度，如采用新型宣传策略。该策略具体内容为：制度以文件下发后，可以采用组织会议报告的形式进行讲解和宣传，讲解和宣传选择主要"负责人"，由该"负责人"再选择"具体的负责人"层层向下传达。这种等级宣传管理制度能够有效地提高信息的传递速度，并且保证使宣传效果达到最大化。党和国家出台的辅导员相关制度，可以同样按照地域等级由"负责人"——进行传递，"负责人"不仅要将文件传达给各个地区、各个高校，同时要对其进行一对一的指导，保证每个地区的相关部门、高校的领导、辅导员均能够透彻地熟知国家政策，从而清晰地认识自身的工作任务，了解自身的责任和义务，明确自身的定位，促进辅导员职业素养的提升和工作的有效开展。

参考文献

[1] 白永生. 新时期高校辅导员队伍建设的研究与思考 [M]. 北京：光明日报出版社，2016.

[2] 江沈红. 高校辅导员教师身份内涵及身份实现路径研究 [M]. 武汉：武汉大学出版社，2016.

[3] 张晶娟. 高校辅导员职业化发展研究 [M]. 北京：对外经济贸易大学出版社，2017.

[4] 常海龙. 高校辅导员队伍践行"三严三实"的理论与实践 [M]. 北京：中国原子能出版社，2017.

[5] 史仁民. 高校辅导员专业发展论 [M]. 北京：中央编译出版社，2018.

[6] 温淑窈，欧阳焱. 现代传播学视域下高校辅导员团队创建创新研究 [M]. 北京：九州出版社，2018.

[7] 许辉，于兴业. 自我视域下高校辅导员的发展研究 [M]. 北京：知识产权出版社，2018.

[8] 孙增武，王小红，李波. 新时期高校辅导员工作的理论与实践研究 [M]. 长春：吉林大学出版社，2018.

[9] 何小梅. 高校辅导员工作方法实例解析 [M]. 广州：中山大学出版社，2019.

[10] 李蔺. 新时代高校辅导员工作发展与变革研究 [M]. 长春：吉林科学技术出版社，2019.

[11] 夏吉莉. 高校辅导员核心职业能力研究 [M]. 昆明：云南大学出版社，2020.

[12] 孙艳梅. 高校辅导员工作理论与实务 [M]. 长春：吉林人民出版社，2020.

[13] 饶先发，刘国权. 新时代高校辅导员素质能力提升教程 [M]. 南昌：百花洲文艺出版社，2020.

[14] 池源. 新时期高校辅导员职业化发展的创新研究 [M]. 北京：冶金工业出

版社，2020.

[15] 刘国权. 新时代高校辅导员素质能力新探 [M]. 南昌：百花洲文艺出版社，2020.

[16] 吴云志. 高校辅导员工作绩效评价体系研究 [M]. 长春：吉林人民出版社，2020.

[17] 肖述剑. 高校辅导员职业认同研究 [M]. 杭州：浙江大学出版社，2020.

[18] 李宏刚，李洪波. 知行明德：新时代高校辅导员的发展之道 [M]. 镇江：江苏大学出版社，2020.

[19] 李薇. 高校辅导员与专业课教师协同育人研究 [M]. 长春：吉林人民出版社，2021.

[20] 饶德江. 大数据时代高校辅导员工作的挑战与机遇 [J]. 产业与科技论坛，2020，19（04）：240-241.

[21] 丁文龙. 试论自媒体时代高校辅导员工作面临的挑战与创新 [J]. 智库时代，2020（06）：111-112.

[22] 张芮荧. 以人为本管理方式在高校辅导员工作中的应用 [J]. 黑龙江科学，2020，11（01）：92-93.

[23] 耿俣，尚文勤. 论高校辅导员工作情绪管理能力的提升 [J]. 广西科技师范学院学报，2020，35（02）：117-120.

[24] 仓思雨. 新媒体时代高校辅导员工作效能优化探究 [J]. 科技视界，2020（10）：14-16.

[25] 任严超. 互联网＋时代下浅谈高校辅导员工作能力的提升途径 [J]. 福建茶叶，2020，42（02）：218.

[26] 欧阳伦四，龙澍. 新时代高校辅导员工作质量考核评价体系探析 [J]. 环渤海经济瞭望，2020（06）：145-146.

[27] 陈思，郑文兴. 新时代背景下高校辅导员工作的创新探索 [J]. 教育现代化，2020，7（42）：92-94.

[28] 肖灵铭. 新时代高校辅导员思想政治教育工作的路径探析——评《高校辅导员思想政治教育实践探索》[J]. 教育理论与实践，2022，42（27）：2.

[29] 陈向明，王富伟. 高等学校辅导员双线晋升悖论——一项基于扎根理论的研究 [J]. 教育研究，2021，42（02）：80-96.

[30] 苏亚杰. 高校辅导员职业能力研究 [D]. 哈尔滨：哈尔滨师范大学，2019.